**国家社科基金一般项目"新型城镇化进程中的
能源消费及其利用效率研究"（编号：15BTJ021）**

新型城镇化进程中的能源消费及其利用效率研究

王珂英 著

中国社会科学出版社

图书在版编目(CIP)数据

新型城镇化进程中的能源消费及其利用效率研究 / 王珂英著. —北京：中国社会科学出版社，2021.9
ISBN 978-7-5203-8834-4

Ⅰ.①新… Ⅱ.①王… Ⅲ.①能源消费—研究—中国②能源利用率—研究—中国 Ⅳ.①F426.2

中国版本图书馆 CIP 数据核字(2021)第 157474 号

出 版 人	赵剑英	
责任编辑	程春雨　田　文	
责任校对	赵雪姣	
责任印制	王　超	

出　　版	中国社会科学出版社	
社　　址	北京鼓楼西大街甲 158 号	
邮　　编	100720	
网　　址	http://www.csspw.cn	
发 行 部	010-84083685	
门 市 部	010-84029450	
经　　销	新华书店及其他书店	
印　　刷	北京君升印刷有限公司	
装　　订	廊坊市广阳区广增装订厂	
版　　次	2021 年 9 月第 1 版	
印　　次	2021 年 9 月第 1 次印刷	
开　　本	710×1000　1/16	
印　　张	18.5	
字　　数	275 千字	
定　　价	99.00 元	

凡购买中国社会科学出版社图书，如有质量问题请与本社营销中心联系调换
电话：010-84083683
版权所有　侵权必究

序

党的十八大以来,以习近平同志为核心的党中央高度重视城镇化工作,指出城镇化是现代化的必由之路,提出了新型城镇化的发展方向,强调坚持以创新、协调、绿色、开放、共享的发展理念为引领,加强生态文明建设,着力推进绿色发展、循环发展、低碳发展的新型城镇化建设。可以预见,在未来一段时间内,我国城镇化建设仍面临着重大的战略空间和发展机遇,城镇化水平仍将持续提高。伴随大量人口向大城市和特大城市的流动,满足能源需求同时实现节能减排要求的压力将越来越大,各类城市资源环境问题日益显现和突出。

与此同时,随着我国社会主要矛盾转化为"人民日益增长的美好生活需要和不平衡不充分的发展之间的矛盾",我国经济发展也从高速增长阶段转向高质量发展阶段,这不仅仅要求新型城镇化从追求快速推进阶段转向集约高效、生态文明、绿色低碳的发展阶段,还需要新型城镇化转向更加强调以人为核心、更加强调区域平衡充分发展、更加强调绿色发展理念下社会全面发展的深化发展阶段。

在这一背景下,不仅要继续发挥城镇化发展经济引擎的作用,还要深刻理解我国新型城镇化的内涵;不仅要讨论经济增长和城镇化水平对能源消费的影响,还要关注经济波动和新型城镇化质量对能源消费的影响;不仅要研究经济发展对能源效率区域差异的影响,还要研究资源禀赋这一无法改变的自然条件对城镇化进程中能源效率的影响;不仅出台各种举措促进各地实现能源控制目标,更要公平且有效地设定区域节能减排责任从而促进区域协调发展;不仅局限于研究区域和行业的能源消费,更要从宏观和微观视角研究城镇化进程中居民家庭快速增长的直接和间接能源消费以及影响因素。这些对于落实新型城镇化理念，从高速度发展切实转向高质量发展，促进经济增长、新型城镇化建设、能源节约和能源效率提升多重目标的实现具有重要的理论意义和现实意义。

特别是在我国力争 2030 年前实现碳达峰，2060 年前实现碳中和的目标下，既要进一步促进新型城镇化建设，解决"不平衡不充分的发展"问题，满足"人民日益增长的美好生活需要"，也要推进生态文明，建设美丽地球，实现人与自然共生，而这些都需要进行持续深入的研究。此书只是本人为该课题贡献的一份研究力量，其中肯定存在诸多不足之处，恳请读者批评指正。

王珂英

2020 年 3 月

前　言

本书充分考虑了中国新型城镇化的特点及新型城镇化进程中的能源消费特征、现状和问题，以"全国—区域—家庭"三个层面为分析主线，从"理论基础—实证分析—对策研究"三个方面构建了一个较为完整、合理的新型城镇化进程中能源消费及其利用效率的研究框架。

在理论基础部分，以国内外对城镇化发展进程中能源消费与能源利用效率的相关研究为基础，对国内外关于城镇化进程中的能源消费特征和演变规律等方面的相关文献进行总结和理论分析，基于能源经济学和消费者行为分析理论，总结了中国新型城镇化所处的阶段和变动特征，分析了中国新型城镇化发展过程中能源消费的动态变化、发展规律以及存在的问题。

在实证分析部分，从全国、区域、家庭三个层面展开。

在全国层面，在新型城镇化投资是经济波动重要来源的理论前提下，使用 H-P 滤波和双对数模型实证分析了中国经济周期性波动对能源消费的影响，并对"经济扩张期"和"经济收缩期"影响的差异性进行判别。

在区域层面，首先根据"新型城镇化"发展的内涵建立新型城镇化综合评价指标体系，采用"纵横向"拉开档次动态综合评估方法，对我国新型城镇化发展质量进行综合评价，并利用误差分量两阶段最小二乘法对城镇化发展水平和综合质量对能源强度的影响进行实证研究。其次利用 SBM-DEA 和窗口分析方法，估算了我国省级能源全要素生产率，进一步利用面板 Tobit 模型分析了资源禀赋对能源利用效率的直接和间接影响。最后综合考虑各省的能源消费和碳排放水平、经济发展状况、节能减排的潜力和成本等多种因素，基于公平和效率的原则构建了省级节能减排责任承担指数，对省级的节能减排能力和应承担的节能减排责任进行综合评价。

在居民部门和微观家庭层面，本书利用投入产出模型和宏观数据计算了城乡居民家庭部门间接能源消费总量，并利用结构分解模型，对引起居民间接能源消费变动的因素进行分解。而后利用家庭微观调查数据，利用价值折算法和投入产出模型计算了2016年我国样本家庭的直接和间接能源消费，利用无条件分位数回归方法探究了家庭收入和家庭特征对居民家庭能源消费的影响。

在对策研究部分，结合理论与实证研究结论，提出将能源战略内生于新型城镇化推进过程中，多管齐下、因地制宜地制定产业政策、能源政策，促进我国新型城镇化建设和能源消费协调发展，并推动新型城镇化高质量发展和能源效率提升的战略选择、机制设计、政策途径和实施建议。

本书的特点主要表现在以下三方面：一是系统总结中国不同阶段城镇化发展和能源消费之间的关系，深入分析当前我国新型城镇化发展中降低能源消耗和提高能源效率存在的困难和突出问题。二是结合经济发展进入"新常态"这一现实背景，提出新型城镇化建设的要求不仅仅限于集约高效、绿色低碳，而是进入更加强调以人为核心、更加强调区域平衡充分发展、更加强调绿色发展理念下社会全面发展的深化发展阶段这一理念，从经济波动对能源消费的影响、新型城镇化质量对能源强度的影响、资源禀赋和产业结构对能源效率的影响、公平效率视角下区域节能减排潜力责任的承担、宏观和微观层面居民家庭能源消费以及影响因素等多个角度，对城镇化中的能源消费和利用效率研究领域存在的突出问题进行了更加深入的分析。三是根据理论研究及实证结论，借鉴发达国家和其他发展中国家的经验举措，充分探讨了促进新型城镇化高质量发展的优化路径，提出促进我国新型城镇化建设和资源环境协调发展的战略选择、机制设计、政策途径和实施建议。具体而言，是要充分考虑城镇化和经济发展对能源消费影响的新动向,构建稳健的节能路径,因地制宜地制定产业政策和能源政策,公平有效地分配节能减排责任,从宏观生产和微观需求两方面引导节能、绿色、低碳的家庭生活方式,建设能源节约型社会。

目 录

第一章 绪论 ……………………………………………………（1）
  第一节 选题背景 …………………………………………（1）
  第二节 研究意义 …………………………………………（4）
    一 理论价值 …………………………………………（4）
    二 实践意义 …………………………………………（5）
  第三节 研究思路与方法 …………………………………（7）
    一 研究思路 …………………………………………（7）
    二 研究方法 …………………………………………（9）
  第四节 研究目标与内容 …………………………………（10）
    一 研究目标 …………………………………………（10）
    二 研究内容 …………………………………………（11）

第二章 城镇化、能源消费和能源利用效率研究综述 ………（16）
  第一节 能源消费与经济增长关系的研究综述 …………（16）
    一 能源消费总量与经济增长的关系 ………………（16）
    二 不同品种的能源消费与经济增长的关系 ………（18）
  第二节 能源消费结构的研究综述 ………………………（19）
    一 我国能源消费结构现状 …………………………（20）
    二 影响能源消费结构的因素 ………………………（20）
    三 能源消费结构的优化路径 ………………………（21）
  第三节 能源利用效率以及测算模型的研究综述 ………（22）
    一 能源效率评价指标和模型 ………………………（22）

二　我国能源效率的实证研究 …………………………………… (25)
　　三　能源效率的影响因素分析 …………………………………… (30)
第四节　能源需求预测的研究综述 ……………………………………… (38)
　　一　能源需求的影响因素 ………………………………………… (38)
　　二　能源需求的预测模型 ………………………………………… (39)
　　三　能源需求的预测结果 ………………………………………… (40)
第五节　城镇化对能源消费影响的研究综述 …………………………… (42)
　　一　城镇化与能源消费的关系 …………………………………… (42)
　　二　城镇化对能源消费的影响路径 ……………………………… (46)
　　三　城镇化对工业能源消费和居民生活能源消费的影响 ……… (47)
第六节　本章小结 ………………………………………………………… (49)

第三章　城镇化对能源消费、能源利用效率影响的理论机制 ……………………………………………………………… (51)

第一节　能源消费的理论基础 …………………………………………… (51)
　　一　消费者行为理论 ……………………………………………… (51)
　　二　能源消费需求层次理论 ……………………………………… (53)
第二节　能源利用效率测度的理论分析 ………………………………… (54)
　　一　能源效率的界定与评价指标 ………………………………… (54)
　　二　能源效率评价模型 …………………………………………… (56)
　　三　能源效率影响因素 …………………………………………… (59)
第三节　城镇化影响能源消费、能源利用效率的机制分析 …………… (61)
　　一　城镇化对能源消费的影响 …………………………………… (61)
　　二　城镇化对能源利用效率的影响 ……………………………… (65)
第四节　城镇化影响能源消费的阶段性特征及空间溢出效应 ………… (68)
　　一　城镇化影响能源消费的阶段性特征 ………………………… (68)
　　二　城镇化影响能源消费的空间溢出效应 ……………………… (69)
第五节　本章小结 ………………………………………………………… (69)

第四章 我国城镇化进程中能源消费的变动特征……（72）
第一节 我国城镇化进程和能源消费变动特征的概述……（72）
 一 我国城镇化发展进程……（72）
 二 我国能源消费的变动特征……（75）
 三 城镇化水平与能源消费的关系……（78）
第二节 我国城镇化进程中生产性和生活能源消费的变动特征……（82）
 一 我国生产性能源消费的变动特征……（82）
 二 我国生活能源消费的变动特征……（88）
第三节 本章小结……（97）

第五章 城镇化建设中经济波动对能源消费的非对称性影响分析……（100）
第一节 经济波动对能源消费影响的研究现状和意义……（101）
第二节 我国能源消费和GDP周期性波动的特征与联系……（104）
 一 我国能源消费和GDP增长的典型特征……（104）
 二 我国能源消费和GDP波动的同步性分析……（105）
第三节 经济波动对能源消费非对称性影响的检验……（110）
 一 经济波动对能源消费总量非对称性影响的检验……（110）
 二 基于能源类别和用能部门的分析……（116）
第四节 经济波动对能源消费非对称性影响的原因剖析和政策建议……（124）

第六章 新型城镇化质量对能源消费强度的影响研究……（126）
第一节 我国新型城镇化质量综合评价……（127）
 一 新型城镇化质量与能源消费的关系……（127）
 二 新型城镇化质量的内涵和评价指标体系……（128）
 三 新型城镇化质量综合评价方法——"纵横向"拉开档次法……（130）

四　我国新型城镇化质量综合评价结果 …………………… (133)
第二节　我国新型城镇化发展对能源强度影响的实证
　　　　分析 ………………………………………………………… (137)
一　模型设定和面板 EC2SLS 估计 ………………………… (137)
二　变量选择和数据来源 …………………………………… (138)
三　新型城镇化发展水平与质量对能源强度的影响 ……… (139)
第三节　研究结论和政策建议 ……………………………………… (141)
一　研究结论 ………………………………………………… (141)
二　政策建议 ………………………………………………… (144)

第七章　我国能源全要素生产率及其影响因素的实证研究
　　　　——基于资源禀赋和产业结构扭曲的视角 ………………… (146)
第一节　资源禀赋影响能源全要素生产率的机理分析 ………… (147)
一　资源禀赋对能源全要素生产率的直接影响 …………… (147)
二　资源禀赋对能源全要素生产率的间接影响 …………… (148)
第二节　资源禀赋对能源全要素生产率影响的实证研究 ……… (150)
一　能源全要素生产率测算模型和影响因素分析
　　模型 ……………………………………………………… (150)
二　能源全要素生产率测算及影响因素的指标选择和
　　数据来源 ………………………………………………… (154)
三　我国省际能源全要素生产率及其影响因素实证
　　结果 ……………………………………………………… (157)
第三节　研究结论和政策建议 ……………………………………… (168)
一　研究结论 ………………………………………………… (168)
二　政策建议 ………………………………………………… (169)

第八章　基于公平效率双重视角的我国区域节能与减排责任
　　　　承担研究 ……………………………………………………… (171)
第一节　公平和效率下我国区域节能减排责任承担研究的
　　　　意义 ………………………………………………………… (171)

第二节 节能减排责任承担的公平和效率原则……(174)
第三节 我国区域节能减排责任承担的综合评价……(176)
　一　我国区域节能减排责任承担综合评价模型……(176)
　二　我国区域节能减排责任承担综合评价结果……(180)
第四节 研究结论和政策启示……(193)
　一　研究结论……(193)
　二　政策启示……(194)

第九章 我国居民家庭间接能源消费与结构分解研究……(199)
第一节 我国居民家庭间接能源消费测算和分解模型……(201)
　一　居民家庭间接能源消费的内涵和测算模型……(201)
　二　居民家庭间接能源消费总量变化结构分解模型……(202)
　三　数据来源和数据处理……(204)
第二节 我国居民家庭间接能源消费测算和分解结果……(205)
　一　我国城乡居民家庭间接能源消费的测算结果……(205)
　二　我国城乡居民家庭间接能源消费变动的分解……(207)
第三节 研究结论和政策建议……(213)
　一　研究结论……(213)
　二　政策建议……(214)

第十章 我国居民家庭能源消费影响因素的微观分析
　　——基于CFPS家庭调查数据和无条件分位数回归
　　模型……(216)
第一节 居民家庭能源消费行为影响因素分析……(217)
第二节 微观居民家庭能源消费计算方法和影响分析
　　模型……(219)
　一　微观居民家庭能源消费的计算方法……(219)
　二　无条件分位数回归……(220)
　三　数据来源与处理……(222)

第三节 家庭特征对城乡居民家庭能源消费影响的实证
　　　　结果 ………………………………………… (224)
　一　数据的描述性分析 ………………………… (224)
　二　城镇化对我国居民家庭人均能源消费的影响分析…… (226)
　三　家庭特征对城乡居民家庭人均能源消费影响的比较
　　　分析 ………………………………………… (231)
第四节 研究结论和政策建议 ……………………… (238)

第十一章 结语 ………………………………………… (240)
第一节 主要结论 …………………………………… (240)
第二节 政策建议 …………………………………… (242)
　一　多管齐下，促进新型城镇化高质量发展和能源
　　　效率提升 …………………………………… (242)
　二　因地制宜，实现城镇化建设和能源消费的协调
　　　均衡发展 …………………………………… (245)
第三节 研究中存在的不足与后续研究方向 ……… (247)

参考文献 ………………………………………………… (249)

第一章 绪论

第一节 选题背景

城镇化是伴随工业化发展，非农产业在城镇集聚、农村人口向城镇集中的自然历史过程，是人类社会发展的客观趋势，也是国家现代化的重要标志。自1978年实施改革开放以来，我国在经济上取得了举世瞩目成就的同时，城镇化发展水平也快速提升。国家统计局2019年数据显示，1978年中国的人口城镇化率仅为17.92%，2018年该数值达到59.58%，年均提升高于1个百分点，极大地促进了我国经济发展和居民生活水平的提高。城镇化的快速发展，意味着城镇人口比重的提高，显然需要城市提供大量的基础设施、建筑和交通工具以满足日常的生产生活，这不仅带动了产业结构、经济增长方式、居民消费水平和消费方式的变化，也对能源需求规模和使用效率产生了深远的影响。

研究表明，传统的粗放型城镇化发展模式导致了能源的大量消耗和环境恶化，后者反过来对城镇化的进一步发展也形成制约。自党的十八大以来，以习近平同志为核心的党中央指出城镇化是现代化的必由之路，提出了新型城镇化的发展方向，强调坚持以创新、协调、绿色、开放、共享的发展理念为引领，加强生态文明建设，着力推进绿色发展、循环发展、低碳发展，在推进城镇化建设的过程中厉行节约、集约利用能源的原则，以促进能源效率的提高，并已取得了长足的进步。但是，城镇化进程中的能源消费及其利用效率领域仍存在较多深层次的问题尚未得到根本的解决，快速推进的城镇化进程对能源的需求量仍将不断上升，这无疑给节能目标的实现以及构建能源节约型社会带来了巨大压力。如何将城镇化发展与节能减排和可持续发展相结合，是未来城镇化建设和能源政策中必须解决的主要难题，其主要问题包括：

（1）城镇化建设是推动经济增长的重要引擎，但是大规模的城镇投资也是经济波动的重要来源，而在经济增长的"扩张期"和"收缩期"，经济增长对能源消费和能源强度的影响是否相同？在我国经济逐步进入"新常态"的背景下，如何继续发挥城镇化建设的经济引擎作用，同时避免粗放式投资造成的新一轮产能过剩以及能源消费快速增长和能源强度反弹？如何在促进经济高质量发展的同时降低经济波动对能源消费的影响，以形成稳定的节能路径，实现经济增长、城镇化建设、节能和能源结构调整的多重目标？

（2）学者就城镇化发展水平对能源消费的影响已经做了较多的论述，但是在新型城镇化建设理念的指引下，城镇化建设由注重速度开始向注重质量转换。但是，我国新型城镇化的内涵是什么？如何综合评价我国各地区的新型城镇化质量？我国新型城镇化质量发展的时间趋势和空间分布如何？新型城镇化质量的提升如何影响我国的能源消费？如何更好地落实新型城镇化理念，将追求高速度的城镇化建设切实转向追求高质量发展，以促进经济发展和能源消费的脱钩？

（3）经过多年的努力，我国新型城镇化建设和能源集约利用已经取得长足的进步，其中产业结构调整一直以来都是提升能源效率的重要举措。但是，我国地域广阔，不同区域的自然、地理、历史条件以及经济发展阶段和发展模式、城镇化进程、资源禀赋、产业结构、技术发展等都存在显著差异，其能源消费规模、消费结构和能源利用效率也存在显著的差异。在资源禀赋高的区域，调整产业结构、提升能源效率、控制能源消费总量相比其他地区都面临更大的难度，同时这些区域的城镇化尚处于中等发展水平，未来城镇化的推进对能源消费的依赖仍很大，资源禀赋较高区域的城镇化建设和能源消费模式的改变是我国生态文明建设取得成功的关键。如果不考虑当地经济发展的现实条件，而去发展没有比较优势的产业以此来进行产业结构的调整,即使可以在短期内满足削减能源消费的需求,长期来看并不利于地区竞争力的提升,不仅会阻碍新型城镇化发展,而且还会造成能源利用效率的损失。那么,如何基于资源禀赋考虑调整产业结构以促进地区能源全要素生产率的提高,降低城镇化建设和经济发展对能源消费的依赖,实现节能减排和经济发展的协同发展?

(4)过度追求经济增长以及强调城镇化快速发展从而造成能源浪费和环境恶化的经济发展模式是难以持续的。我国设定能源消费总量和强度双控目标并在区域层面分解这一制度对节约能源资源、打好污染防治攻坚战、推进环境生态友好型城镇化建设具有积极作用。但是,在区域发展不平衡再度扩大的背景下[1],如何通过比较各地的经济发展水平、能源消费水平,综合评估各地的节能潜力和节能成本,基于公平和效率的原则确定区域的节能减排责任,在最大限度地实现节能减排的同时给予区域公平发展的环境,谋划区域协调发展新思路?

(5)经过多年的努力,工业部门在节能技术和生产技术方面已经取得了显著的成果,但是在城镇化和国内消费规模日益扩大的驱动下,我国居民家庭的能源消费快速增长,正在抵消生产端所做出的努力,技术进步、人口迁移、居民家庭消费等宏观因素以及家庭收入、家庭规模、户主受教育程度、年龄等微观因素如何影响城乡居民家庭的能源消费?在农村人口向城镇转移以及农业人口市民化的过程中,如何从宏观和微观视角构建针对城乡居民家庭的节能政策工具以降低家庭能源消费,引导我国家庭节能、绿色、科学的生活方式,从而建设能源节约型社会?

国内外学者已开始关注城镇化进程中的能源消费及其利用效率问题,并对能源利用效率的综合评价和影响因素进行了多方面的研究,这些成果为本书研究奠定了基础。但是目前对于经济增长和城镇化水平对能源的影响研究较多,而对于经济波动和新型城镇化质

---

[1] 陆铭、李鹏飞、钟辉勇等:《发展与平衡的新时代——新中国70年的空间政治经济学》,《管理世界》2019年第10期。

量对能源消费的影响研究较少；基于经济发展的区域差异研究较多，而较少关注资源禀赋这一无法改变的自然条件对城镇化进程中能源效率的影响；较多地讨论了各地应如何实现能源控制目标，而缺乏公平且有效地设定区域节能减排责任、促进区域协调发展的考量；较多研究了区域和行业的能源消费，但是较少从宏观和微观视角研究城镇化进程中居民家庭快速增长的直接和间接能源消费及其影响因素。

可以预见，在未来一段时间内，我国城镇化建设仍面临着重大的战略空间和发展机遇，城镇化水平仍将持续提高。由于大量人口向大城市和特大城市流动，满足能源需求的同时实现节能减排要求的压力将越来越大，各类城市资源环境问题日益显现和突出。如今我国社会主要矛盾已经转化为"人民日益增长的美好生活需要和不平衡不充分的发展之间的矛盾"，我国经济发展也从高速增长阶段转向高质量发展阶段。在这个背景下，不仅仅要求新型城镇化从追求快速推进阶段转向集约高效、生态文明、绿色低碳的发展阶段，更需要新型城镇化转向更加强调以人为核心、更加强调区域平衡充分发展、更加强调绿色发展理念下社会全面发展的深化发展阶段[①]。而对上述问题的研究则是在经济发展步入"新常态"、城镇化建设进入深化期的背景下，从供给和需求两个侧面、从"全国—区域—家庭"三个层面对优化能源消费结构、提升能源利用效率问题进行的更深入的思考，这是破解能源资源和环境约束、促进城镇化高质量和可持续化推进、实现经济社会发展和生态环境保护协调统一需要解决的理论和现实问题。

第二节 研究意义

一 理论价值

新型城镇化进程中的能源消费及其利用效率相关研究是城镇化理论和能源消费理论的深化，是对习近平生态文明思想内涵的深刻理解

---

① 蔡昉：《走出一条以人为核心的城镇化道路》，《中国人大》2017年第19期。

和把握。在未来经济发展及城镇化进程中如何应对日益严峻的能源问题是事关我国推进生态文明建设、实现可持续发展的重大问题。目前对城市化的理论主要集中在人口、经济、地理空间的推进方面，而能源经济学更多的是从宏观角度研究能源供求关系或者能源价格在市场活动中的变动特征，或从投入产出角度以及能源效率的角度分析能源消费的特点及规律。但是，在中国这样一个整体城镇化进程已经完成60%而区域之间差异较大的国家，对于如何在继续推进新型城镇化建设的同时注重城镇化的高质量发展、如何联系城镇化建设和经济波动构建节能路径、如何解决区域间能源消费和经济发展不平衡等问题，考虑得还不够。

理论层面上，本书根据能源经济学和消费者行为理论，从能源消费需求层次理论出发，将能源消费者分为企业、居民、政府三类，联系城镇化发展过程，分析不同主体的能源消费行为、能源消费趋势和演进特征；从规模效应、产业结构转变效应及技术进步效应等层面分析城镇化对能源消费及其利用效率的影响机制；综合城镇化进程中所呈现的阶段性特征和空间区域不平衡特征，分析城镇化对能源消费影响的阶段特征和空间溢出效应，大大丰富了城市经济学和能源经济学的理论研究内容。

二 实践意义

自改革开放以来，中国城镇化进程呈现出快速且较为稳定的态势，取得了突出成就，但粗放型城镇化发展导致了能源消耗和环境损害，而后者反过来对城镇化进一步发展的约束也日益显现。"十一五"之后，我国出台了一系列政策约束能源消费、提高能源效率，着力推进城镇化的绿色发展、循环发展和低碳发展，并取得长足进步。目前，在经济发展步入"新常态"、城镇化建设进入深化期，围绕经济周期、城镇化发展质量、区域资源禀赋、区域经济社会公平发展和能源效率提升的双重需求、居民家庭对能源消费日益增长的需要等新型城镇化建设中能源消费领域出现的新问题进行深入探讨，具有以下三方面的现实意义：

（1）为经济发展进入"新常态"和城镇化建设进入深化期的能源消费和利用效率提供经验研究和参考建议。本书就经济波动对能源消费的非对称性影响进行分析，为城镇化进程中的能源消费研究提供了一个新视角，有助于深入和细化节能效果和原因的研究、联系经济增长和经济波动制定和实施更完善的节能减排政策，为提高能源消费总量预测的准确性以及实现能源消费总量和强度双控目标提供科学的决策依据与参考。而对新型城镇化发展质量进行综合评价并定量分析其对能源强度的影响，从而促进新型城镇化从快速推进向内涵式发展、实现城镇化建设和能源消费脱钩，是对现有研究的进一步扩展和深化。

（2）本书从资源依赖和资源丰裕两个角度，联系产业结构，分析资源禀赋对我国能源利用效率的直接和间接影响，并从节能的公平和效率原则出发，综合考虑处于新型城镇化进程中不同阶段区域的能源消费和碳排放水平、经济发展状况、节能减排的潜力，以及能源消费下降和削减碳排放需要付出的经济代价等多种因素，对各区域的节能减排能力和应承担的节能减排责任进行综合评价。这对因地制宜地制定产业政策和环境政策，更有效地实现节能减排，促进经济与能源利用、环境保护之间的协调可持续发展，具有重要的意义。

（3）本书从宏观和微观角度详细分析了居民消费引起的直接和间接能源消费，从宏观层面分析了技术进步、城镇化、消费规模和消费结构等因素对居民能源消费变动的贡献，从微观层面分析了家庭收入、家庭规模等家庭特征对城乡居民能源消费的影响，可为在经济发展和城镇化建设的过程中，在保持不降低居民生活质量水平的前提下，科学制定居民能源消费政策提供相关的理论支撑和依据。这不仅有利于引导居民消费方式的转变，而且还能进一步引导产品结构的改变，对于推行"全民节能计划"、构建能源节约型社会、实现全社会的节能目标具有重要的意义。

第三节 研究思路与方法

一 研究思路

本书以国内外对城镇化发展进程中能源消费与能源利用效率的相关研究为基础,以"全国—区域—家庭"三个层面为分析主线,从城镇化发展背景下经济波动对能源消费的影响、各地区新型城镇化质量综合评价及其对能源强度的影响、从资源禀赋和产业结构出发的各地区能源全要素生产率的测算以及影响因素、公平和效率视角下区域节能减排的责任承担、新型城镇化进程中城乡居民家庭能源消费的宏观和微观特征以及影响因素等多个视角,充分考虑了我国新型城镇化的特点及新型城镇化进程中的能源消费特征、现状和问题,从"理论基础—实证分析—对策研究"三方面构建了一个较为完整、合理的新型城镇化进程中能源消费及其利用效率的研究框架。见图1–1。

第一,本书对国内外关于城镇化进程中的能源消费特征和演变规律、城镇化与能源消费总量、能源消费结构和能源利用效率,以及能源效率评价模型和影响因素等方面的相关文献进行总结和理论分析,探讨新型城镇化进程中能源消费和能源利用效率研究的必要性及其理论基础。基于能源经济学和消费者行为分析理论,总结了我国新型城镇化所处的阶段和变动特征,分析了我国新型城镇化发展过程中能源消费的动态变化、发展规律以及存在的问题,为构建科学合理的新型城镇化进程中能源消费及其利用效率的实证研究打下基础。

第二,在新型城镇化背景下,实证分析了我国经济周期性波动对能源消费的影响,并对"经济扩张期"和"经济收缩期"影响的差异性进行判别,为准确把握经济周期性波动与能源消费之间的演变规律、制定更加细化有效的节能政策和稳定的节能路径、顺利实现能源消费总量和强度的双控目标提供了政策建议。

第三,从区域层面,根据"新型城镇化"发展的内涵,建立新型城镇化质量综合评价指标体系,综合评价我国各省份的新型城镇化质量,深入分析城镇化发展水平、发展质量对能源强度的影响;基于资

❖ 新型城镇化进程中的能源消费及其利用效率研究

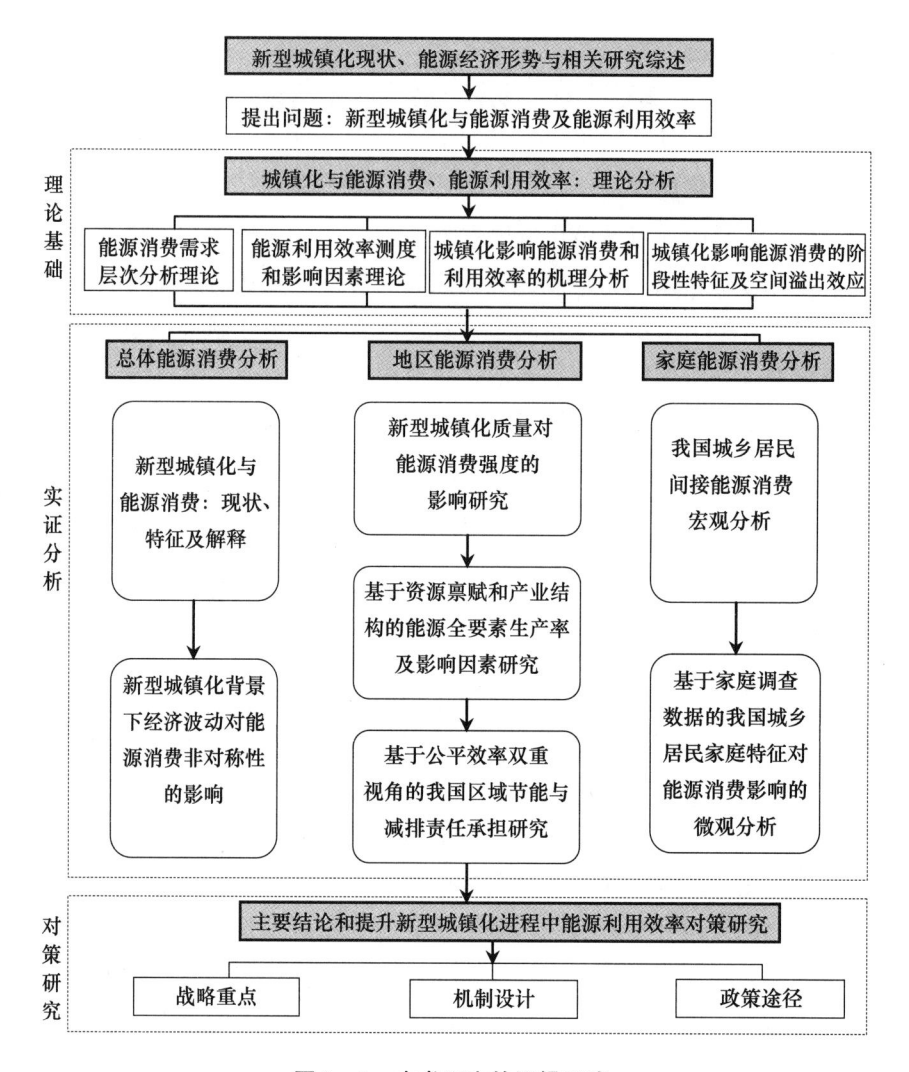

图 1-1 本书研究的逻辑思路

源禀赋和产业结构的考虑，计算省级层面的能源全要素生产率，分析资源禀赋对我国能源利用效率的直接和间接影响；从公平和效率双重视角出发，综合考虑区域能源消费和碳排放水平、经济发展状况、节能减排的潜力和成本等多种因素，对各区域的节能减排能力和应承担的节能减排责任进行综合评价。这对因地制宜地制定产业政策和环境政策，更有效地实现节能减排，促进经济与能源利用、环境保护之间的协调可持续发展，具有重要的意义。

第四，从宏观和微观角度计算城乡居民由于消费产品和服务而引起的能源消费，分别利用结构分解模型和无条件分位数回归模型，对引起居民能源消费变动的技术进步、人口变迁、生活消费等宏观因素以及家庭收入和家庭特征等微观因素进行分解和分析，为准确预测家庭能源消费、挖掘家庭消费领域的节能潜力，提升节能政策的针对性，引导家庭用能习惯、改善消费模式，构建宏观经济与微观家庭相结合的节能路径提供了政策参考。

第五，结合理论与实证研究结论，提出将能源战略内生于新型城镇化推进过程中，多管齐下、因地制宜地制定产业政策、能源政策，促进我国新型城镇化建设和能源消费协调发展，推动新型城镇化高质量发展和能源效率提升的战略选择、机制设计、政策途径和实施建议。

二 研究方法

本书在写作的过程中注重理论分析与实证分析相结合、定性分析与计量分析相结合，归纳法和制度分析法相结合。具体如下：

（1）通过对文献的评析来归纳和总结已有国内外相关研究成果和不足，寻求理论研究的突破口和创新点，建立新型城镇化进程中能源消费和利用效率研究的理论基础和依据。

（2）计量和实证分析。在充分理论论证的基础上，使用 H-P 滤波法去除 GDP 和能源消费序列的趋势，利用双对数法对经济波动对能源消费的非对称性影响进行实证分析；构建新型城镇化发展质量的评价指标体系，采用"纵横向"拉开档次动态综合评估方法，对我国新型城镇化发展质量进行综合评价，并利用误差分量两阶段最小二乘法对城镇化发展水平和质量对能源强度的影响进行实证研究；基于松弛测度的 SBM-DEA 和窗口分析方法，将碳排放作为非期望产出，估算我国省级能源全要素生产率，利用面板 Tobit 模型分析资源禀赋对我国能源利用效率的直接和间接影响；利用 SBM-DEA 模型进一步计算我国各省份的节能减排潜力和边际经济成本，从公平和效率双重视角分析区域节能减排的责任分担问题；使用投入产出模型计算城乡居民间接能源消费总量，并利用结构分解模型，对引起居民间接能源消费变动的因素进行分解；采用家庭微观调查数据，综合应用价值折算法和投入产出模型计算 2016 年我国样本家庭的直接和间接能源消费，利用无条件分位数回归方法分析家庭收入和家庭特征对居民家庭能源消费的影响。

（3）对新型城镇化中能源消费和利用效率的关键影响因素及其作用机制以及提升新型城镇化发展质量和能效对策研究采用定性分析，对我国新型城镇化进程中能源消费和利用效率、空间发展状况采用比较分析，其中涉及归纳法和制度分析法。

第四节　研究目标与内容

一　研究目标

当前的新型城镇化建设仍面临着资源环境的约束，而在推进城镇化建设和努力降低能源消费的进程中，具有巨大节能潜力的资源型区域由于资源禀赋、产业结构僵化等原因导致节能工作变得更加困难，同时实现区域之间公平发展也需要对节能减排的责任承担问题进行新的考量；城镇化进程中人口结构变动和居民消费规模的扩大导致来自于家庭部门的直接和间接能源消费快速增长，也给我国节能减排工作带来了新的压力。在经济发展进入"新常态"和新型城镇化建设进入深化期的新形势下，本书对新型城镇化进程中的能源消费及其利用效率进行更加深入系统地研究，希望达到以下目标：

一是系统总结我国不同阶段城镇化发展和能源消费之间的关系，深入分析当前我国新型城镇化建设中降低能源消耗、提高能源效率存在的困难和突出问题。

二是分析经济波动对我国能源消费的非对称性影响，为在新型城镇化进程中对能源消费的科学预测提供参考；实证研究城镇化发展水平和质量与能源强度之间的关系，把握城镇化发展对能源消费影响的规律；测算区域的能源全要素生产率、节能减排潜力和经济成本，为因地制宜推进城镇化建设、促进产业结构调整、制定节能减排政策、合理地分配节能减排责任提供依据；基于宏观和微观视角分析影响城乡居民家庭能源消费的因素，为构建宏观经济与微观家庭相结合的节能路径提供政策参考。

三是针对当前新型城镇化进程中能源消费和能源利用效率方面存在的突出问题及实证结论，借鉴发达国家和其他发展中国家的经验举措，科学制定产业政策、能源政策，探讨促进新型城镇化高质量发展的优化路径，提出促进我国新型城镇化建设和资源环境协调发展的战略选择、机制设计、政策途径和实施建议。

二 研究内容

城镇化是经济社会发展的必然趋势，也是促进经济快速平稳发展和提高居民生活水平的重要途径。虽然一直以来我国的新型城镇化建设强调坚持生态文明，着力推进绿色发展，但是城镇化发展过程中能源大量消耗以及能源利用效率不高的问题并没有得到根本解决，如何将城镇发展与节能减排和可持续发展相结合，是未来城镇化建设和能源政策中必须解决的主要难题。

结合新型城镇化对能源消费进行预测是能源研究领域的重要议题，但是城镇化建设和城镇固定投资的变化是经济波动的重要来源，而经济波动对能源消费是否存在非对称性影响？如何把握"新常态"时期城镇化投资以及经济波动下能源消费的规律性变动从而对能源消费总量进行准确预测？控制能源消费和能源强度是"十一五"以来我国经济发展中一项极其重要的工作，但是如何从公平和效率的视角出发因地制宜地分解能源控制目标，从而促进经济发展和节能减排工作的完成？在工业部门节能工作已经取得巨大进步后，我国城乡居民家庭部门能源消费趋势是如何变化的？城镇化、技术进步、居民消费、家庭收入和家庭特征等宏观和微观因素如何影响居民家庭的能源消费？如何采取有效措施提升城镇化进程中的能源利用效率？对这些问题的回答至今还未有定论，继而在一定程度上困扰着新型城镇化建设和能源战略实施的侧重点和具体政策的制定。因此，本书试图以国内外对城镇化发展过程中的能源消费与能源利用效率相关研究为基础，以"全国—区域—家庭"三个层面为分析主线，分析新型城镇化进程中的能源消费和利用效率问题，进而根据研究结果，给出在城镇化建设进入深化期背景下进一步优化能源消费结构、提升能源利用效率，破解能源资源和环境约束，实现经济社会发展和生态环境保护协调统一发展的对策。本书后续共包含十个部分。

第二章是国内外关于城镇化进程中能源消费及其利用效率研究的文献综述。本章从四个方面对城镇化进程中的能源消费及其利用效率的相关研究展开回顾。首先，对城镇化建设、经济增长和能源消费的关系进行综述，明确了能源消费在我国经济发展中的重要地位。其次，分析了能源消费中的两个主要问题，即能源消费结构和能源效率问题，剖析了能源消费结构的现状、影响因素并总结了能源消费结构的优化路径；同时对能源效率的内涵和测算模型进行归纳，总结能源利用效率综合评价的研究方法和研究角度，详细阐述了影响能源效率的因素。再次，对能源需求预测方面的文献及其结论进行回顾。最后，鉴于我国城镇化持续快速推进的现实，归纳城镇化进程中能源消费的特征和演变规律，为构建研究理论体系提供参考。

第三章首先根据能源经济学和消费者行为理论，将能源消费者分为企业、居民、政府三类，分析它们各自的能源消费行为；从能源消费需求层次理论出发，联系城镇化发展过程，分析不同主体的能源消费趋势和演进特征。然后，界定能源利用效率的概念、比较常用测度指标，从建设可持续发展的新型城镇化角度全面把握能源利用效率的内涵；综合比较能源利用效率的评价模型及影响因素的分析方法，为能源利用效率综合评价奠定理论基础。接下来，分析城镇化对能源消费及其利用效率产生的直接或间接因素效应，如规模效应、产业结构转变效应及技术进步效应，梳理其相应的影响机制。最后，综合城镇化进程中所呈现的阶段性特征，进一步介绍城镇化对能源消费影响的五个阶段及新型城镇化对能源消费产生的影响；考虑地区之间在发展过程中的相互关系，从城镇化的空间溢出效应角度阐述其影响机制。

第四章对我国城镇化进程中能源消费的变动特征进行了综合分

析。首先，基于城市经济学理论，总结我国新型城镇化所处的阶段和变动特征。然后，基于能源经济学理论，分析我国新型城镇化发展过程中能源消费的动态变化和发展规律。接下来，对我国能源消费变动特征进行描述，对比分析生产和生活的能源消费特征、城镇和农村能源消费特征。

第五章在新型城镇化背景下，使用我国1978—2018年的数据，实证分析我国经济周期性波动对能源消费的影响，并就"经济扩张期"和"经济收缩期"影响的差异性进行判别，对研究结果进行稳健性检验，进而采用分类别、分行业的能源消费数据深入探讨影响的形态和其内在驱动因素，为准确把握经济周期性波动与能源消费之间的演变规律，科学预测我国能源消费以及煤炭、石油、天然气、电力等不同类别能源的消费和变化趋势，并基于经济波动对能源消费影响的特点制定更加细化有效的节能政策和稳定的节能路径，顺利实现节能和调整能源结构目标，提供了政策建议。

第六章首先阐述城镇化发展与能源消费之间的关系，根据"新型城镇化"发展的内涵建立新型城镇化质量综合评价指标体系，采用"纵横向"拉开档次动态综合评价方法，对我国各省份的新型城镇化质量进行综合评价。接下来对我国城镇化发展水平、新型城镇化质量和能源强度之间的关系进行描述，使用基于误差分量两阶段最小二乘法对城镇化发展水平以及新型城镇化发展综合质量、城镇化发展水平质量、城镇化推进效率质量、城镇化公平协调发展质量多个维度和能源强度之间的关系进行实证分析，探讨我国新型城镇化发展对能源消费强度的影响。最后，提出促进资源节约型与环境友好型城市及推动城镇化建设质量型发展、实现城镇化和能源消费"强脱钩"的建议。

第七章基于资源禀赋和产业结构的考虑，运用基于松弛测度的DEA模型（SBM-DEA）和窗口分析方法（Window Analysis），将碳排放作为非期望产出纳入模型，对2003—2016年我国30个省份的能源全要素生产率进行估算，在就资源禀赋对产业结构影响进行分析的基础上，从资源依赖和资源丰裕两个角度分析资源禀赋对我国能源利用效率的直接和间接影响，提出了我国特别是资源型地区的节能减排和推进生态文明建设的政策建议。

第八章从节能的公平原则、效率原则出发,综合考虑区域新型城镇化发展不同阶段的能源消费和碳排放水平、经济发展状况、节能减排的潜力,以及能源消费下降和削减碳排放需要付出的经济代价等多种因素,对各区域的节能减排能力和应承担的节能减排责任进行综合评价,给予适当的节能减排责任和适当的经济增长目标。这对因地制宜地制定产业政策和环境政策,更有效地实现节能减排、促进经济与能源利用、环境保护之间的协调可持续发展,具有重要的意义。

第九章首先对比分析我国城镇和农村居民的生活直接能源消费总量和人均能源消费水平、能源结构以及能源消费变动因素。接着利用投入产出表方法计算2002—2017年中相应年份的城乡居民间接能源消费,并利用结构分解模型,对引起居民间接能源消费变动的节能技术、中间生产技术、人口增长、城镇化发展、人均消费规模和消费结构6个因素进行分解,分析各因素在居民间接能源消费变动中的贡献和发展趋势。最后在经济发展和城镇化建设中不降低居民生活质量水平的前提下,为科学地制定居民能源消费政策,采取相应的行动措施来引导居民的绿色消费结构,引导产品结构的改变,实现全社会节能减排目标提供政策建议。

第十章使用家庭微观调查数据,基于城乡居民家庭收入以及家庭特征的微观视角,使用价值折算法和投入产出模型计算2016年我国12865个城乡家庭样本的直接能源消费和间接能源消费,进一步利用无条件分位数回归方法探究家庭收入水平、家庭规模、城乡属性、户主年龄及受教育程度等家庭异质性特征如何影响居民家庭的能源消费,分析这些因素对家庭能源消费不同分位数上微小变化的边际影响。本章有助于深入了解我国城乡微观家庭直接、间接能源消费的基本特征,进一步深化城镇化进程中家庭能源消费的城乡差异和家庭特征异质性的影响,为准确预测家庭能源消费、挖掘家庭消费领域的节能潜力、提升节能政策的针对性,引导家庭用能习惯、改善消费模式、构建宏观经济与微观家庭相结合的节能路径,提供了政策参考。

第十一章对实证结论进行归纳，将定量分析结果定性化，找出影响我国新型城镇化进程中能源消费需求和能源利用效率的关键因素及各因素的影响方向与程度；基于本书的实证结论与定性分析，提出将能源战略内生于新型城镇化推进过程中，促进我国新型城镇化建设和资源环境协调发展的战略选择、机制设计、政策途径和实施建议。

第二章　城镇化、能源消费和能源利用效率研究综述

本章从五个方面对能源消费及其利用效率的相关研究展开回顾。首先，对能源消费与经济增长的关系进行综述，明确能源消费在我国经济发展中的重要地位。其次，分析能源消费中的两个主要问题，即能源消费结构和能源效率问题；剖析能源消费结构的现状、影响因素，并总结能源消费结构的优化路径。再次，对能源效率评价及其评价模型和方法进行归纳，深入阐述影响能源效率的因素。又次，对能源需求预测的文献及其结论进行回顾。最后，回顾城镇化进程对能源消费的影响，为新型城镇化建设中的能源问题提供理论支持。

第一节　能源消费与经济增长关系的研究综述

一　能源消费总量与经济增长的关系

城镇化建设是推进经济增长、提升居民生活水平的重要举措，而能源被认为是所有经济体经济增长的重要驱动力之一，反过来，经济增长以及经济发展水平也是影响能源消费和能源效率的关键因素。城镇化建设进程中能源消费与经济增长的关系一直是一个值得深入探讨的问题，国内外许多学者对其进行了深入的研究，但并没有得出一致的结论。

在就能源消费与经济增长相互关系的探讨中，学者们主要有三种不同意见。第一种观点认为仅存在能源消费影响经济增长的单向因果关系。Khan等人（2008）使用短期误差修正模型，证明孟加拉国、

印度、巴基斯坦和斯里兰卡的能源消耗在长期和短期都会对 GDP 产生影响,这些国家的经济表现出显著的能源依赖特征,能源短缺对经济增长、收入和就业均会产生负面影响。我国很多学者也认为存在能源消费影响经济增长的单向因果关系。汪旭晖和刘勇(2007)表明,虽然短期内经济增长和能源消费的关系有所波动,但长期中存在能源消费影响经济增长的稳定单向因果关系。赵进文和范继涛(2007)采用格兰杰因果检验也得出同样的结论,能源作为一种生产要素,投入增加能引起产出增加,即经济增长。王火根和沈利生(2008)以各省市面板数据模型进行研究,发现如果能源供应减少1%,经济增长将下降0.498%。Yu 等人(2018)以 1995—2010 年间的数据为基础,采用向量误差校正模型和最小二乘法,得出我国农村能源消费影响农村 GDP 的单向格兰杰因果关系。

第二种观点认为仅存在经济增长影响能源消费的单向因果关系。Razzaqi 等人(2011)发现埃及只存在 GDP 影响能源使用的单向关系。Onuonga(2012)使用 1970—2005 年间的数据,分析了肯尼亚的能源消费与经济增长的因果关系,证明了能源消费与 GDP 之间存在长期关系,经济增长导致能源消费总量增加,肯尼亚对能源的依赖程度较低,经济增长的主要来源是农村收入,所以能源消费并不是经济增长的原因。

第三种观点认为能源消费与经济增长之间存在双向因果关系。Razzaqi 等人(2011)的研究表明孟加拉国、印度尼西亚、马来西亚、巴基斯坦、土耳其都存在能源消费与经济增长的双向因果关系,伊朗在短期内存在能源消费影响经济增长的单向因果关系,长期内存在双向因果关系。Shakeel 等人(2013)的研究表明能源不仅作为每个生产过程的投入要素直接影响 GDP,而且还影响商品出口,因而通过乘数效应间接影响 GDP,在短期和长期中能源消费与 GDP 是双向因果关系。我国学者韩智勇等(2004)对 1978—2000 年我国能源消费的年度数据进行研究,也得出 GDP 与能源消费之间存在双向因果关系。

在这三种观点之外,部分学者认为能源消费与经济增长的关系并不仅限于因果关系。李国璋和霍宗杰(2010)使用 1978—2007 年间的样本数据，研究了经济增长、能源结构和能源消费之间的关系，发现经济增长在长期和短期中都对能源消费和能源结构产生影响，但在长期中的影响更显著。经济增长能降低能源消费中的煤炭占比，但是其对能源消费结构的优化作用远小于对能源消费增长的促进作用。李长胜等（2010）的研究表明，虽然在不同时期能源消费与经济周期的关联程度有所差异，但是经济周期的变化明显影响了能源消费增长。贺小莉和潘浩然（2013）基于我国30个省份1990—2011年的面板数据，采用PSTR模型，发现能源消费与经济增长有非线性关系。在以人均GDP作为阈值变量时，在经济发展初期，能源消费随着经济发展迅速增加，在人均GDP超过13000元左右时，能源消费弹性数值会下降。在选取最优阈值变量资本形成总额并忽略了地区差异因素后，发现随着人均GDP数值的增加，能源消费量增加的速度将比以往更快。

二 不同品种的能源消费与经济增长的关系

除对能源消费总量的研究以外，不少学者还关注不同品种的能源消费，从石油、煤炭、电力等能源品种方面探讨能源消费与经济增长的关系，这有助于更全面深入地认识能源消费并为具体政策制定提供依据。

（1）煤炭。多数研究都表明煤炭消费影响了经济增长。马超群等（2004）利用1954—2003年的数据，深入分析能源消费的各个组成部分，得出GDP与煤炭消费之间存在协整关系，而与石油、天然气、水电之间不存在协整关系，主要原因是煤炭消费仍是我国能源消费总量中的最大组成部分。李金三（2014）也认为煤炭消费量与经济增长之间存在协整关系和双向因果关系。曾胜和黄登仕（2009）对能源消费结构与经济增长之间关系进行研究，发现为经济增长提供能源消费支持的主要是煤炭，其次是电力，然后是石油与天然气。吴明明（2011）则以1980—2009年的数据为基础，分析能源结构中的各个组成部分与经济增长的格兰杰因果关系，发现只存在经济增长影响煤炭消费和经济增长影响石油消费的单向因果关系。

(2) 石油。关于石油消费和经济增长的关系，有些文献认为石油消费与经济增长存在双向因果关系。石晓烽和王述英（2007）使用1960—2005年间的统计数据，表明我国石油消费与经济增长存在双向因果关系，石油消费对促进经济增长具有显著影响。曹青青和周仲礼（2014）将石油消费量作为独立因素加入到 C-D 函数模型中，利用协整分析、岭回归分析和格兰杰因果检验对西部地区1996—2011年间石油消费与经济增长之间的关系做了计量研究，发现在短期内经济增长与石油消费存在双向的格兰杰因果关系。

在单向的因果关系分析中，有学者得出完全相反的结论。孙姣（2013）的研究发现，我国经济增长是石油消费的格兰杰原因，而石油消费量不是经济增长的格兰杰原因，即我国的经济增长单向带动了我国石油消费量的增长。沈秋彤（2015）使用1990—2013年间的数据进行时间序列分析和格兰杰因果检验，发现石油消费是经济增长的格兰杰原因，而经济增长并不是石油消费的格兰杰原因；经济增长与原油消费之间存在着单向因果关系，经济增长对原油消费具有一定的依赖性。

(3) 电力。林伯强（2003）研究了电力消费与经济增长之间的关系，发现电力消费是经济增长的原因，但是经济增长并不总是需要高的电力消费。李强等（2013）通过对我国1990—2011年省际面板数据的研究，发现东西部长期电力消费与经济增长的关系存在差异。较东部地区而言，西部地区高耗能的传统行业比重更大，服务业比重更小，因此电力消费与经济增长存在双向因果关系。Mallick（2009）的研究则表明经济发展会导致更多的天然气、电力和能源总需求。

第二节 能源消费结构的研究综述

我国能源消费总量持续增加，为我国经济发展做出了重大贡献，但我国能源消费结构不合理等问题仍然突出。能源消费结构是否合理是衡量一国经济发展状况和可持续性的重要指标，与世界很多国家相比，我国能源消费结构中煤炭消费占比很大，这不仅导致我国能源利用的低效率，也不利于我国经济的绿色可持续发展。本节对文献中关于我国能源消费结构的研究进行整理，归纳其影响因素，并总结能源消费结构的优化路径。

一 我国能源消费结构现状

邓志茹和范德成（2009）、罗斐和罗婉婉（2010）、翁非（2012）等学者对我国能源结构进行了深入的分析，发现我国能源消费结构中化石能源占主导地位，其中煤炭消费占比高。周彦楠等（2017）研究了1990—2014年我国能源终端消费结构和地域分布的时空差异，发现能源消费呈现出明显的地区性分布特征，能源消费存在一定的产地消费导向，区域经济技术水平并没有和地区资源禀赋协调起来。2018年，我国能源消费总量达到46.4亿吨标准煤，其中煤炭占比为59.0%。另外，我国高耗能产业需求不断上升，2018年，我国终端能源消费量约32.0亿吨标准煤，同比增长约3.09%，工业消费的终端能源约20.9亿吨标准煤，同比增长1.49%。除此之外，我国能源对外依存度高，2018年，我国能源对外依存度达到约21%。其中，石油对外依存度提高到70%，天然气对外依存度达到43%。

二 影响能源消费结构的因素

不少学者研究了能源消费结构的影响因素，主要有能源价格、产业结构、经济发展水平、城镇化率和科技水平等。翁非（2012）发现资源禀赋结构、扭曲的价格体系、产业结构、可再生能源实施的困难是阻碍我国能源消费结构转型的主要因素。曾胜和李仁清（2014）采用灰色技术比较分析了各因素对能源消费结构的影响程度，发现能源价格和产业结构与能源消费的关联度最大，经济发展水平、城镇化率与科技水平和能源消费结构的关联度较大。多数学者研究了产业结构对能源消费结构的影响，普遍认为降低第二产业比重、发展第三产业能使产业结构合理化，并进一步影响能源消费结构。唐晓华和刘相锋（2016）采用1993—2013年间的数据并利用Geweke因果检验方法进行研究，发现产业结构合理化在短期内可直接影响能源效率的规模效应和技术效应，并且产业结构优化的作用能不断地反馈于能源利用效率方面。王凤云和苏烨琴（2018）从京津冀地区终端能源消费结构角度，剖析影响京津冀的煤炭、石油、天然气、电力及其他能源结构变动的因素，发现第三产业的发展能显著优化京津冀地区能源消费结构，在减少煤炭消费的同时提高了天然气、石油、电力及可再生能源的消费；产业联动发展和区域交通一体化发展有利于能源消费结构的优化。邹璇和王盼（2019）使用2003—2016年我国30个省份的数据探索产业结构对能源消费结构的作用机制，将产业结构对能源消费结构的影响路径归纳为结构效应、技术效应、规模效应以及空间效应。研究表明产业结构合理化和高级化都可以对能源消费结构产生正向影响，并且能够改善地区对传统能源的过度依赖。

三 能源消费结构的优化路径

现有研究设定了不同的情景来探索我国能源结构优化的最佳路径。李爽等（2015）将我国分为六个区域，构建了低碳目标约束下的能源消费结构优化模型，为各个区域提出了具体的优化方法。柳亚琴和赵国浩（2015）分析了各约束条件对能源结构优化的作用，指出对能源结构优化直接影响最大的是碳排放约束，而能源价格、经济发展水平等对其有间接推动作用。邵旭阳（2017）使用2003—2013年间30个省份的数据，计算了能源消费的最优结构，对比得出煤炭消费比例与最优消费差距过大，并且还有不断扩大的趋势，石油消费比例与最优消费几乎一致，天然气消费比例与最优消费差距大，而且差距还在不断扩大。研究结果说明我国亟须减少煤炭消费和增加天然气消费来达到最优的能源消费结构。王勇和王颖（2019）考虑碳排放总量和碳强度两个衡量标准，认为兼顾经济发展实现减排的最优路径是经济中速发展并辅以政策约束。

第三节 能源利用效率以及测算模型的研究综述

随着我国新型城镇化进程的推进，我国能源消费总量持续提升，由此带来的能源紧缺和环境污染问题引起广泛关注，已经成为学者讨论的焦点问题。本节论述能源利用效率测度的相关理论，在对能源效率进行界定的同时选取能源效率的评价指标和评价模型，并且介绍能源效率的影响因素及测算方法。

虽然城镇化和工业化的快速推进将带来能源消费的快速增长，但是通过抑制城镇化的建设和工业化的发展来实现控制能源消费的目标显然不是经济发展和节能减排的最优政策选择。研究发现能源效率的提高是解决经济增长和减少能源消费这一矛盾的关键途径，是实现经济和能源消费脱钩以及可持续发展的关键。目前关于我国能源利用效率的文献非常丰富，本节将从能源效率评价指标和模型、我国能源效率的实证研究、能源效率的影响因素分析三个方面，进行文献梳理。

一 能源效率评价指标和模型

能源效率就是在既定的能源投入条件下实现经济产出的能力，即单位能源消耗所能带来的经济效益，它反映了一个体系（国家、地区或行业等）的能源利用效果。从经济学的角度出发，测算能源经济效率的指标主要有单要素能源效率指标和全要素能源效率指标。

常用的单要素能源效率指标包括能源消耗强度（单位 GDP 消耗的能源）、能源生产率（消耗一单位能源产出的 GDP）、能源消费弹性系数（能源消费总量增长率与 GDP 增长率的比值），这三个指标的计算仅考虑能源消费与经济产出，而不考虑其他生产要素的影响，常常用以对比不同国家、不同地区以及不同时间上的能源效率。但是应用单要素指标衡量能源效率时，忽略了资本、劳动、能源等多种要素之间的相互作用，其应用范围受到限制，因此更多的研究逐渐开始使用模型来计算全要素能源效率，其中包括随机前沿模型（Stochastic

Frontier Analysis，SFA）和 DEA 模型（Data Envelopment Analysis）。

随机前沿模型通过设定成本、利润或者生产函数以及混合误差项，在假定企业由于组织、管理及制度等非价格性因素导致生产过程中效率的损耗，从而达不到最佳的前沿技术水平的前提下测度生产效率，在能源领域也得到广泛应用。

DEA 方法及其模型由 Charnes 等人（1978）提出，根据多项投入指标和多项产出指标，利用线性规划的方法，对具有可比性的同类型单位进行相对有效性评价，已广泛应用于不同行业及部门的效率评价方面。在 DEA 框架下，根据不同的条件衍生了 BCC 模型、CCR 模型、SBM（Slack Based Measure）模型、Malmquist 指数分析法、超效率 DEA 模型和 VRS 模型等多种模型。CCR 模型的应用条件是要求所有决策单元的生产规模都是最优生产规模，并且这一规模不变。由于部分决策单元可能无法达到这一条件，很多学者选择采用规模报酬可变的 BCC 模型。SBM 模型是考虑了松弛变量、冗余投入和产出的情况下的全要素生产率。还有学者为了进一步细化分析能源利用效率，还会采用 Malmquist 指数分析法，将能源效率分解为技术进步效率、纯技术效率和规模效率，为提高能源效率提供更科学的建议。Malmquist 指数分析法不需要建立具体的生产函数，避免了函数设计错误对结果的影响。

已有文献对能源利用效率综合评价投入指标的选择大致相同，但产出指标的选择是否考虑环境影响则存在差异。表 2-1 对能源利用效率评价模型的相关文献进行了整理回顾。

表 2-1　　　　　能源利用效率评价模型的相关文献

文献作者	投入指标	产出指标	研究时间	研究样本	评价方法
Chien & Hu (2007)	资本存量、就业人口、能源消费总量	GDP	2001—2002	45 个国家	DEA 模型
吴琦和武春友 (2009)	固定资产折旧、就业人口、能源消费总量	GDP、废弃物排放量	2006	我国 30 个省份	BCC 模型

续表

文献作者	投入指标	产出指标	研究时间	研究样本	评价方法
武春友和吴琦（2009）	固定资产折旧、就业人口、能源消费总量	GDP	2006	我国30个省份	CCR模型、BCC模型
孙久文和肖春梅（2012）	资本存量、就业人口、能源消费总量	GDP	1992—2010	上海、江苏、浙江	Malmquist指数
Vlahinic Dizdarevic & Segota（2012）	资本存量、就业人口、能源消费总量	GDP	2000—2010	26个欧洲国家	DEA模型
王科和魏一鸣（2012）	资本存量、就业人口、能源消费总量	GDP、CO_2排放量	1997—2009	我国30个省份	DEA模型
续竞秦和杨永恒（2012）	资本存量、就业人口、能源消费总量	GDP	2001—2010	我国29个省份（重庆数据并入四川省）	SFA
王雄等（2013）	资本存量、就业人口、能源消费总量	GDP	1990—2010	我国中部6省	SFA
Bampatsou（2013）	化石能源和非化石能源消费、核消费	GDP	1980—2008	欧洲15个国家	DEA模型
吴巧生和李慧（2016）	资本存量、就业人口、能源消费总量	GDP、SO_2排放量	2005—2014	长江中游城市群27个城市	DEA模型
许晶晶（2016）	资本存量、就业人口、能源消费总量	GDP	2005—2014	重庆市	CCR模型
吕林（2016）	单位产值电耗、单位产值煤耗、治理废水废气投资额	GDP、单位产值电耗削减量、单位产值煤耗削减量、单位产值废水废气排放削减量	2011—2012	我国30个省份	M-SBM模型
王腾等（2017）	资本存量、就业人口、能源消费总量	GDP、工业废水、废气、固体废弃物排放总量	2000—2014	我国30个省份	DEA模型

续表

文献作者	投入指标	产出指标	研究时间	研究样本	评价方法
郭丰 (2017)	固定资产投资总额、就业人口、能源消费总量	GDP、工业固体废物产生总量、废水排放总量、SO_2排放量	2004—2014	长江经济带11个省市	CCR模型、SBM模型
闫明喆等 (2018)	资本存量、就业人口、能源消费总量	社会保障水平、医疗卫生水平、第二、第三产业增加值、废水废气粉尘排放	2000—2013	我国30个省份	SFA-Bayes
孟凡生和邹韵 (2018)	资本存量、就业人口、能源消费总量	GDP、工业固体废物、废水、COD、CO_2、SO_2排放	2007—2016	我国30个省份	PP-SFA
马晓明和闫柯旭 (2018)	资本存量、就业人口、能源消费总量	GDP、CO_2排放量	2011—2015	我国30个省份	SBM模型
吴江 (2019)	资本存量、就业人口、能源消费总量	GDP、CO_2排放量	2005—2015	我国30个省份	三阶段DEA模型
岳立等 (2019)	资本存量、就业人口、能源消费总量	GDP、CO_2排放量	1995—2015	"一带一路"沿线50个国家	GML指数

资料来源：笔者自制。

二 我国能源效率的实证研究

多位学者从时间发展、区域、行业以及考虑环境因素的不同层面不同情景下对能源利用效率进行了综合评价。

1. 能源效率的变动趋势

史丹（2002）认为我国改革开放以来能源利用效率的改进是非常显著的。Hu & Wang（2005）对我国29个行政区域1995—2002年的能源效率进行了分析，发现地区全要素能源效率与我国人均收入之间为"U"形关系，验证了能源效率最终随着经济增长而提高的假定。齐绍洲等人（2009）研究了我国和8个发达国家之间经济水平和能源强度的差异，发现这两者的差异都在缩小，且能源强度差异缩小的速度更快。Zhang 等人（2011）利用全因子框架研究了 1980—2005 年 23 个发展中国家的能源效率，发现有 7 个国家的能源效率几乎不变，11 个国家的能源效率持续降低，而在 5 个工业能源利用效率持续增长的国家中，我国的增长速度最快，我国的能源政策起到了关键性作用，而且我国能源效率与人均 GDP 之间存在"U"形关系。王科和魏一鸣（2012）的研究表明能源利用效率波动的情况与经济增长速度有关，当经济增长速度高于 10% 时，需要更高的工业增长速度来推进，导致了能源利用效率的下降；当经济增长速度较低时，工业增长较缓慢，能源消费增长也较低。续竞秦和杨永恒（2012）基于 SFA 方法对 2001—2010 年我国省际能源效率及其影响因素进行实证分析，发现大多数省份的能源效率经历了"先降后升"的变化趋势。张同斌和宫婷（2013）发现随着工业化阶段的变迁，人均 GDP 增长与能源经济效率呈现先下降后稳定再上升的"U"形关系。但是魏楚和沈满洪（2007）基于 DEA 方法运用 1995—2004 年省级面板数据进行能源效率的计算，研究发现大多省份能源效率符合"先上升，再下降"的倒"U"形特征。刘海英和刘晴晴（2019）发现我国绿色全要素能源效率整体上偏低，存在较大提升空间。

2. 区域能源效率研究

在区域能源效率的研究方面，多数研究均发现我国经济较为发达的东部地区能源效率也较高，而中西部地区能源效率较低。

在全国层面的研究上，史丹（2006）发现我国能源效率较高的省市主要集中在东南沿海地区，能源效率最低的地区主要是煤炭资源比较丰富、以煤炭消费为主的内陆省区。魏楚和沈满洪（2007）发现能源效率最高的地区为东北老工业基地，其他依次为东部沿海地区、中部和西部。史丹等人（2008）发现在增长方式趋同的东部地区，其能源效率呈现显著的收敛趋势，而中西部能源效率内部差异呈现波动性变化。师博和沈坤荣（2008）将知识存量纳入生产函数，测算了 1995—2005 年我国省际全要素能源效率，发现东部地区的全要素能源效率水平最高且较为平坦，在中西部呈现螺旋形的演进态势，能源禀赋相对充裕的地区全要素能源效率较低，低效率高投入的河北、山西和四川是国家实施节能计划的重点地区。张晓平（2008）研究了我国能源消耗的总体差异，发现能源效率高于全国平均水平50%的几乎都位于东部地区，北京、上海、广东、福建地区的能源利用效率水平更是比全国水平高一倍以上。王科和魏一鸣（2012）发现东部地区能源利用效率高于中部和西部地区，但是西部和东部地区内部的能源效率差异逐渐减小，而中部地区内部的能源效率差异在扩大。Jia & Liu（2012）利用2003—2009年间的数据进行研究，发现北京和东南沿海省份的能源效率高，而中西部省份效率较低，并且这种差异随着时间推移而扩大。Li等人（2013）指出北京、上海、广东三省市的能源环境效率始终处于领先地位，应作为榜样带动其他省份提高工业技术水平和生产水平。东部地区能源环境效率呈波动上升趋势，明显高于中西部地区。

在区域层面的分析上，郭姣和李健（2019）对我国三大城市群53个城市全要素能源效率进行测算，发现三大城市群全要素能源效率整体偏低。张建清和程琴（2019）分析了2001—2017年长江经济带11个省份的能源效率，发现中游地区产业结构升级未能有效提高长江经济带能源效率，上游地区产业结构升级对能源效率的促进作用低于下游地区。张文锋（2019）对我国沿海11个省市2006—2016年的能源效率进行测算，研究发现我国沿海地区各省市的能源效率整体呈缓慢下降趋势，且总体差距拉大。

3. 行业能源效率研究

由于工业行业是消耗能源最多的部门，提高工业部门的能源效率是控制能源消费实现节能目标的关键，因此学者对工业部门的能源效率进行了较多的研究，发现第三产业的能源利用效率高，而制造业占比大的地区能源利用效率低。李廉水和周勇（2006）以35个工业行业为样本，使用DEA-Malmquist指数方法估计了我国工业部门的能源效率，发现技术效率促进了能源效率的提高。齐志新和陈文颖（2006）应用拉氏因素分解法，发现技术进步是1993—2003年工业部门能源强度下降的决定因素。李世祥和成金华

(2008）发现由于能源密集型的工业结构以及生产技术结构的原因，工业部门以及 6 个主要耗能行业的能源效率都不高。陈亚等（2019）运用 DEA 方法测度了 2001—2011 年我国 9 个省份 19 个制造业细分行业的全要素能源效率，研究发现制造业各行业的全要素能源效率均较低，行业间差距较大。

从细分行业来看，Wei 等人（2007）对 1994—2003 年我国钢铁行业的能源效率进行调查，将效率提升分解为技术变革和技术效率的影响，发现样本期我国钢铁行业的能源效率有所提升，但是区域之间的差距有所扩大，钢铁行业能源效率提升的主要原因是技术进步提高了生产前沿，而不是因为技术效率的提升。张庆芝等（2012）计算了我国钢铁产业 2002—2008 年间的能源效率，发现我国钢铁产业平均能源效率有所提升，但是企业之间效率差距较大。朱佳伟（2010）利用 CCR 模型计算了我国 1997—2007 年间第三产业的能源效率，发现第三产业的能源利用效率较高，11 年中有 7 年都达到了有效状态，在经济发展初期可通过节约间接能耗来提高能源利用效率，而在经济发展成熟期则可以通过节约直接能耗来提高能源利用效率。贾军和张卓（2013）采用我国 1995—2009 年高技术产业科技活动和能耗数据进行研究，发现我国高技术产业技术创新和能源效率协同发展的程度并不高。张立国等（2015）分析了我国 30 个省份 2003—2012 年物流业的全要素能源效率，发现样本期间我国物流业的全要素能源效率不高，且呈现下降的趋势。冯博和王雪青（2015）对我国各省 2004—2011 年建筑业的能源经济效率和能源环境效率进行测算，发现我国东部、中部和西部三大地区建筑业能源效率呈逐年上升的趋势。程利莎等（2019）测算我国 30 个省份 2001—2015 年间交通运输业全要素能源效率及时空分异特征，发现全国各省市区交通运输业能源效率水平整体偏低但呈现增长态势，地域差异明显，呈现"东高西低，中部居中"的格局。陈钊和陈乔伊（2019）利用企业层面微观数据测算了 2001—2010 年我国工业企业能源效率，发现即使在细分行业内部，企业间依然持续存在着巨大的能源效率异质性。

4. 能源环境效率

一些学者还进一步将环境污染和碳排放等能源消费引起的非合意产出纳入模型，从而计算考虑环境因素的能源全要素生产率。孟祥兰和雷茜（2011）利用 DEA 模型计算了我国 2009 年各省份的能源冗余率和环境污染治理冗余率，发现环境污染治理冗余率明显高于能源冗余率，我国环境治理与能源消费不协调，并且环境治理远落后于能源消费。Li & Hu（2012）将非期望产出 CO_2、SO_2 排放量加入 SBM 模型的产出指标，对比了是否考虑环境污染的两种结果，其研究表明不考虑环境影响时，区域能源效率被高估了 0.100 以上。徐志强等（2013）利用三阶段 DEA 模型剔除环境因素来测算能源效率，发现全国的能源效率被高估。Yang & Wang（2013）计算了有无环境规制约束两种情景下的潜在产出，发现没有环境管制情景下的潜在国内生产总值是有环境管制情景下的 1.067 倍，这意味着环境管制对经济产出的影响是相当显著的。能源消费造成了很严重的环境污染，而治理这些污染的成本是很高的。

在考虑能源环境效率时，常用的环境指标包括废水、废气、CO_2、SO_2、PM10 等多种排放物。张伟和吴文元（2011）将废气排放量纳入模型，对长三角都市圈城市群 1996—2008 年全要素能源效率及其成分进行了测度，研究发现在环境约束下，能源的过度使用以及废气的过度排放降低了长三角都市圈能源效率增长率。冯博和王雪青（2015）将雾霾前驱物作为非期望产出对京津冀地区 2003—2012 年全要素能源效率进行测算，发现在考虑雾霾效应后，京津冀地区的能源效率有所下降。而张星灿和曹俊文（2018）将雾霾因素作为非期望产出对长江经济带地区 11 省份 2006—2015 年能源效率水平进行测度，同样发现考虑雾霾因素后长江经济带地区的能源效率水平均有所下降。杨恺钧等（2018）考察了大气污染下 2005—2014 年我国 30 个省份工业全要素能源效率。王喜平和姜晔（2012）对我国 2001—2008 年 36 个工业行业在二氧化碳排放约束条件下的全要素能源效率水平进行测算，发现样本期间我国各工业行业的全要素能源效率水平均得到不同程度的提高。王兵等（2013）对 2003—2010 年我国 37 个工业行业碳排放约束下的传统能源效率指标进行了测度和分解。江洪（2018）将碳排放作为非期望产出测算了2000—2014年我国30个省份的能源效率，研究发现碳排放约束下的能源效率有显著的空间溢出效应。陶宇等（2019）将工业CO_2、工业SO_2和工业PM10三种污染物排放作为非期望产出，测算了1998—2014年我国30个省份的工业能源环境效率。

不少研究表明能源环境效率也存在地区差异性。吴琦（2009）在对比了各行政区的能源利用效率和能源环境效率后，发现除了海南、青海的能源环境有效外，其他省区的能源环境效率都要低于能源利用效率。Guo等人（2011）计算了我国29个省份节能技术和能源结构调整对减少碳排放的影响，发现在技术效率低的地区引入节能技术和减少区域间能源效率差异能有效降低碳排放量，然而调查的大部分省区能源结构不合理，对煤炭过度依赖，需要调整能源消费结构来降低碳排放量。涂正革和刘磊珂（2011）计算了30个省份1998—2008年间的能源环境效率值，结果显示东部地区工业增长与资源环境高度协调，东北和中部地区的工业增长与资源环境存在不同程度的失衡，而西部大部分省区的工业增长与资源环境极不平衡。Wang等人（2012）研究了我国2000—2009年能源效率和碳排放表现，发现我国东部地区的能源效率和碳排放表现最平衡，全国的能源效率和碳排放表现在2000—2003年间保持稳定，在2004—2006年间略有下降，2007年后持续上升。杜嘉敏（2015）对全国进行分区后，研究了2000—2010年各区域的节能减排潜力，研究发现中部的煤炭和石油节能潜力最大，东部的煤炭和石油节能潜力较大，西部的燃气节能潜力最大。吕林（2016）专门研究了30个省份能源消费过程中的节能减排效率，发现我国节能减排效率普遍偏低且两极分化严重，节能减排效率高的省份仅有6个，其余省份节能减排效率低于0.6，甚至有18个省份小于0.5。

三 能源效率的影响因素分析

很多学者对影响能源效率的因素以及影响程度进行了深入的研究，希望以此来探索提高能源利用效率的途径。研究得出的主要影响因素有技术进步、产业结构、能源结构、能源价格、对外开放、空间效应和其他因素等。

1. 技术进步

大多数研究都表明技术进步是提高能源利用效率的根本方法。李廉水和周勇（2006）将技术进步对35个工业行业能源利用效率的影响分解为规模效率、科技进步、纯技术效率，发现纯技术效率是工业能源利用效率提升的主要原因。Liao等人（2007）研究了1997—2006年我国能源效率波动的原因，结果显示在这一时期能源效率变化主要是由于技术效率。但是也有很多研究都认为技术进步的"回弹效应"导致能源效率下降。汤清和邓宝珠（2013）利用2012年30个省份的能源数据，发现用于研发新技术的资金投入主要流向高耗能产业，从而产生了巨大的"回弹效应"，以至于研发资金的投入不仅不能提高能源利用效率反而降低了能源利用效率。但周勇和林源源（2007）对1978—2004年间技术进步的"回弹效应"进行测算，发现技术进步带来的回弹效应在逐渐减少，20世纪70年代的回弹效应是78.81%，而90年代的回弹效应下降到55.13%。

有些学者认为技术进步对不同时期、不同地区、不同行业的能源利用效率影响也存在差异。王俊松和贺灿飞（2009）发现1994—2005年间我国能源强度下降主要得益于技术进步，但在2001年后技术进步的贡献率不断降低。王科和魏一鸣（2012）测算了1997—2009年间我国30个省份的能源利用效率，表明技术进步对东部地区影响更显著。杨骞和刘华军（2014）在邻接空间权重和地理距离权重下衡量了技术进步对能源效率的空间溢出效应。研究发现，技术进步显著促进了本区域的能源效率，但却抑制了邻接区域能源效率的提升，而且技术变动的空间溢出效应明显大于效率变动的空间溢出效应。申立婷（2016）对2001—2012年各省份的样本数据进行门槛效应分析，发现经济水平也会影响技术进步的促进作用。经济水平高的地区，如东部沿海地区，技术进步对能源利用效率的促进作用很显著，而经济发展水平低的西部地区，经济水平阻碍了技术进步的促进作用。周四军和孔晓琳（2018）发现在技术水平高的地区，能源利用效率随技术水平的提高而增加，在能源利用效率水平低的地区，技术水平提高会带来"回弹效应"。刘畅等（2008）研究了1994—2006年工业内部29个行业的能源消耗强度数据，发现技术进步能够显著降低高能源强度行业组和低能源强度行业组的能源强度。

另外，技术的异质性也会导致技术进步对能源消费效率的影响出现差异。滕玉华和刘长进（2009）采用2005—2007年我国30个省份工业面板数据，实证检验了技术进步对工业能源消耗强度的影响。研究表明：自主研发对工业能源强度有显著负效应，国外技术引进对工业能源强度有显著正效应，而国内技术购买对工业能源强度没有显著影响。宣烨和周绍东（2011）通过建立企业技术创新策略的斯塔克伯格模型，分析了贯序性企业技术创新行为对能耗水平的影响，发现我国工业行业的企业原始创新行为与能源效率具有微弱的正向关系，二次创新行为与能源效率具有较强的正向关系。赵楠等（2013）以我国29个省级行政单位为对象，研究技术进步对能源利用效率的影响，发现追随型技术进步提升了我国各地区的能源利用效率，而前沿型技术进步的作用并不明显，影响的正向作用力度也呈现出由东向西逐渐递减的态势。周五七（2016）表明，效率增进比技术进步对工业能源强度下降的促进效应更强。

2. 产业结构

一般认为产业结构调整是提高能源效率的重要途径，但有学者研究发现，在产业发展过程中，第二产业尤其是重工业占比的增加并不能促进能源效率的提高，而第三产业占比的提升及产业结构的高级化发展才是促进能源效率提高的关键。史丹（2002）表明，1995年以前，产业结构变动对能源效率有正向影响，而1995年以后，这种正向影响在逐渐消失，此外，我国能源效率的提高主要是各部门能源效率提高而不是产业结构变动的影响所致。韩智勇等（2004）分析了1980—2000年间能源利用效率提高的结构因素和效率因素，发现1993年之后，我国大部分能源效率的提高是源于各部门能源利用效率的提高，产业结构改变反而增加了能源强度，主要是产业结构变化过程中第二产业比重增加会降低能源利用效率。齐志新等（2007）

发现，2002年之前，由于轻工业和重工业部门的能源效率都在提高，并且轻重工业结构变化不大，因此轻重工业结构变化对能源效率影响较弱。而在2002年之后，由于轻重工业的能源效率提高不明显，但是在重工业比重明显增加的情况下，工业结构的改变降低了能源利用效率。Liao等人（2007）研究1997—2006年我国能源效率的波动，发现2003—2005年间，我国高耗能产业的过度扩张和高投资率导致能源效率下降，我国未来应更重视优化产业结构和降低投资率。魏楚和沈满洪（2007）发现，第三产业增加值在GDP中所占比重每上升1%，能源效率将提高约0.44%，但是，产业结构的优化作用有极限以及区域选择重工业路径可能导致某些省份产业结构优化对能源利用效率的优化作用减弱，而占比过大的第二产业因为其能源效率较低，导致产业结构优化对东北老工业基地的能源利用效率提高不显著。王姗姗和屈小娥（2011）发现，重工业行业全要素能源效率显著高于轻工业行业。张同斌和宫婷（2013）发现，产业结构演进过程中，第二产业增加值占比的增加会降低能源效率，在工业化初期，产业结构变动对能源效率的影响不明显，进入工业化中后期，结构红利有利于提升能源效率。吕明元和陈维宣（2016）发现，产业结构演进方向对能源效率及其增长率具有显著影响，但是产业结构高级化发展对能源效率提高的贡献更大。刘赢时和田银华（2019）对我国285个城市2005—2016年的能源效率进行测算和影响因素分析，发现产业结构调整对能源效率具有负向作用。

产业结构调整对能源利用效率的作用也并非总是线性的，在不同发展阶段、不同区域、不同产业结构等条件下，产业结构调整对能源效率的作用也是不同的。王强等（2011）发现，我国产业结构调整对能源效率在短期内具有抑制效应，直至中期，能源效率受产业结构调整冲击才呈现持续加大的趋势。于斌斌（2017）发现，我国城市的能源效率随着产业结构调整呈现"M"形变化趋势，而且产业结构调整与能源效率存在显著的空间溢出效应和交互耦合关系。吴文洁等（2018）测算了2000—2015年我国30个省份的产业结构变迁程度和全要素能源效率，发现产业结构变迁程度对全国及三大地区的全要素能源效率有正向影响，但这种影响在中部不显著。罗朝阳和李雪松（2019）基于非动态面板门槛模型的研究发现，只有技术进步达到一定水平时，产业结构升级才会显著改善能源效率，技术进步推进型的产业结构升级才是能源效率提升的关键。纪玉俊和戴洁清（2019）基于我国1997—2015年30个省份面板数据的研究发现，产业结构升级对能源效率的影响存在门槛效应：在财政分权程度从低到高发展时，产业结构升级对能源效率的作用呈现"阻碍—促进—阻碍"的变化。

3. 能源结构

多数研究都得出减少煤炭消费，增加石油、天然气的消费能提高能源利用效率。张瑞和丁日佳（2006）使用1978—2004年间的数据，对能源消费中的各部分与能源利用效率的协整关系进行研究，发现除了水电消费比重外，煤炭、石油和天然气都与能源利用效率存在协整关系。郭菊娥等（2008）利用1980—2004年间能源统计数据，细化分析了煤炭、石油、天然气和水电消费占比对能源利用效率的直接效应与间接效应，发现煤炭消费的减少可以直接显著提高能源利用效率。郑畅（2009）分析了长江流域七省1997—2007年间的数据，得出减少煤炭消费、增加电力消费能提高能源利用效率，并且提高电力消费对能源效率的促进作用更大。王强等（2011）发现，我国过度集中于煤炭能源的结构特征抑制了能源效率的提高。曾胜和靳景玉（2013）的研究发现，降低煤炭的使用量，增加石油、电力、天然气的使用量可以提高能源效率。但也有学者得出不同结果，董利（2008）发现电力消费对能源效率的影响更大，但是他计算得出增加煤炭消费也能提高能源效率。还有学者认为应分地区讨论能源消费结构对能源利用效率的影响。周四军和孔晓琳（2018）利用面板分位数回归模型对2000—2016年的省际数据进行分析，发现东部地区在更高的分位点即高效率水平，能源消费结构对能源利用效率的正向影响会加大，中部地区的能源消费结构的正向影响则比较平稳，而对于石油资源丰富的西部地区，能源消费结构的多样化调整反而会带来能源成本的增加，降低能源利用效率。

4. 能源价格

很多学者研究得出我国能源价格长期偏低是能源利用效率低的一个主要原因。杭雷鸣和屠梅曾（2006）基于1985—2003年间的时间序列数据，分析了石油、电力和煤炭价格与能源利用效率的关系，发现总的能源利用效率随能源相对价格的提高而升高，石油价格和电力价格也同样能提高能源利用效率，但是煤炭由于其价格的扭曲，无法得到准确结果。成金华等（2010）表示，在市场调节下，能源价格能长期有效地激励能源效率。唐安宝和李星敏（2014）研究了能源价格对能源利用效率直接和间接的影响，提出能源价格上涨能直接提高能源利用效率，也可以由于企业成本增加而促使企业进行技术创新来间接提高能源利用效率。杨冕等（2017）测算了我国能源价格的扭曲程度，计算得出在2000年、2010年我国实际能源价格比边际收益分别低60.2%和35.1%。

有些研究显示，能源价格对不同行业和地区的影响具有异质性。王俊杰等（2014）的研究表明，能源价格偏低会激励经济主体用能源要素替代其他生产要素，从而对能源效率产生负面影响。而基于39个国家1995—2012年数据的实证分析也表明，能源价格提高确实有助于能源效率的提升，但是能源价格只有足够高时才能对能源效率产生显著的影响，且能源价格提高对能源效率提升的促进作用在发展中国家中更为显著。刘畅等（2008）选取了1994—2006年工业内部29个行业的能源数据，研究了能源价格对能源强度的影响，发现能源价格提高显著降低了能源强度，但是对于能源效率低的行业，能源价格的作用较小。王科和魏一鸣（2012）认为，能源价格对能源利用效率的影响存在空间差异性，缺乏能源资源的东部更容易通过市场供求关系优化资源配置来提高能源利用效率。李铭等（2018）使用1990—2012年间省际面板数据，揭示了能源价格提高降低能源强度的内在机理在于价格上升能有效减少浪费，优化资源配置。因为中西部能源禀赋高，而东部地区缺乏能源资源，所以能源价格对能源效率的影响在东部地区更显著。司传煜（2019）利用2008—2017年间30个省份的数据得到了不同的结论，发现能源效率低的西部地区受能源价格影响大，东部地区能源效率高，很难通过能源价格上升提高能源利用效率。

另外，能源价格对能源效率的短期和长期的冲击效应也不相同，张宗益等（2010）的研究发现，能源价格上涨短期内并不能提高第三产业的能源效率，但长期内有积极作用。唐安宝和李星敏（2014）分析发现，能源价格的提高在短期和长期都促进了能源效率的提升。

5. 对外开放

李未无（2008）将对外开放影响我国能源利用效率的路径总结为进出口商品的特征差异、国内外能源价格的差异、资本和技术进口、国际分工和全球价值链，并通过分析35个行业横截面数据发现，对外开放能显著提高能源利用效率。沈利生（2007）表明，虽然对外开放能提高我国能源利用效率，但是对能源消耗的影响在逐渐减弱。

还有不少学者认为，对外开放并不能简单地提高能源效率，还要进行细化分析。董利（2008）使用1998—2004年我国30个省份的面板数据，发现对外开放过程中出口与进口对能源效率有相反的影响。熊妍婷（2009）利用随机前沿分析法得出，不同地区的开放程度差异会影响对外开放的效果，东部地区对外开放程度高、质量高，西部地区对外开放还处于初级阶段，吸引外资和引进先进技术能力弱。陈芳和游萱（2015）以外贸开放、外经开放、外资开放和入境旅游将2005—2012年间29个省份分为高、中、低开放区，分析发现外经开放对能源效率的促进作用最明显，外贸、外经、外资和入境旅游对高、中、低开放区的能源利用效率影响效果有显著差异。

工业行业的分析中，刘畅等（2008）使用29个工业行业的面板数据，发现对外开放增加了我国工业能源消费强度，降低了能源利用效率，特别是高耗能产品出口额每增加1%，工业行业能源消费强度将提高4.4%。王艳丽和李强（2012）分析了我国1999—2009年间34个工业行业的能源数据，发现资源密集型行业可以通过国际贸易来提高能源效率，资本密集型行业和劳动密集型行业可以通过国际贸易和外商直接投资来提高能源利用效率。呙小明和康继军（2012）基于2000—2011年25个制造业行业的数据，研究了制造业能源效率与对外开放的非线性关系，并把对外开放分解为外资开放和外贸开放。研究发现，在外资依存度小于69%时，能源利用效率会随外资增加而提高，外资依存度超过69%后，能源利用效率会随外资增加而减少，即为倒"U"形关系，而制造业能源强度随外贸依存度变化呈先上升后下降的倒"U"曲线。陈娟（2016）使用门限面板模型研究了能源利用效率与对外开放的关系，也发现只有当对外开放程度超过临界值时才能显著提高工业能源利用效率。林伯强和刘泓汛（2015）通过高度细分的联合国商品贸易统计数据，就对外贸易等因素如何影响我国工业行业的能源环境效率进行了实证分析，发现对外贸易通过进口产品技术外溢和出口"干中学"等途径促进了能源环境效率的提高。

6. 空间效应

部分学者对我国能源效率的空间相关性以及影响因素的空间效应进行了研究。徐盈之和管建伟（2011）发现，我国区域能源效率之间的正相关性逐渐增强，能源效率分布呈空间集聚趋势。张贤和周勇（2007）基于2000—2003年我国省际层面的数据和空间效应模型，分析了我国外商投资对能源效率影响的空间溢出效应，发现外商投资不仅能提高本区的能源利用效率，而且能促进相邻省份能源利用效率的提高。杨骞和刘华军（2014）发现，各省份的能源利用效率存在很强的空间差异性和空间依赖性，但是技术进步的空间溢出效应给相邻区域带来了能源消费的回弹效应，技术进步会导致周围省份能源利用效率下降。关伟和许淑婷（2015）发现，我国能源生态效率存在着明显的空间溢出效应，某一地区的能源生态效率对相邻地区的空间溢出程度均强于相邻地区的误差冲击对该地区的影响程度。申立婷（2016）检测了2002—2012年各省份的技术溢出度，发现能源效率提高多于技术进步，存在明显的技术溢出，且技术溢出还在逐年增加，其中东部地区受影响最大，其次是中部地区，最后是西部地区。黄杰（2019）通过社会网络分析方法揭示了我国能源效率的空间溢出网络结构，并对能源效率的空间溢出来源进行实证考察，发现环境规制地区差异的扩大、地理邻近及较近的地理距离对能源效率空间溢出均具有显著的正向影响。

7. 其他因素

少数学者还关注了政府干预、固定资产投资、居民消费结构、市场扭曲、经济集聚、产权结构等因素对能源效率的影响。魏楚和沈满洪（2007）发现，政府对于市场经济的干预程度每增加1%，能源效率将会下降0.46%左右，但是对于东北老工业基地的干预，会因为创新而提高能源利用效率。师博和任保平（2019）的研究发现，由于政府有偏的干预目标，企业的研发无法产生技术外溢以优化能源效率。魏楚和沈满洪（2008）通过对1995—2006年间29个省份的能源数据进行分析，发现国有产权改革会改善能源效率，而过度的资本深化以及缺乏相应的人力资本配合等因素会降低能源效率。林伯强和杜克锐（2013）表明，要素市场扭曲显著降低了我国的能源效率。师博和沈坤荣（2013）发现，市场机制主导的企业集聚能够显著提高能源效率，而政府干预下的产业集聚则不利于能源效率的提升。饶春平（2014）在对固定资产投资和居民可支配收入的研究中发现，这两者对能源利用效率的影响都为负，应引导投资和居民消费流向能源利用效率高的部门。周敏等（2019）运用固定效应模型探究了财政分权、经济竞争的内生经济增长和制度层面对能源效率的影响，发现财政分权显著改善了能源生态效率，而地方政府间经济竞争降低了能源生态效率。杨森和林爱梅（2019）发现，金融发展促进了技术创新，并进一步推动了能源效率的提升。

第四节　能源需求预测的研究综述

已有研究除了关注能源消费结构和能源利用效率外，还着眼于未来的能源需求预测。对未来能源需求的准确预测可以提前为我国能源缺口做好准备，正确的情景设定可以给我国未来能源发展提供借鉴。

一　能源需求的影响因素

许多研究表明，能源需求与收入水平和能源价格高度相关。Van

Benthem & Romani (2009) 研究了 1978—2003 年间 24 个非经合组织国家的能源需求、经济增长和价格之间的关系。研究发现，在国家和部门产业中，能源需求的收入弹性很高，并且随着收入的增加而增加，但是能源需求与收入的增长是非线性的；与国际油价变化相比，能源需求对最终用途价格的反应更灵敏。Wolfram 等人（2012）研究了发展中国家的能源需求，表明随着发展中国家人们收入水平的提高，其对消耗能源资产的需求呈"S"形变化。Cao 等人（2016）表明，人们对各种燃料、电力和汽油的使用随着收入的增加以及价格和人口结构的改变产生了巨大变化。他们利用我国城镇家庭的微观数据以及两阶段计算辅助模型，对各种能源类型的价格弹性和收入弹性进行了估算，其中，电力价格弹性范围为 -0.57— -0.47，天然气价格弹性范围为 -0.94— -0.46，汽油价格弹性范围为 -0.94— -0.85，不同能源类型的收入弹性为 0.57—0.94；研究同时发现，贫困家庭对煤炭价格非常敏感，而富裕家庭则对汽油价格非常敏感。

二 能源需求的预测模型

选择合适的模型有利于精准地预测未来能源需求，为我国制订能源生产及需求计划提供支持。在对我国能源需求进行预测时，已有研究采取了灰色模型、人工神经网络模型、系统动力学模型、自回归模型、协整与误差修正模型、弹性预测等。灰色模型能解决历史数据少、序列可靠性和完整性低的问题，不需要影响预测对象的因素数据，能使研究问题简化，运算方便。人工神经网络模型可以模拟人脑的智能化处理，具有信息记忆、自主学习、容错以及自适应的能力。系统动力学模型可以克服模型线性、静态的局限性，反映多个因素对能源需求的影响，可以建立它们之间动态的关系。协整与误差修正模型可以克服随机性时间序列的缺陷。各种模型各有优缺点，很多学者将单个模型组合起来赋予权重来预测能源需求量，比如经常采用灰色模型和人工神经网络模型的组合或自回归模型和灰色预测组合等，这些组合的预测模型能提高预测精准度，但是却很难给组合内模型赋予最优的权重。

三　能源需求的预测结果

学者对能源需求总量及各种能源需求量进行了预测。Jiang & Hu（2006）表明，到 2020 年，我国一次能源需求为 19 亿—24 亿石油相当量，国内最大的石油供应将达到 2 亿吨、天然气 1600 亿立方米、煤炭 28 亿吨。Yu 等人（2012）利用 PSO-GA 优化模型和 GDP、人口、经济结构、城镇化率、能源消费结构等因素对线性指数型和二次型模型进行优化，并基于 1990—2009 年历史数据，在三种情景假设下测算出 2020 年我国能源需求将分别为 69.1 亿吨标准煤、50.3 亿吨标准煤、61.1 亿吨标准煤。Wu & Peng（2016）表明，BAG-SA EDE 模型的二次型比多重线性形式具有更好的拟合形式，并将该模型应用于不同情景下我国 2016—2030 年的能源需求，结果显示，在三种情况下，2020 年的能源需求分别为 46 亿吨标准煤、61 亿吨标准煤和 79 亿吨标准煤。Wei（2016）总结了影响能源消费需求的六个因素，然后建立了 ELM 模型，通过模型测算出我国 2020 年、2030 年和 2035 年的能源需求分别将达到 52.9 亿吨标准煤、66.1 亿吨标准煤和 69.2 亿吨标准煤，未来能源供应系统和碳排放系统仍将面临更大的压力；我国能源需求仍将经历一个高速增长阶段，但能源需求增长速度将逐渐放缓。方德斌等（2017）考虑能源、经济和环境的宏观系统，构建了能源需求预测预警的系统动力学模型。根据我国产业结构、能源政策和经济增速的不同设置了三种情景，并在三种情景下预测我国能源需求总量分别为 52.36 亿吨标准煤、50.78 亿吨标准煤和 49.33 亿吨标准煤，能源消费年均增速分别为 3.49%、2.97% 和 2.48%，并根据历年能源数据设定了预警线，发现在情景三下的能源预测结果是安全的。Wang 等人（2018）提出了基于灰色理论的单线性、混合线性和非线性预测技术，将其应用到我国和印度的能源需求预测。结果表明，我国 2017—2026 年能源需求年增长率分别为 1.36%—1.70%（单线性）、1.04%—1.49%（混杂线性）、1.80%—2.34%（非线性），而印度 2017—2026 年能源需求年增长率是我国的 2—4 倍。

还有文献细化研究了我国各种能源的需求量。郭莉（2011）利用灰色预测模型，预计到 2020 年煤炭、石油和天然气占能源总需求的比例分别是 64.5%、30.4%、5.1%。李爽等（2015）在预测我国未来能源需求量时引入了碳排放约束，预测煤炭在总能源消费量中的占比在 2020 年为 62%，2030 年为 41.63%，2040 年下降到 40% 然后维持稳定。张英杰（2016）先建立了灰色无偏 GM 模型，然后利用马尔科夫预测模型进行修正，预测 2030 年煤炭需求量为 67 亿吨、石油需求量为 15.4 亿吨、天然气需求量为 13.4 亿吨、其他能源需求量为 16.2 亿吨。方德斌等人（2017）测算出我国到 2020 年煤炭、石油、天然气和非化石能源在三种情形下的占比分别为：59.4∶16.6∶8.7∶15.3、58.1∶16.7∶9.1∶16.1 和 56.8∶16.9∶9.4∶16.9。表 2 - 2 对我国能源需求预测模型及结果进行了整理。

表 2 - 2　　　　　　　　能源需求预测的相关文献

文献作者	预测模型	影响因子	预测对象	预测年份	预测结果
Chan & Lee (1996)	误差修正模型	能源消耗、国民收入、能源价格、结构变化	能源需求总量	2000	14.2 亿吨标准煤
刘兰凤和易行健 (2008)	误差修正模型和可变参数模型	GDP、人口总量	能源需求总量	2030	70 亿—80 亿吨标准煤
李金铠 (2009)	广义差分模型	GDP	能源需求总量	2020	45.21 亿—45.34 亿吨标准煤
孙涵等 (2011)	SVR 模型	GDP、全国总人口数量、城市化、产业结构、能源消费结构、技术进步、居民人均消费水平	能源需求总量	2020	41.8 亿吨标准煤
刘孝萍和杨桂元 (2013)	多元线性回归、灰色预测指数模型、组合预测模型	人口数、GDP、煤炭消费量	能源需求总量	2020	62.56 亿吨标准煤
付立东等 (2015)	GA-SA 模型	GDP、人口、固定资产投资、能源效率、能源消费结构、居民生活水平	能源需求总量	2020	基准情景：52.22 亿吨标准煤 低碳情景：45.06 亿吨标准煤

续表

文献作者	预测模型	影响因子	预测对象	预测年份	预测结果
林卫斌等（2016）	向量自回归	经济增长速度、能源利用效率、产业结构	能源需求总量	2020	51亿—58亿吨标准煤
文炳洲和索瑞霞（2016）	GM模型、BP神经网络模型和三次指数平滑模型的组合模型	能源消费	能源需求总量	2020	46.2亿吨标准煤
谢和平等（2019）	弹性系数法	能源弹性系数	能源需求总量	2025	55亿—56亿吨标准煤
Chen等人（2019）	混合LEAP模型	人口数、GDP、产业结构、交通周转量	能源需求总量	2030	
李剑波和鲜学福（2016）	灰色神经网络系统预测模型	能耗总量、能耗增长率、能耗强度、万元财政收入能耗、居民收入能耗、能源消费弹性	重庆市能源消费量	2020	9534.9万吨标准煤
陈睿等（2017）	LEAP模型	GDP、能源强度、产业结构、人口	长沙市能源消费量	2020	4014万吨标准煤

资料来源：笔者自制。

第五节 城镇化对能源消费影响的研究综述

在城镇化对能源消费的影响研究中，学者们研究了城镇化与能源消费的关系、城镇化影响能源消费的具体路径、城镇化对工业能源消费和居民生活能源消费的影响。

一 城镇化与能源消费的关系

1. 城镇化发展增加了能源消费

Sathaye & Meyers（1985）认为，城镇化影响了能源配置和消费方式，促进居民收入水平提高和生活方式转变，使居民实现了由传统能源向现代化能源的变迁，在提高能源使用效率的同时降低了能源消费总量，但城镇居民家用电器的普及却增加了能源消费总量。Jones（1991）利用国家层面的面板数据进行实证研究，发现城镇化发展与能源消耗成正比。Parikh & Shukla（1992）使用发展中国家和发达国家1965—1987年数据，发现能源消费的城镇化弹性大致在0.28—0.47。York（2007）分析了欧盟国家多年能源消费的决定因素，发现能源消费的城镇化弹性大致在0.29—0.56，收入弹性在0.52—0.69。Vringer等人（2007）研究了家庭收入水平与能源消费之间的关系，发现相比低收入者，高收入家庭往往消费更多的能源。Mishra等人（2009）发现城镇化和能源消费之间的正相关关系在发达国家和发展中国家都非常明显。Liddle & Lung（2010）使用STIRPAT模型和17个发达国家在1960—2005年数据，发现城镇化与居民生活能源消费呈正相关关系。Clement & Schultz（2011）表示美国1960—1990年石油消费随着城市化和经济增长而增加，其中影响最大的是人口因素。城市化发展水平更高的州的能源消耗会超过人口密度较低的州。Bakirtas & Akpolat（2018）利用1971—2014年新兴市场国家的数据，证明存在城市化影响能源消费的单向因果关系。

在我国，Shen等人（2005）利用时间序列数据的研究发现我国城镇化发展与石油、煤炭、天然气等传统能源消费之间的相关系数高达0.7，而且能源消耗越剧烈带来的经济效应越突出。刘耀彬（2007）、许冬兰和李琰（2010）、袁晓玲等（2011）、刘露（2014）等都发现城镇化和能源消费之间存在长期均衡的协整关系。张雷和黄园淅（2010）、张力和田大钢（2013）指出能源消费结构没有与城镇化水平同步演进，能源产出效率提高有限，甚至出现一定程度的倒退，因此城镇化发展增加了能源消费。张传平和周倩倩（2013）以1980—2011年的时间序列为研究对象，利用协整模型和误差修正模型，实证分析了我国能源消费与城镇化水平等主要影响因素之间的长期均衡和短期波动关系，得出我国能源消费总量与城镇化水平之间存在协整关系，并且长期内城镇化水平变动对能源消费产生正向影响。周敏等（2018）认为人口扩张与经济增长导致城镇化扩大了能源消费，但趋势减弱。

2. 城镇化缓解甚至降低了能源需求

Sathaye & Meyers（1985）认为城镇化导致居民收入增加和生活

方式改变，会提高能源利用效率。Wei 等人（2003）提出城镇化可优化产业组织结构、产品结构，提高资源配置效率，降低能源消费。Richard 等人（1993）和 Gates & Yin（2004）认为城镇化导致能源消费结构发生转变，从而提高了能源利用效率。Pachauri & Jiang（2008）的研究表明，由于低效固态燃烧能源（如生物质和原煤）向清洁、高效能源（如天然气、电力等）的转变，使得城镇的人均能源消费要低于农村。Poumanyvong & Kaneko（2010）使用 99 个国家 1975—2005 年数据，发现城镇化对能源消费的影响随经济发展阶段呈现不同特征。DeFries & Pandey（2009）利用 20 世纪 90 年代和 21 世纪前十年现有人口普查数据研究了印度的城市化、家庭能源和森林覆盖之间的关系，发现城镇化会鼓励更多地利用现代更有效率的紧凑能源代替传统能源，并能提高公共设施利用率。

成金华等（2009）、刘洪昌和武博（2010）、许力飞（2014）等都认为城镇化可以改善能源消费结构、降低能源消费强度、提高能源利用效率。王晓岭等（2012）基于 1990—2009 年时间序列数据发现城镇化水平的提高对能源强度的下降具有较强的促进作用。Liu（2013）认为城镇化进程的加速减少了经济对能源密集型产业的过度依赖，导致能源消费下降。Wang（2013）认为城镇化中的规模经济和技术优势降低了能源消费。

3. 城镇化对能源消费的影响存在异质性

一些学者认为二者关系复杂，应该分地区分类型讨论。很多学者强调城镇化对能源消费的影响依赖于城镇化的特定特征，国外学者认为城市化发展阶段（Nakicenovic 等人，2000）、城市发展模式（Poumanyvong & Kaneko，2010）、城市居民收入和发展水平（Al-mulali 等人，2013）、城市发展形态（Salim & Shafiei，2014）等因素都导致城镇化对能源消费影响的差异性。而在我国，刘耀彬（2007）、王妍和石敏俊（2009）、成金华等（2013）也认为城镇化的不同阶段、不同区域、不同发展水平以及人口规模、城市机制和城市形态的不同都会导致城镇化进程中的能源消费出现较大差别。

Liu（2009）发现，城镇化对能源消费有正向影响，但由于产业结构改进和技术进步，其影响的重要性递减。王蕾和魏后凯（2014）的研究表明，在全国层面，我国城镇化、工业化对能源消费的净效应为正，并且城镇化的影响作用更加明显。东部、中部、西部地区城镇化对能源消费的净效应都为正，其中，中部地区影响程度最大，意味着中部地区城镇化转型面临的能源消费压力最大。程开明等（2016）认为当前城镇化提高了能耗强度，但是东、中、西部呈现出不同的模式。严翔等（2018）认为经济落后地区与经济发达地区的城镇化发展与传统能耗之间的关系较弱，而快速发展中的区域城镇化对能源消费依赖程度高。周敏等（2018）将城镇化影响能源消费的直接效应表现为扩张效应和质量效应，城镇化带来的人口聚集、需求增长、产业联动等变化导致能源消费增加，而产业技术人才聚集带来技术进步，促进了新能源的出现和应用；城镇化的扩张效应带来的促进作用和质量效应带来的抑制作用交替出现可能造成二者之间非线性关系。付云云和沈永昌（2019）利用2006—2016年全国30个省份的面板数据，运用PSTR模型进行深入研究，发现我国城镇化对能源消费存在先负后正的影响，即两者存在"U"形关系；人口因素对能源消费的促进作用最为明显，且弹性系数值最大，而经济发展和产业结构对能源消费的影响也不是单纯的线性关系，而是呈现倒"U"形关系；目前我国还处于城镇化对能源消费的影响为负的阶段。

李标等（2015）认为我国城镇化短期内降低但长期内提高了能源强度。关雪凌和周敏（2015）研究发现，城镇化的发展不仅能够带动经济增长，而且对能源消费有刺激和抑制的两重作用，二者之间符合环境库兹涅茨曲线的变化规律。程开明（2016）发现，科技创新会直接或间接地影响城镇化与生产、生活部门的能源要素需求，通过加大科技占比内容，能够优化城镇的能源消费结构。经济发展过程中消耗各类资源，会对生态环境造成一定压力，当压力达到能承受的最大值后会逐渐回落，即表现为环境库兹涅茨曲线。

而Jiang（2006）指出能源消费的主要影响因素是工业化，城镇化的影响并不显著。Sandusky（2013）认为城镇化对能源利用效率的影响结果并不确定。王珂英和张鸿武（2016）认为由于生产消费等经济活动的增加、高度集中化以及规模经济的综合作用，城镇化对能源强度的影响并不确定。

二 城镇化对能源消费的影响路径

城镇化可以通过改变社会结构、基础设施建设、地区间劳动、资本、技术等要素的流动方式来影响能源消费。Hackett 等人（1991）指出，物质社会结构对能源消费有重大影响。Jones（1989）认为，城镇化是推动能源消费的主要力量，城镇化的迅速发展会影响到运输系统、城市煤气和电力分配系统等城市的基础设施规划，从而影响到能源消耗的增长率。Lutzenhiser 等人（2002）的研究表明，能源使用的宏观模式受到财富和物质文化配置的强烈影响。Salim & Shafiei（2014）分析了OECD国家的数据，发现城镇化对不可再生能源消费具有正面影响，而人口密度对不可再生能源有负面影响。另外，多位学者还从经济增长和居民生活水平改善（Mishr，2009）、居民生活方式和家庭能源消费结构改变（Reiss & White，2005；O'Neill，2012）、基础设施建设、交通能源消费、商业能源消费、住宅能源消费（Banuri，2001；Poumanyvong 等人，2012；Gates&Yin，2004；Salim & Shafiei，2014）、城市人口特征、城市密度、城市空间结构、城市规模（Parikh & Shukla，1995；Liddle，2004）等多方面分析了城镇化影响能源消费的渠道。

在我国，学者从人口城镇化、收入增加、贫困人口脱贫、生活方式转变、消费结构变化（耿海青等，2004；魏一鸣等，2007；傅崇辉等，2013；许力飞，2014）、城市建筑业、住宅、交通业的能源消费（黄成等，2005；仇保兴，2010；宁亚东等，2013）、城市密度化和紧凑度等城市发展形态（范进，2011；程开明，2011）、产业结构的变动（关雪凌、周敏，2015）等多个方面讨论了城镇化对能源消费的影响。

此外，肖宏伟（2014）利用空间计量模型测算了城镇化及其他影响因素对能源消费的影响程度，并将影响效应分解为直接效应和间接效应，研究得出区域间能源消费存在一定的示范效应，相邻区域能源消费减少1%，本区域能源消费减少0.458%。谢地和李梓旗（2019）选取了教育水平、技术进步水平和土地出让金收入作为人口城镇化、产业城镇化和土地城镇化的中介变量，并利用1995—2014年的省级面板数据建立中介效应模型进行实证检验，发现人口城镇化部分通过教育水平来影响能源消费，产业城镇化通过技术水平的变化对能源消费产生影响，而土地城镇化部分通过土地出让金收入影响能源消费。

三　城镇化对工业能源消费和居民生活能源消费的影响

1. 城镇化对工业能源消费的影响

工业能源消费是能源消费中占比最大的一部分。城镇化发展会刺激对工业产能的需求，也会促进产业聚集、技术创新等，对工业能源的使用和能源效率都产生了显著影响。刘耀彬（2007）发现我国城镇化水平的持续提高是导致工业全要素能源效率改善的格兰杰因果原因，而工业全要素能源效率的增长却不是城镇化水平提高的直接推动原因。洪丽璇等（2011）对99个地级以上城市在2001—2006年工业能源消费变化量进行分解，发现经济规模扩大会导致城市工业能源消费快速增长。宋炜（2016）利用2000—2014年工业层面的数据估计城镇化对工业全要素能源效率的影响，发现城镇化率每提高1%会导致工业全要素能源效率提高1.21%。马海良等（2017）研究了长江经济带城镇化对工业能源消费的门槛效应，发现在城镇化发展前期，城镇化带来人口和资源的聚集，优化了资源的配置并提升了利用效率，从而抑制了工业能源消费；在城镇化发展到一定程度，城镇化的扩张推动工业化的迅速发展，促使资源能源过度消耗，增加工业能源消费。

2. 城镇化对居民生活能源消费的影响

居民消费已成为仅次于工业的第二大能源消费领域。研究学者从宏观和微观两个方面分析了城镇化对居民直接和间接能源消费的影响。从宏观视角来看，冯玲等（2011）对1999—2007年我国城镇居民生活直接、间接能源消费进行测算，发现这一时期我国城镇居民人均生活总能耗逐年增加，而且间接能耗高于直接能耗。李艳梅和杨涛（2013）利用时间序列数据对城乡家庭直接能源消费的影响因素进行分析，发现在样本前期，能源消费强度下降与家庭规模缩小的节能效应大于消费水平提高导致的增能效应，而在后期情况正好相反。秦翊和侯莉（2013）利用投入产出法和宏观数据对1995—2010年城镇居民家庭间接能耗以及影响因素进行研究，发现居民可支配收入是影响城镇居民能源消费最重要的因素。樊静丽等（2015）探讨了2000—2011年城镇化对居民生活直接用能的影响，发现城镇化进程对东、中、西部和东北区域居民生活直接用能的贡献分别为4.25%、20.6%、4.1%、0.01%。王雪松等（2016）通过对居民间接CO_2消费结构的研究发现随着城镇化的发展，居民消费从以食品为主导的消费转变为以食品、居住和交通为主导的消费。

Yang等人（2018）表明，城镇化对居民消费的影响在不同的人均收入阶段的城镇化阶段具有异质性。城镇化率的提高导致城乡居民用电量增加，特别是农村居民。沈可和史倩（2018）基于省级面板数据实证分析了人口结构与家庭规模对生活能源消费量的影响，发现城镇化率的提高与人均生活能耗之间存在"U"形关系，而老龄化趋势和家庭规模缩小对人均生活用能具有显著的促进作用。刘晓瑞和孙涛（2019）将城镇化分为人口城镇化和空间城镇化，基于我国30个省份的面板数据发现东部地区人口城镇化对人均能源消费水平的促进作用强于中、西部地区，但东部地区空间城镇化对人均能源消费水平的促进作用弱于中、西部地区。谢地和李梓旗（2019）从人口城镇化、产业城镇化和土地城镇化等视角，使用省级面板数据，以教育水平、技术进步水平和土地出让金收入为中介变量，分析了城镇化对能源消费总量及其结构影响的传导机制，发现不同测度视角下的城镇化水平对能源消费总量和消费结构的影响具有差异性的中介效应。

在微观视角方面，张妮妮等（2011）利用2005年我国9省农村固定观察点的样本数据，实证分析了我国农户生活能源消费模式的选择行为，发现家庭的收入、生产方式、受教育程度、所在区域、气候因素、房屋结构等都是影响农户生活能源消费模式变化的主要因素。刘静和朱立志（2011）基于调查数据，对河北、湖南、新疆三个地区农户能源消费进行分析，发现家庭人均财富、能源价格、能源可获得性以及户主受教育程度是影响农户能源消费和能源结构变化的主要因素。牛云翥等（2013）基于调查数据的分析发现黄土高原西部地区城乡居民家庭实物用能量不存在显著差异，但是从大中城市、县城到农村的有效用能呈现明显的阶梯下降的特征。孙岩和江凌（2013）通过调查数据研究了沈阳市和大连市的家庭能源消费行为，发现具有所在城市、性别、年龄、家庭人口数、家庭类型、家庭收入等不同特征的家庭，其能源消费也存在异质性。傅崇辉等（2013）基于调查数据和宏观数据对生活能源消费与人口敏感性之间的关系进行理论建模和实证检验，发现人口自然变动、城镇化和老龄化对生活能源消费具有显著的敏感性。

第六节　本章小结

本章主要从能源消费与经济增长关系、能源消费结构、能源效率、能源需求预测和城镇化对能源消费的影响五个方面对国内外现有研究进行整理。可以看到，国内外学者已开始关注城镇化进程中的能源消费及其利用效率问题，并就经济增长与能源消费之间的关系、城镇化发展水平对能源消费的影响、城镇化对能源消费以及能源效率影响的区域差异性、环境规制对能源节约和能效提高的作用以及城镇化建设过程中我国居民家庭能源消费的快速增长等内容进行了多方面的研究，这些成果为本书研究奠定了基础，但是对城镇化进程中的能源消费及其利用效率领域很多深层次的问题仍缺乏深入和系统的探讨。

目前就经济增长对能源消费影响的研究较多，而对于经济波动和新型城镇化综合质量对能源消费影响的研究较少，忽略了经济周期性波动对能源消费及能源结构影响的差异性，这将影响对能源消费预测的准确性，也会使节能政策效果大打折扣。在新型城镇化建设理念的指引下，我国城镇化建设已经由追求速度开始向追求质量转换，目前对于城镇化水平影响能源消费的研究较多，对于界定我国新型城镇化的内涵和外延、综合评价我国各地区的新型城镇化质量、探讨新型城镇化综合质量影响能源消费方面的研究还不足。现有文献在区域差异化方面，多集中于地理方位、经济发展等方面的区别，而较少关注资源禀赋这一无法改变的自然条件对城镇化进程中能源效率的影响，也较少联系资源禀赋对产业结构升级的"锁定效应"来讨论如何在资源型区域促进产业结构调整以提高能源全要素生产率。多数学者都发现能源消费总量和强度双控目标这一政策对于降低城镇化建设中能源消费发挥了积极作用，较多地讨论了各地应如何实现能源控制目标，但是较少从区域发展不平衡的角度讨论节能减排目标任务分解的公平和效率原则，也很少从人均收入、人均能源消费规模、节能减排的潜力和边际经济成本等多角度综合考虑区域节能减排责任。较多地研究了区域和行业的能源消费，但是较少从宏观和微观视角研究城镇化进程中居民家庭快速增长的直接和间接能源消费。关于我国居民家庭能源消费快速增长背后原因的分析，较少从宏微观视角讨论技术进步、城镇化发展尤其是微观家庭特征对城乡居民家庭的直接和间接能源消费的影响。

可以预见，快速推进的城镇化进程对能源的需求量仍将不断上升，这无疑给节能目标的实现以及构建能源节约型社会带来了巨大压力。随着经济发展步入"新常态"以及城镇化进入深化期，国家对新型城镇化建设、能源规划、能源利用效率提出了更高的要求，如何将城镇化建设与节能减排和可持续发展更好地结合起来要求更加深入地研究新型城镇化进程中能源消费及其利用效率的新特点、新问题，并提出新思路和新方法。

第三章 城镇化对能源消费、能源利用效率影响的理论机制

新型城镇化是引领未来经济社会发展的重要力量,集约高效、生态文明、绿色低碳是我国未来新型城镇化建设的重要特征。随着新型城镇化的推进,能源资源和环境将对其形成重要约束。如何优化能源消费结构和提升能源利用效率,关系到我国能否破解能源资源和环境约束,关系到我国能否顺利实现新型城镇化发展目标。本章从多个角度结合我国实际深入分析新型城镇化对能源消费及其利用效率的作用机理,为提出能源利用效率的提升路径奠定理论基础。

第一节 能源消费的理论基础

一 消费者行为理论

消费者行为选择是指理性的消费者在既定的约束和消费品价格约束下,通过调整所购买的商品或劳务的数量的组合来实现自身效用最大化的过程,消费者不断追寻自身效用最大化的过程也就是消费者选择行为的调整过程。不同消费者的能源消费行为是不同的,本章将消费者分为居民、企业和政府三大类。对居民而言,能源为居民提供制作食物、交通、照明、制冷、制热等方面需要的能量,以实现成本最小化和福利最大化;对企业而言,能源是企业生产的主要投入之一,与其他生产要素一起结合作用,产出产品或服务以实现利润最大化;对政府而言,能源为政府部门提高交通、照明、制冷等方面的能量,以维持政府的正常运转和社会的稳定。

1. 居民能源消费行为

居民能源消费主要是指居民在日常生活中涉及的常规能源和各种家电等设备消耗的能源。在现代社会生活中，居民的衣食住行和文教娱乐等活动都离不开能源，能源和能源产品是居民生活的主要消费品之一。一般地，居民生活水平越高，对能源的需求就越大。由于受到自身收入和财富的限制，居民的能源消费必须尽可能理性，以最低的能源消费成本来实现居民自身效用的最大化。

居民作为能源终端的消费者，其能源消费行为会在很大程度上影响能源消费的数量和结构。在我国，居民已经成为继工业部门之后的第二大能源消耗主体，人均生活能源消费量在不断攀升。与此同时，居民生活能源结构也发生了极大的变化，主要表现为煤炭比重快速下降，液化石油气消费量不断增加，整体生活能源消费结构不断优化。

2. 企业能源消费行为

能源是企业生产不可或缺的要素，它与其他要素配置结合，产出产品或服务，对促进经济增长具有重大的作用。1973年，第一次石油危机爆发，美国能源缺口达到1.16亿吨标准煤，国民生产总值因此减少930亿美元；日本能源短缺0.6亿吨标准煤，国民生产总值因此减少了48.5亿美元；其他国家因为能源短缺也出现了不同程度的国民生产总值下降的情形。有研究表明，能源短缺所造成的国民经济损失通常能达到能源本身价值的20—60倍。[1]

企业能源消费主要是企业在日常生产中的投入要素以及在运输、照明等方面消耗的能量。企业是社会的营利性组织机构，其目标是追求利润的最大化，必须在产量一定时尽量地降低企业的生产成本。企业是能源消费最重要的主体，企业的能源消费和生产成本密切相关，能源消耗越少，企业生产成本越低，企业的盈利就会越多，因此，企业在日常生产中会努力改善生产运作方式，提高技术水平，提高能源

---

[1] 李金铠：《能源约束与中国经济增长研究理论与实证》，中国物资出版社2009年版，第52页。

使用效率，降低能源消费，以达到利润最大化的目标。同时企业在生产的过程中也会努力寻求最合适的资源配置比例，以达到最优的能源配置结构，随着累计生产量的增加，企业也会不断提升技术水平以降低能源成本，这在一定程度上也促进能源消费数量的节约和结构的优化。另外，能源的不断发展也在一定程度上推动了技术进步，衍生并发展了新兴产业。

3. 政府能源消费行为

政府能源消费是指政府部门在日常工作中消耗的常规能源以及各种终端设备所消耗的能源。政府是相对于私营企业和事业单位而言的一种非营利性组织，其能源消耗目的和行为与企业、居民不同。目前对政府部门能源消费行为缺乏相应的法律法规约束，其能源消费数量也缺乏额度限制和统一管理。北京对全市48家市、区级政府机构2004年能源消费情况的调查结果表明政府部门在能源节约方面还存在较大空间。[①]

二　能源消费需求层次理论

Christoph（2014）认为，在能源消费需求层面上存在着与马斯洛需求层次理论模型相类似的模式。能源消费需求分为五个层次，由低到高分别为：获得商业能源、能源供应安全、成本效益、自然资源效率、社会可接受性。只有低层次的需求得到满足后，人们才会关注更高层次的需求。获得商业能源和能源供应安全属于不完美的需求层次，成本效益、自然资源效率和社会可接受性则是逐步走向完美的需求。在城镇化的初期，人们追求经济的迅速发展，渴望获得充分的商业能源。当商业能源有了充足的保障之后，人们开始考虑能源供应安全问题。

我国能源消费发展历程基本上遵循能源消费需求层次理论。能

---

① 王文韬、俞丽虹：《建设节约型社会：透视政府机关资源浪费现象》，《理论参考》2005年第8期。

源政策是影响我国能源消费最直接的因素，中华人民共和国成立以来的能源政策历史表明，1949—1977年，我国能源政策主要集中在能源的开发和生产方面，以满足人们生活、经济和社会的基本需求，这是最低层次的需求。1978—1995年，人们的能源需求基本满足后，我国开始注重考虑能源的生产布局和结构，提倡节约和开发新能源，注重成本和提倡节约，这属于第二层次需求阶段。1996—2005年，我国将关注重点放在能源供应安全和环境因素的问题上，关注能源供应安全和成本效益，基本处在第三层次的能源需求阶段。2006年以来，我国不断强调可持续发展的重要性，加强力度推行节能减排。目前我国已经基本实现能源的稳定和安全供应，随着新型城镇化的推进，能源需求更加注重能源消费的成本效益和自然资源效率。

第二节 能源利用效率测度的理论分析

随着我国新型城镇化进程持续推进，我国能源消费总量持续提升，由此带来的能源紧缺和环境污染问题引起广泛关注，因此，能源利用效率问题已经成为学者讨论的焦点问题。本节论述了能源利用效率测度的相关理论，在界定能源效率的同时选取了能源效率的评价指标和评价模型，并介绍了能源效率的影响因素及分解方法。

一 能源效率的界定与评价指标

能源利用问题不仅与科技因素相关，而且与经济、社会等多方面因素相关，因此能源效率是一个涉及物理学和经济学等不同学科的相对概念。物理学中所研究的能源效率实际上是能源的转换效率，即有用功能量与获得它所需要投入的总能量之比，是指能源开采、加工转化等过程的效率。从经济学的角度出发，所谓效率，就是在资源既定的情况下实现经济产出或社会福利的最大化，而能源效率就是在既定的能源投入条件下实现经济产出的能力，即单位能源消耗所能带来的经济效益,它反映了一个体系(国家、地区或行业等)的能源利用效果。

评价或者衡量一个体系(国家、地区或行业等)能源效率的指标分为能源经济效率指标和能源技术效率指标两大类。能源经济效率指标主要反映一个体系内的能源投入与其经济总值之间的关系,而能源技术效率指标则是反映在能源的开采、加工和转换过程中的能源投入和能源产出之间的关系。所涉及的评价指标主要是能源经济效率指标,分为单要素能源效率指标和全要素能源效率指标。

1. 单要素能源效率指标

(1) 能源消耗强度。能源消耗强度又被称为单位 GDP 能耗,它表示在一定时间内,一个国家或地区每增加一单位国内生产总值所需要消耗的能源量,体现了能源利用的经济效益以及经济发展对能源消耗的依赖程度。一般情况下,能源消耗强度越小,能源利用效率越高。能源消耗强度用公式表示为:

$$能源消耗强度 = \frac{E}{GDP} \tag{3-1}$$

式(3-1)中,E 表示能源消费总量,GDP 表示国内生产总值,能源消耗强度最常用单位为"吨标准煤/万元"。

在能源投入结构相对稳定的情况下,能源消耗强度这一指标被广泛应用,但实践中,这一指标会受到经济发展阶段、产业结构、技术水平、资源禀赋等因素的影响。

(2) 能源消费弹性系数。能源消费弹性系数是一个国家或地区在一定时期内能源消费总量增长率与国内生产总值增长率的比值,它从总体层面综合反映了能源消费总量增长与国民经济增长之间的关系。能源消费弹性系数用公式表示为:

$$能源消费弹性系数 = \frac{\Delta E/E}{\Delta GDP/GDP} \tag{3-2}$$

式(3-2)中,E、GDP 分别表示基期能源消费总量与基期国内生产总值,ΔE、ΔGDP 分别表示本期能源消费变化量与本期国内生产总值变化量。当国内生产总值增长率大于能源消耗总量增长率时,能源消费弹性系数小于1，此时能源得到充分利用；反之，则能源消费弹性系数大于1，能源效率偏低。因此，能源消费弹性系数越小，能源效率越高。

（3）能源生产率。能源生产率表示一个体系（国家、地区或部门）在一定时间内消耗一单位能源所能得到的产出价值，在数值上等于系统产出价值与创造该价值所需的能源消耗总量之比，反映了能源投入的经济效益。当产出价值表示为国民生产总值时，能源生产率与能源消耗强度互为倒数，故能源生产率越大，能源消耗强度越低，能源效率则越高。

2. 全要素能源效率指标

上述单要素能源效率指标都假定能源消费投入是带来产出的唯一要素，而忽略了资本、劳动等关键要素投入的影响，但只靠能源自身并不会有所产出，只有当能源与其他投入要素相结合才能创造产出，因此，使用单要素能源效率指标来评价能源效率是存在偏差的。全要素能源效率指标弥补了单要素能源效率指标仅仅考虑单一投入要素而忽略多要素之间相互作用的缺陷，将能源投入同资本、劳动等其他投入要素综合考虑，计算出一定产出所需"前沿面上的最优能源投入"与"实际能源投入"之比，并以此来表示能源效率。全要素能源效率可以表示为：

$$全要素能源效率 = \frac{E_{target}}{E_{actual}} \quad\quad (3-3)$$

式（3-3）中，E_{target}表示目标能源投入量，E_{actual}表示实际能源投入量。目标能源投入量是指在最优的生产状态下，决策单元处于前沿面达到最优效率时的能源投入水平，是实际能源投入的最低水平。因此，全要素能源效率的取值处于0—1，全要素能源效率数值越小，表示该体系实际能源投入与目标能源投入差距越大，即实际能源投入中的无效部分越多，能源利用效率越低；反之，全要素能源效率数值越大，能源利用效率越高。

二 能源效率评价模型

在使用全要素能源效率指标对一个体系的能源效率进行评价时，需要确定该体系的目标能源投入量以及实际能源投入量，而确定目标能源投入量的关键在于如何确定生产前沿。生产前沿通常以生产函数表示，前沿分析法根据生产函数的具体形式是否已知可以分为参数法和非参数法，参数法的典型代表是随机前沿分析法，非参数法则以数据包络分析法为代表。

1. 随机前沿分析（SFA 模型）

随机前沿分析法是参数法的典型代表，使用随机前沿分析法需要设出含有随机误差的生产函数。这种方法的本质是极大似然估计，与非参数法相比，它最大的优点是将随机因素对产出的影响考虑在内。

在 Coelli & Perelman（1999）投入距离函数的基础上，建立能源效率的随机前沿模型如下：

$$\ln E_{it} = \ln f(Y_{it}, X_{it}, Z_{it}; \beta) + \mu_{it} + \nu_{it} \qquad (3-4)$$

式（3-4）构成一个关于能源投入的随机前沿模型，其中 E_{it} 代表实际能源投入。$f(\cdot)$ 是从生产技术角度建立的能源需求函数，是能源投入的确定性前沿部分，提供了衡量有效能源投入的基准。Y_{it} 和 X_{it} 是生产决策变量，Y_{it} 代表产出，X_{it} 代表能源之外的其他生产要素，Z_{it} 为其他外部影响因素，β 为确定性前沿的参数向量。μ_{it} 为非负随机误差项，表示生产无效率。ν_{it} 为随机误差。

2. 数据包络分析（DEA 模型）

数据包络分析是一种以数学线性规划为主要思想的针对多投入多产出的效率分析的评价方法，它运用线性规划法，以最优的投入与产出建立数据包络曲线并以此作为生产前沿面，通过各决策单元（DMU）与生产前沿面的偏离程度评价其相对效率，完全有效点位于生产前沿面上，而非完全有效点位于生产前沿面之外。数据包络分析模型中最具代表性且应用最为广泛的是 CCR 模型和 BCC 模型。

(1) CCR 模型。CCR 模型以决策单元生产规模报酬不变为基本假设，用来评价决策单元的规模效率和技术效率的整体有效性。设有 n 个决策单元 $DMU_j(i=1,2,\cdots,n)$，每个决策单元有 m 项投入和 s 项产出，$x_j=(x_{1j},x_{2j},\cdots,x_{mj})^T$ 和 $y_i=(y_{1i},y_{2i},\cdots,y_{si})^T$ 分别表示投入向量和产出向量，并假定投入、产出权数分别为 $u=(u_1,u_2,\cdots,u_m)^T$ 和 $v=(v_1,v_2,\cdots,v_s)^T$。可定义各个决策单元的效率评价指数：

$$h_j = \frac{v^T y_j}{u^T x_j}, j=1,2,\cdots,n \tag{3-5}$$

通常来说，效率评价指数 h_j 越大，则表明该决策单元可以用较少的投入获得较大的产出，即相对效率高。并且，在实践中可以选取适当的权重使得效率评价指数不大于1，在此基础上进行线性转化，可以建立 CCR 模型如下：

$$\begin{cases} \min\theta \\ s.t. \sum_{k=1}^{n} \lambda_k x_k + s^- = \theta x_j \\ \quad\quad \sum_{k=1}^{n} \lambda_k y_k - s^+ = y_j \\ \quad\quad \lambda_k \geq 0, k=1,\cdots,n \\ \quad\quad s^+ \geq 0, s^- \geq 0 \end{cases} \tag{3-6}$$

式（3-6）中，s^+、s^- 分别为投入和产出的松弛变量，即达到最优配置所需增加的产出量和所需减少的投入量。θ 即为第 j 个决策单位的综合效率，反映决策单元投入产出配置效率。若 $\theta=1$，则称为决策单元投入产出配置完全有效，θ 值越接近于1则表明投入产出的配置效率越高。

(2) BCC 模型。BCC 模型以决策单元生产规模报酬可变为基本假设，评价决策单元的纯技术效率。与 CCR 模型相同，假设有 n 个决策单元 $DMU_j(i=1,2,\cdots,n)$，每个决策单元有 m 项投入和 s 项产出，$x_j=(x_{1j},x_{2j},\cdots,x_{mj})^T$ 和 $y_i=(y_{1i},y_{2i},\cdots,y_{si})^T$ 分别表示投入向量和产出向量，有 BCC 模型如下：

第三章　城镇化对能源消费、能源利用效率影响的理论机制

$$\begin{cases} max\ h_j = \sum_{r=1}^{s} v_r\ y_{rj} - v_j \\ s.t.\ \sum_{i=1}^{m} u_i\ x_{ij} = 1, j = 1, 2, \cdots, n \\ \sum_{r=1}^{s} uv_r\ y_{rj} - \sum_{i=1}^{m} u_i\ x_{ij} - uv_j \leqslant 0 \\ u_i, v_r \geqslant 1, r = 1, 2, \cdots, s, i = 1, 2, \cdots, m \end{cases} \quad (3-7)$$

式（3-7）中，v_j 反映第 k 个决策单元规模报酬效应。$v_j > 0$ 表示该决策单元规模报酬递减；$v_j < 0$ 表示该决策单元规模报酬递增；$v_j = 0$ 表示该决策单元规模报酬不变，此时，BCC 模型等同于 CCR 模型。

三　能源效率影响因素

1. 能源效率影响因素及影响机制

能源效率的影响因素众多，根据现有研究，能源效率主要受技术进步、产业结构、能源消费结构和其他因素的影响。除此之外，国民受教育程度、气候条件和地理环境等也会在一定程度上影响能源效率。

（1）技术进步。技术进步是影响经济发展的重要因素，它一方面对能源的有效配置产生直接的影响，另一方面可以通过影响产业结构间接影响能源效率。技术进步对能源效率的影响通常体现在硬件和软件两方面。硬件方面主要是指先进的技术设备以及新发明所带来的科技创新对能源效率的有效提高，而软件方面则是指管理方法和制度政策的科学优化对能源效率产生的积极影响。在能源的生产部门，先进高效的技术设备及能源转换技术的使用能够大大提高能源的开采效率和转换效率，减少生产过程中的能源损耗。运输与储藏技术改进能够降低能源运输过程中的损耗，提高能源的储运效率。在能源的消费部门，技术进步带来的终端设备工作效率的提高直接降低了单位产品的能耗。此外，信息、通信等产业的快速发展降低了能源交易成本最终使得能源利用效率有所提高。

（2）产业结构。产业结构的变化对能源效率的影响是通过能源

随产业结构的变化，从低生产率产业向高生产率产业流动而实现的，如能源从农业向工业流动，从工业向服务业流动。产业结构对能源效率的影响较为明显，通常来讲，相比于第一、二产业而言，以服务业为主体的第三产业可以用尽可能小的能源消耗实现较大的产出。因此，一个国家或地区第三产业的比重将直接影响其能源效率。第三产业在产业结构中比重越大，创造相同产出所需能源消耗总量越少，能源效率就越高。因此，一个国家或地区可以在与自己国家经济发展水平相适应的前提下，适当改善本国的产业结构以提高能源效率。

（3）能源消费结构。由于不同种能源之间物理性质的差异，即便在相同的使用条件下，不同种类能源的利用效率也会有所不同。因此，不同能源品种生产一单位国民生产总值的能源消耗量也不相同。通常情况下，石油、天然气的能源利用效率要远远高于煤炭。因此，能源消费结构会对能源效率产生影响，以煤炭为主要能源的国家，其能源效率势必会低于以石油、天然气为主要能源的国家。我国仍以煤炭为主要能源，在相同条件下，我国单位产值能耗相对较高，因此能源效率相对较低。

（4）其他因素。除了上述影响因素外，还有一些其他因素会对能源效率产生影响。如外商投资所带来的技术溢出能够促进技术进步，进而提升能源效率；能源价格的提升则通过增加成本激励企业技术创新，提高能源效率；人口结构和人口素质会在很大程度上影响国民能源消费行为，从而对单位产值能耗产生影响。气候条件也会对能源效率产生影响，即便是使用相同的设备，在寒冷地区所消耗的能源也要高于温暖地区。另外，地理环境和资源禀赋等自然条件也会通过影响能源消费结构，间接地影响能源效率。

2. 能源效率影响因素的分解方法

能源效率受上述多个因素的影响，这些影响因素的作用可能是单独的，也可能存在着多个因素之间的交互作用。为了考察每个影响因素对能源效率的具体作用，需要将这些因素分别与其他因素区别开来，将所考察因素的影响贡献进行量化，因素分解法便可以达到这样的目的。常用的因素分解式有拉氏指数和迪氏指数两大类，在众多因素分解法中，对数平均除数指数法（LMDI 分析法）的运用最为广泛。

假设事物 Z 受到 n 个因素的影响，j 表示每个因素下的二级结构指标，那么 Z 可以根据迪式指数被定义为：

$$Z = \sum_0^n x_{1j}, x_{2j} \cdots, x_{nj} \quad (3-8)$$

Z 的期初总量为：

$$Z^0 = \sum_0^n x_{1j}^0, x_{2j}^0 \cdots, x_{nj}^0 \quad (3-9)$$

Z 的期末总量为：

$$Z^t = \sum_0^n x_{1j}^t, x_{2j}^t \cdots, x_{nj}^t \quad (3-10)$$

其中，第 k 个因素影响效应的加法分解式和乘法分解式分别表示为：

$$\triangle Z_{XK} = \sum_i \frac{(Z_k^t - Z_k^0)}{(ln Z_k^t - ln Z_k^0)} \times ln \frac{x_{kj}^t}{x_{kj}^0} \quad (3-11)$$

$$D_{xk} = exp\left[\frac{(Z_k^t - Z_k^0)/(ln Z_k^t - ln Z_k^0)}{(Z^t - Z^0)/(ln Z^t - ln Z^0)} \times ln \frac{x_{kj}^t}{x_{kj}^0}\right] \quad (3-12)$$

式（3-11）中，$\triangle Z_{XK}$ 表示第 k 个因子对 Z 变动的贡献值，式（3-12）中，D_{xk} 表示第 k 个因素的贡献率。当 $\triangle Z_{XK}$ 大于 0、D_{xk} 大于 1 时，则表示该因素对 Z 的变化有推动作用；当 $\triangle Z_{XK}$ 小于 0、D_{xk} 小于 1 时，则表示该因素对 Z 的变化有抑制作用。使用这种方法还可以根据各因素数值比较其影响作用的大小。

第三节 城镇化影响能源消费、能源利用效率的机制分析

一 城镇化对能源消费的影响

1. 城镇化影响能源消费的规模效应

城镇化、经济增长、能源消费是全国的三大社会经济热点。根据

联合国经济和社会事务部人口司有关数据统计，世界超过 55% 的人口居住在城市，而且这个数字将在 2050 年达到 70%（UN，2018）。自改革开放以来，我国的城镇化进程迅猛发展，到 2018 年年底，城镇化率已达到 59.58%。而在这一过程中制约城镇化和经济增长的瓶颈——能源，特别是煤炭、石油、天然气等能源，因其稀缺性而慢慢凸显出来。因此，城镇化的规模效应通过经济增长影响能源消费的作用机制是研究的重点。

（1）城镇化与经济增长。城镇化是经济增长主要推动因素，也是经济发展的体现，城镇化与经济增长之间相互影响、相互推动。

在微观层面，经济增长带来劳动生产率的提高和资源的优化配置，其在生产、投资和消费方面的内生规模效应吸引农村人口向城镇集聚。具体来说，经济增长首先增加了居民的收入水平，推动农村人口向城镇区域流动。在居民收入和人口增长的双重效应下，城镇化带动了整个社会在物质文化方面的有效需求。需求的增长进而促使政府增加对公共产品和服务的投资，同时动员市场力量扩大生产，以更好地满足私人消费产品的需求。广泛而集中的需求为企业扩大生产和规模经营提供了有利条件，并吸引各种要素集聚到城镇。

在宏观层面，城镇化对经济增长的促进作用主要体现在经济结构、产业结构、消费结构、人口结构的转型升级。经济增长在推动人口结构转型、引导有效需求持续优化升级的同时，改变了消费结构，影响了产业结构和经济结构。而且，新古典经济学的城镇化模型认为，城镇化可以进一步深化专业分工，提高生产效率，进而促进经济增长。经济增长也促进了改革机制和体系，这有利于逐步消除阻碍城镇化发展的不合理因素，并通过实施消除阻碍人口流动和促进收入分配的改革措施，使整体环境更有利于城镇化的发展。由此可见，经济的内生增长是城镇化发展的内在需求和关键。

（2）经济增长对能源消费的影响机理。能源是重要的生产和生活要素，随着城镇化进程的加快，经济总量不断扩大，其对能源的需求也会产生相应的影响。经济增长使得经济规模、生产方式和生活方式都发生一定的变化，刺激了能源消费需求，进一步推动了能源工业的发展。

经济增长对能源消费的需求主要包括三个方面的内容：一是经济增长对能源消费总量的需求。在一定的经济发展阶段及技术水平下，经济发展水平的提升会导致生产和生活所耗费的能源总量增加，而且伴随着生产规模的扩大，能源的消费也随之增加。二是经济增长对能源消费品种的需求。世界各国经济的繁荣发展使得对能源消费总量增加的同时，对能源消费品种的需求也日渐扩展。从使用柴薪、煤炭、石油扩展到核能、天然气、电力及太阳能、风能、生物质等新能源。三是经济增长对能源消费质量的需求。长期依赖化石能源是不可持续的，化石能源产生的污染和碳排放也会进一步加剧全球环境的恶化，而高质量的能源具有安全、无污染、无公害、无枯竭隐患、获取时间快等特点。经济发展水平越高、速度越快，对能源消费质量提出的要求就越高，以更为清洁的可再生能源消费替代化石能源等传统能源的消费，是实现经济增长对高质量能源消费需求的目标。

2. 城镇化影响能源消费的产业结构转变效应

（1）城镇化与产业结构转变。简单来讲，产业结构转变是各个产业直接产出比重变化的一般规律。20世纪40年代，英国学者克拉克提出，随着社会经济的发展，在经济增长中占主导地位的产业已经逐渐从第一产业到第二产业，最终向第三产业转移。"库兹涅茨法则""雁行理论""标准产业结构理论""霍夫曼定理"等从不同的角度总结了产业结构发展的规律。

随着新型城镇化的推动，一方面，产业结构转变的趋势体现在农业与非农产业之间的转变。城镇化过程在空间上表现为产出由农村转向城镇的过程，在此过程中，经济产出不断由农业转向工业与服务业。由此，农业产值的比重不断下降而非农业产值比重持续上升。另一方面，产业结构转变的趋势体现在非农产业内部的结构演进，主要表现在由轻工业向重工业再向服务业依次演进。一般来说，在城镇化初期阶段，大部分国家以轻工业为主导产业，主要是因为轻工业投入资本需求较低，而且还能让更多劳动力得以就业。此后，城镇化进入中期阶段，在技术进步的带动下重工业逐渐超过轻工业，这催生了一大批需要社会服务的现代企业和更高消费水平的阶层。当城镇化进程迈入后期，服务业逐渐成为国民经济的主导产业，这为劳动力由农村向城镇转移提供了有利条件。

（2）产业结构转变对能源消费的影响机制。由于三次产业在技术特征、生产效率和生产所需要素组合的比例等方面均存在着明显差异，所以产业结构的转变会导致生产要素配置发生变化。而不同产业对能源消费的需求与弹性不同，同时不同产业所需要的能源种类也存在着明显差异，因此，产业结构的转变会进一步导致社会能源消费总量与能源消费结构发生相应的变化。另外，产业结构的转变还伴随着产品结构、市场供求、生产技术和组织结构的全面调整。由于不同产业在技术、投资、产出等方面存在着不同的特点，产业结构的转变将会引起要素投资、生产规模、内部结构和增长方式等方面的变化，从而对社会能源消费总量、能源消费结构以及能源消费效率产生影响。

我国 2017 年不同产业的能源消费情况如表 3-1 所示。可以看出，第二产业对能源消费的需求最大，第一产业能源消费需求最小，第三产业的能源消费需求处于中间位置。另外，三次产业在化石能源的消费结构上存在着明显的差异：无论是煤炭、天然气还是电力热力，第二产业的消费占比均是最大的，油品消费中第三产业的占比最大。在城镇化进程中，产业不断由农业转向非农产业，导致能源消费规模不断增加。另外，在城镇化进程中，非农产业内部的经济结构逐渐由低附加值的资源和劳动密集型的工业转变为高附加值的知识和技术密集型的服务业，这有利于在减少能源消费总量的同时优化能源消费结构，降低能源强度。

表 3-1　　　　　　　2017 年分产业能源消费情况　　　　　　（万吨标准煤）

	能源消费总量	煤炭消费	油品消费	天然气消费	电力热力消费
第一产业	6851	2198	2608	15	1449
第二产业	219594	109456	30309	14313	64583
第三产业	62791	5946	38304	4973	11752

资料来源：《中国能源统计年鉴 2018》。

3. 城镇化影响能源消费的技术进步效应

（1）城镇化与技术进步。城镇化进程不仅包括人口与产业向城镇集聚的过程，同时还包括技术的集聚和外溢的过程。人口与产业的集聚影响着知识与技术的扩散，城镇通过集聚大量人口为知识与技术的产生、扩散、积累与创新创造良好的空间条件。规模较大的城镇，人口密度较高，因此其信息多样性与通达度均处于较高水平，知识与技术创新的积累和扩散难度小而速度快。城镇化的技术集聚和技术溢出在很大程度上促进了技术进步以及高新技术的推广，这有利于形成区域竞争优势，通过良性循环促进区域经济发展。

（2）技术进步对能源消费的影响机制。技术进步对能源消费存在着两个方面的影响：一方面，新技术的产生优化了能源开发途径，促进了新能源的开发与利用，进而优化能源结构；技术进步带来的设备与工艺流程的改进促进了传统能源的清洁利用，提高了能源利用效率，降低了能源消耗强度；同时技术进步推动了节能产品的开发和推广，降低了消费者使用过程中的能源消费量。另一方面，技术进步存在着回弹效应。技术进步可以通过提高能源效率、降低能源使用成本带来的收入效应增加能源需求；同时技术进步能够推动经济总量、生产规模和收入水平的增长，从而扩大能源消费规模，增加能源消费总量。

二 城镇化对能源利用效率的影响

从1980年至2000年，我国能源消费总量在这20年间仅增加了7.8亿吨标准煤；而从2001年至2008年，仅仅经过8年时间，我国能源消费总量就增加了14.2亿吨标准煤。据国际能源署（IEA）于2010年7月发布的能源消费数据显示，我国能源消费总量已跃居世界首位。[1] 目前我国仍然是一个发展中国家，工业化和城镇化进程尚未结束。我国在短期内无法改变以第二产业为主导的发展模

---

[1] 国际能源署：《能源政策塑造能源前景——〈世界能源展望2010〉摘要》，《国际石油经济》2010年第11期。

式，想要通过产业结构转变实现绿色发展，还有很长的一段路要走。我国"多煤、贫油、少气"的能源结构以及不确定的世界能源市场决定了煤炭在未来很长一段时间内仍将是我国的主要能源来源，能源结构的改变任重道远。在这些现实因素的约束下，提高能源利用效率是实现能源集约消费的重要途径，因此，新型城镇化能否有效提高能源利用效率这个问题越来越引起国内学者的重视。研究新型城镇化对能源利用效率的影响，对了解和规划城镇化发展进程、协调新型城镇化与能源效率的关系进而提高能源利用效率具有重要的现实意义。

1. 城镇化影响能源效率的产业结构转变效应

关于产业结构变动与能源利用效率的关系，Harrod & Denison (1967) 和 Maddison (1987) 等人提出了"结构红利假说"，他们认为各部门与产业间的生产率存在差异，能源要素由生产率较低的产业向生产率较高的产业转移，有利于提高整个国家或地区的能源效率。由于各个产业之间的能源消耗强度同样存在差异，因此产业结构的转变将会影响总体能源效率，作用方式如下：首先，产业内部的结构转变通常发生在高能耗产业，通过提升其能源利用效率降低国家或地区的能源消耗强度，直接提高能源效率；其次，不同产业之间的结构调整可以通过提高低能耗产业在国民经济中的比重，降低整个国家或地区的能源消耗强度，直接促进能源效率的提升；最后，产业结构调整可以通过降低高能耗产品需求和产业比重，从而提高能源效率。[1]

尽管通过调整产业结构可以实现资源的更优配置，从而提高能源利用效率，并且这一观点也已得到检验，但仍有学者对"结构红利假说"提出质疑。他们认为"结构红利假说"夸大了产业结构转变对能源效率的影响，产业结构调整只能在一定程度上提升能源效

---

[1] R. F. Harrod and E. F. Denison, "Why Growth Rates Differ: Postwar Experience in Nine Western Countries", *Economica*, Vol. 36, August 1969; A. Maddison, "Growth and Slowdown in Advanced Capitalist Economies: Techniques of Quantitative Assessment", *Journal of Economic Literature*, Vol. 25, June 1987.

率，只有技术进步才能推动能源效率的持续提升。综合了124项实证研究之后，Ang & Zhang（2000）发现工业化产业结构的调整与转变对能源效率的影响并不大，并且分析结果的显著差异性仅仅存在于发展中国家[①]。刘伟和李绍荣（2001）通过建立模型研究经济结构对经济规模和要素生产力的影响，研究结果表明产业结构调整的作用主要体现在对经济部门内生产规模的影响，而对要素生产效率的作用较小[②]。Wei & Shen（2006）使用生产曲线模型解释了产业结构转变只能在一定限度内改善能源利用效率，同时还会增加能源利用效率的边际改进成本，因此只有技术进步才能实现能源利用效率的无限改进。

2. 城镇化影响能源效率的技术进步效应

技术进步对于能源效率的促进作用主要通过直接作用和间接作用这两种方式来体现。

第一，直接作用，即技术进步可以有效促进新生产工艺的创新及原有设备的更新改造，特别是在节能减排领域，技术进步可以极大地淘汰落后的能源使用技术，从而降低生产过程的能源消耗强度，提高能源利用效率。根据相关资料，针对技术进步的衡量方法主要有两大类：直接估计法和指数分解法。直接估计法是通过选用一些可代表技术进步的代理变量，如全社会科研投入（R&D）、学习、人力资本投资等指标，将代理变量与能源利用效率进行回归，进而研究技术进步对能源利用效率的影响。而指数分解法则是使用Malmquist指数将能源利用效率分解为技术进步和技术效率变化两部分，并分别对其进行回归。

第二，间接作用，技术进步所带来的生产工艺、设备的更新升级提高了资源的使用效率，使得能源资源得到最大限度的重复利用，进而减少能源损耗。同时，技术进步带来的污染处理率的提高

[①] B. W. Ang and F. Q. Zhang, "A Survey of Index Decomposition Analysis in Energy and Environmental Studies", *Energy*, Vol. 25, No. 12, December 2000.

[②] 刘伟、李绍荣：《所有制变化与经济增长和要素效率提升》，《经济研究》2001年第1期。

能够进一步促进能源利用效率的提升。但也有学者认为，虽然技术进步能够提高能源利用效率，减少能耗，从而推动经济增长；但经济增长又会刺激能源消费需求，在一定程度上抵消了能源利用效率提升所节约的能源，这就是技术进步的回弹效应（Rebound Effect）。能源回弹效应最早由 Jevons（1865）提出，他发现提高煤炭利用效率并没有减少煤炭的消费，反而增加了煤炭使用率，由此提出了杰文斯悖论（Jevons Paradox），即自然资源利用效率的提高并不能减少这种资源的需求，反而会使其增加，这也被称为杰文斯效应（Jevons Effect）。[1] Khazzom（1980）首次基于微观视角构建模型，论证了能源利用效率的提高会降低能源使用价格，进而导致能源消费的增加，但这一论点缺乏一定的现实解释力。[2] Birol & Keppler（2000）对这个问题进行了更加深入的探讨，他们认为，一方面技术进步可以直接提高能源效率，减少能源损耗，推动经济增长；另一方面，技术进步带来的经济增长又会增加能源需求，同时技术进步还会使得能源的使用价格降低，进一步增加了能源的消费需求，从而降低了能源效率。以上两条路径的共同作用使得技术进步对能源效率的影响情况变得复杂，技术进步对能源效率的影响效果最终将取决于二者各自的影响程度。[3]

第四节 城镇化影响能源消费的阶段性特征及空间溢出效应

一 城镇化影响能源消费的阶段性特征

城镇化是推动能源结构转型和能源消费变化的根本动因。城镇化发展阶段对能源消费影响巨大，在城镇化的初期，农业是主要产

---

[1] Blake Alcott, "Jevons Paradox", *Ecological Economics*, Vol. 54, No. 1, July 2005.

[2] J. D. Khazzom, "Economic Implications of Mandated Efficiency Standards for Household Appliances", *Energy Journal*, Vol. 4, January 1980.

[3] Fatih Birol and Jan Horst Keppler, "Prices, Technology Development and the Rebound Effect", *Energy Policy*, Vol. 28, No. 6-7, June 2000.

业，能源消费总量处在较低的水平，能源的生产和消费总量在较低水平上保持基本平衡。当城镇化开始加速发展时，在加速的前期阶段，随着工业的发展，能源生产与能源消费增长迅猛，能源供需基本平衡。在加速的中后期阶段，能源消费的增长速度远大于能源生产，导致能源需求的缺口不断增大，制约着经济社会的发展。因此，推动城镇化进程必须从偏重速度规模的发展模式转向注重质量内涵的可持续发展，必须走资源节约、环境友好之路，摒弃粗放的能源使用模式，优化能源消费结构，增加清洁能源比重，提高能源利用效率。

二 城镇化影响能源消费的空间溢出效应

城镇化的空间溢出效应是指本区域在城镇化的进程中，对本区域以外的区域产生的影响。在商业和物流业高度发达的今天，区域之间的商品流通日益频繁，物质、人力资源、资金和信息的交换在区域之间频频发生，产业转移、要素流动加快，所以城镇化发展存在较强的空间依赖性，由此产生了显著的空间溢出效应。

新型城镇化强调城市群、大中小城市和小城镇的协调配合发展，一个地区新型城镇化的溢出效应可能会不同程度地促进邻近地区的城镇化发展，带动邻近地区的经济发展，从而影响其邻近地区的能源消费。在城镇化的进程中，其邻近区域可以通过模仿、竞争等手段加快自身城镇化速度，加速城镇功能布局优化，降低单位能源消耗成本，提高能源使用效率，在一定程度上降低经济成本和能源消费量。同时，本区域的城镇化水平通过溢出效应影响到邻近区域的城镇化水平和邻近区域的能源强度，邻近区域的城镇化也会影响本地区的城镇化和能源消费。

第五节 本章小结

本章从多个角度结合我国实际深入分析新型城镇化对能源消费及其利用效率的作用机理，为提出能源利用效率的提升路径奠定理论基础。

首先，阐述能源消费的理论基础，并从能源消费需求层次理论出发，联系城镇化发展过程，分析不同主体的能源消费趋势和演进特征。根据能源经济学和消费者行为分析理论，将能源消费者分为居民、企业、政府三类，分析它们各自的能源消费行为，发现居民作为能源终端的消费者，其能源消费行为会在很大程度上影响能源消费的数量和结构；而企业是能源消费最重要的微观主体，在生产成本约束下和追求利润最大化的驱动下，企业的能源消费行为将是能源转型和产业结构调整的重要驱动力；而政府部门作为区别于生产者和消费者的机构，其能源消费行为尚缺乏相应的约束，其能源消费数量也缺乏额度限制和统一管理。

其次，展开能源利用效率测度的理论分析。界定了能源利用效率的概念，比较了常用的单要素能源效率指标和全要素能源效率指标，分析了能源消耗强度、能源消费弹性系数以及能源生产率的定义和应用场合，总结了随机前沿分析以及数据包络分析的特征，从建设可持续发展的新型城镇化角度全面把握能源利用效率的内涵。着重从技术进步、产业结构、能源消费结构等方面阐述能源效率影响因素及影响机制，综合比较能源利用效率的评价模型及影响因素的分析方法，为能源利用效率综合评价奠定了理论基础。

再次，分析城镇化对能源消费及其利用效率产生的直接或间接因素效应，着重从经济增长、产业结构转变、技术进步三个渠道分析城镇化对能源消费以及利用效率的影响，梳理其相应的影响机制。研究发现城镇化推动了经济增长，进而增加了对能源消费总量的需求，同时推动了消费结构的调整。城镇化进程在推动人口从农村向城镇转移的同时，也促进第一产业向第二产业和第三产业的转变，而产业结构的变化则导致社会能源消费总量与能源消费结构发生变化。城镇化不仅仅是人口和产业向城镇的集聚，也是技术集聚和溢出的过程，而技术进步是降低能源消费、优化能源结构、提高能源利用效率的根本途径。

最后，分析了城镇化进程中所呈现的阶段性特征对能源消费产生的影响,并考虑到地区之间在发展过程中的相互关系,从城镇化的空间溢出效应角度阐述其对能源消费和利用效率的影响机制。不同阶段的城镇化对能源消费的需求是不同的,而城镇化发展存在较强的空间依赖性,由此产生了显著的空间溢出效应,这种溢出效应会在不同程度上影响邻近地区的能源消费和能源利用效率。

第四章　我国城镇化进程中能源消费的变动特征

自中华人民共和国成立以来，城镇化进程已有70多年的历史，如今的城镇化规模是前所未有的，越来越多的人口迁徙到城镇生活。与此同时，随着城镇化的不断推进，我国能源消费总量也在持续增长。在能源消费约束下，对城镇化建设的可持续发展提出了更高要求，了解我国城镇化进程中能源消费的变动特征是研究的基础性工作。

本章对我国城镇化进程中能源消费的变动特征进行了综合分析，首先基于城市经济学理论，总结我国新型城镇化所处的阶段和变动特征；然后基于能源经济学理论，分析我国新型城镇化发展过程中能源消费的动态变化和发展；最后通过对我国能源消费变动特征的描述，对比分析生产和生活能源消费特征。

第一节　我国城镇化进程和能源消费变动特征的概述

一　我国城镇化发展进程

城镇化阶段有许多种划分方法，最常见的是诺瑟姆城市化阶段理论，即将城市化过程按照城市人口占总人口比重分为三个阶段。根据我国城镇化水平在不同时期的特点，我们将城镇化历程分为三个阶段：起步阶段、快速推进阶段、加速发展阶段，如图4-1所示。[①]

[①] 本章若无特别说明，数据均来自国泰安宏观经济数据、历年《中国统计年鉴》和《中国能源统计年鉴》。

第四章 我国城镇化进程中能源消费的变动特征

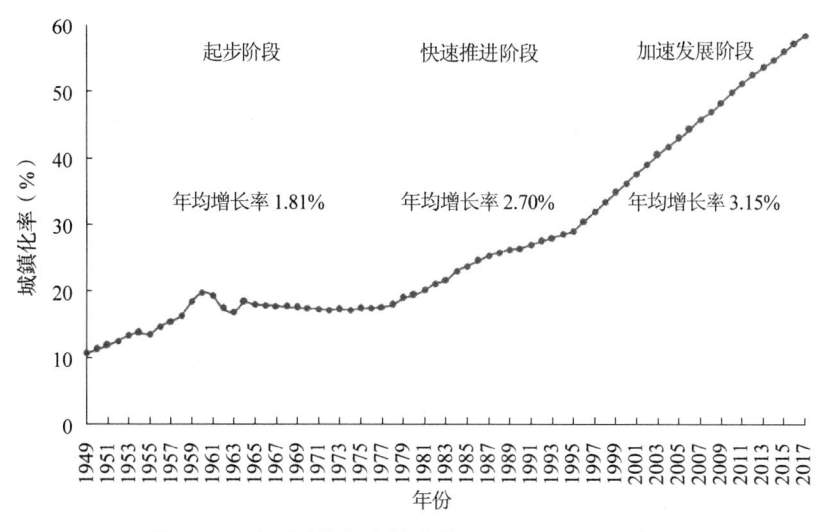

图4-1 我国城镇化率的走势图（1949—2017年）

1. 起步阶段（1949—1978年）

中华人民共和国成立后到改革开放前的30年里，我国城镇化工作的探索充满着曲折与艰辛。这一时期的速度特征是曲折推进，城镇化率由1949年的10.64%增长至1978年的17.92%，提高了7.28个百分点，年均增长率仅为1.81%。城镇人口有所增长，从5765万人增至17245万人，但仍远少于农村人口。

根据现实情况，这一阶段又可以划分为短暂发展阶段（1949—1957年）、波动发展阶段（1958—1963年）和发展停滞阶段（1964—1978年）。在1949—1957年间，中华人民共和国成立初期，我国着力推进国民经济的恢复与发展，并实施了第一个五年计划，尽管经济、社会等很多方面处在十分落后的水平，但城镇化得到了稳定的发展。在1958—1963年间，由于1956年第一个五年计划提前完成，我国开始实施第二个五年计划，开展了追求更高发展速度的"大跃进"运动，力图短时间内把我国建设成赶超英美的工业国家。同时，1959—1961年的自然灾害也严重影响了城镇化进程，导致城镇化水平出现了剧烈的波动。在1964—1978年间，城镇化进程处在停滞状态，没有继续向前发展。

2. 快速推进阶段 (1979—1995 年)

1978 年党的十一届三中全会不仅是我国经济发展的分水岭，也是城镇化进程的分水岭，国家实行全面的改革开放，大量农村人口涌入城市极大地加快了城镇化的进程。这一阶段，我国城镇化特征是快速稳步推进，期初，城镇化模式以就地城镇化为主要形式，到了 20 世纪 90 年代初，以异地城镇化为主导，城镇化率从 18.96% 增长至 29.04%，提高 10.08 个百分点，年均增长率为 2.70%。

伴随改革开放，我国对城镇化的模式进行了新的探索。农村经济体制的改革，使得农村出现了富余劳动力，其转移方式较多以就地城镇化实现。在农村就地发展乡镇企业等非农产业，进而建设小城镇，同时，在"离土不离乡""进厂不进城"的背景下，大量农民进城务工，城镇暂住人口增加。以工业和服务业为代表的城市经济也在改革开放的推动下快速发展，逐渐恢复的国民经济为推进城镇化提供了良好的经济承载力与社会基础，城镇化工作有了强劲的动力。此背景下，国家提倡积极发展小城市，合理发展中等城市，控制发展大规模城市。[①]

到了 1992 年，邓小平南方谈话促使我国市场化改革步伐大大加快，城乡二元体制受到很大的冲击。农业部门剩余劳动力外流，甚至跨出省界。这主要表现在由中西部地区向东部地区流动，由农村向城市流动。这个阶段的城镇化主要表现为异地城镇化与就地城镇化相结合，而以异地城镇化为主。

3. 加速发展阶段 (1996 年至今)

1996 年后，我国城镇化步入加速发展阶段，城镇化模式的重心从异地城镇化转变为如今的就地城镇化模式，城镇化率从 1996 年的 30.48% 提升至 2017 年的 58.52%，共提高 28.04 个百分点，年均增长率高达 3.15%。以《国家新型城镇化规划 (2014—2020 年)》以及《国务院关于进一步推进户籍制度改革的意见》为标志，我国城镇化全面进入以

---

① 苏红键、魏后凯：《改革开放 40 年中国城镇化历程、启示与展望》，《改革》2018 年第 11 期。

"人的城镇化"为核心、以提升城镇化质量为主的新阶段。

我国城镇化模式重心的转变,与东部地区劳动密集型产业向中西部转移密切联系在一起。依据产业梯度转移理论,我国东部经济发展到一定阶段时,劳动力成本和其他资源成本会急剧增加,低收入人口很难继续立足,就会向低成本生活区域迁徙,从而带动中西部地区的经济发展,为就地城镇化提供产业支撑。近年来,国家加大对就地城镇化的引导与支持,加之乡村振兴战略的实施,越来越多的外出务工人员返乡创业、就业。

二 我国能源消费的变动特征

首先,见图4-2,对我国能源消费阶段进行初步划分,鉴于能源消费与国内经济发展关系密切,我们依据改革开放和加入世界贸易组

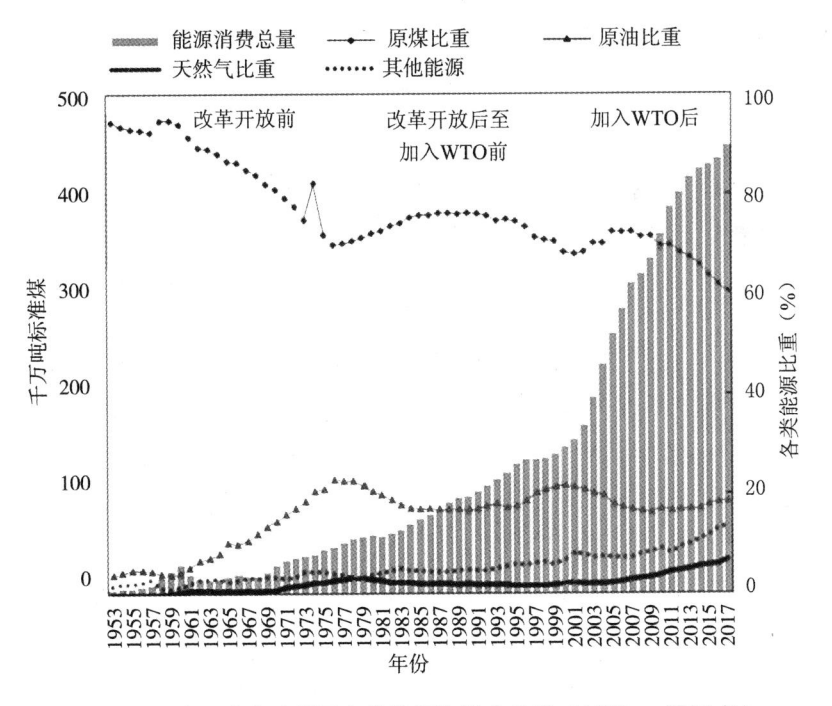

图4-2 能源消费总量及各类能源比重走势图(1953—2017年)

织两个重大时间节点，将能源消费发展分成三个时期，从能源消费总量和能源结构两个方面分析我国新型城镇化发展过程中能源消费的动态变化和发展规律。

1. 改革开放前（1953—1978年）

在1953—1957年间，我国着力推进国民经济的恢复与发展，把产业发展重点放在冶金、煤炭和机械等重工业上。与此同时我国开始建立能源工业管理体系，对能源部门进行企业管理改革，并调整了能源工业的布局结构，能源生产设备得到修复，能源生产能力达到中华人民共和国成立以来的最高水平。在1958—1963年间，尽管煤炭工业、电力工业和石油工业出现了"大跃进"，能源产量和资源的勘探量出现了大幅度的增长，但能源结构十分不均衡，其他能源发展不足，能源利用效率也十分低下。在1964—1978年间，国家对国民经济发展的重点进行了较大的调整，我国增加了对能源工业的投资和对能源管理体制的相应调整，电力工业快速发展，电力工业区域的布局逐渐合理化，能源结构也在进行不断调整。

总体来看，这一时期，我国能源消费总量特征可以概括为：基数小，年均增长率较高，增量较少。如图4-2所示，能源消费总量从1953年的0.541亿吨标准煤增至1978年的5.711亿吨标准煤，绝对增加5.17亿吨标准煤，年均增长率达9.89%。值得注意的是1960年到1961年我国能源消费总量出现了下滑趋势，一直到1968年都没有显著的变化。1969年开始，能源消费情况有所好转，总量逐年增加，到改革开放前，增量为3.441亿吨标准煤。换而言之，改革开放前的能源消费增加量主要来源于1969—1978年这个时间段，而在此之前，我国的能源消费处于曲折起步阶段。

就各类能源消费量占总量比重的特征来看，原煤比重虽一直是第一位，但占比下降幅度也是最大的，从1953年的94.33%降至1978年的70.70%，下降了23.63个百分点；占比第二高的能源是原油，并且占总量的比重呈上升趋势，从1953年的3.81%增至1978年的22.70%，提高了18.89个百分点；天然气和其他能源消费在这一时期没有显著变化，1978年占比分别为3.20%和3.40%，比重较低。因此改革开放前，原煤是我国的主要消费能源，其次是原油，而天然气和其他能源在这一时期还未进入市场被广泛使用。

2. 改革开放后至加入WTO前（1979—2000年）

在这一阶段，能源政策开始由计划向市场过渡，能源生产布局得到调整，国家大力提倡开发新能源与节约能源，尽管能源增长速度较低，但大体上能够满足国民经济的需求，能源市场也在逐步完善。并进一步鼓励发展可再生能源，将经济效益和能源安全作为关注重点，关注环境问题和能源安全问题，工业生产和生活的能源消费需求基本得到满足。

这一阶段，能源消费总量的特征表现为：绝对量缓慢增加，年均增长率较低。能源消费量从1979年的5.859亿吨标准煤增至14.696亿吨标准煤，增量为8.837亿吨标准煤，平均每年提高4.48%。1980年我国能源消费总量增长到6.027亿吨标准煤，1981年出现小幅下跌，减少0.083亿吨标准煤，而正是从1981年开始，此后每一年的能源消费总量都多于前一年的总量，没有下滑情况出现。

各类能源消费特征方面，煤仍是我国的最主要使用能源。这一时期内，原煤占总能源比重从1979年的71.30%变化至2000年的68.50%，下降了2.8个百分点，变化态势整体呈倒"U"形，转折点发生在1990与1991年间；原油占总能源比重整体呈"U"形态势，但占比变化程度不大，从1979年的21.80%变化至2000年的22.00%；这期间天然气占总能源比重从3.30%下降到了2.20%，其他能源占比小有提升，从3.60%增加到了7.30%，提升了3.7个百分点。

概括而言，改革开放后至加入WTO前，我国能源整体消费特征是：总量缓慢增加，各类型能源占比变化不大。主要能源消费特征是：煤耗是主导模式，油耗约占两成，天然气和其他能源比重仍然较低。

3. 加入WTO后（2001—2017年）

2001年至2017年我国继续鼓励发展可再生能源和提倡清洁能源的使用，更加关注可持续发展和环境问题，能源的稳定和安全供应已经基本实现。

2001年后，我国能源消费总量走势呈"J"形曲线，绝对消费量大幅增长，由2001年的15.555亿吨标准煤增至2017年的44.853亿吨标准煤，大约增加了两倍，年均增长率达6.84%。其中，能源消费年增长量最多的两个年份为2004和2005年，分别较上一年多出了3.320亿吨标准煤和3.109亿吨标准煤，都突破了3亿吨标准煤；同比增长量次多的年份为2003年、2006年、2010年和2011年，达到了2亿—3亿吨标准煤的水准；接着是2002年、2009年、2012年、2013年和2017年，同比增长量为1亿—2亿吨标准煤；最后是2008年、2014年、2015年和2016年，平均同比增长量也达到了0.070亿吨标准煤。

加入WTO以来，我国能源消费还是主要依赖于煤品，虽然2017年占比相对于2001年而言下降了7.60%，但是仍然以60.40%的比重占所有能源第一位。这一期间油品的消费占比略有下滑，从21.20%降至18.80%。天然气和其他能源的占比有所上升，分别增长了4.60%和5.60%，2017年这两类能源占所有能源消费的比例达到了20.80%。

总的来说，这一时期我国能源消费绝对量大幅增加，煤的消费占比下降，清洁能源占比提升。主要能源消费特征是：煤的消费在数量上仍处于绝对地位，但占比下降程度大，还有进一步下降的趋势；油品消费占比相对稳定，在18%左右波动；天然气和其他能源消费数量处于较为平稳的增长状态。

三 城镇化水平与能源消费的关系

城镇化水平与能源消费的关系概述，由两个部分组成：一是城镇化率和能源消费总量的关系研究；二是城镇化率的增速和能源消费增长速度的关系分析。

1. 城镇化率和能源消费总量的关系（1980—2017年）

改革开放以来，我国城镇化稳步推进的同时，能源消费总量也在快速增加，通过观察1980—2017年间能源消费总量和城镇化率走势，见图4-3，可以发现两者在整体上有着共同增长的趋势。1996年以前，即城镇化进入快速推进时期，我国能源消费总量稳步增长。而此后尤其是在2001年以后，我国城镇化进程进入加速发展阶段，能源消费总量也呈现快速增长的趋势。

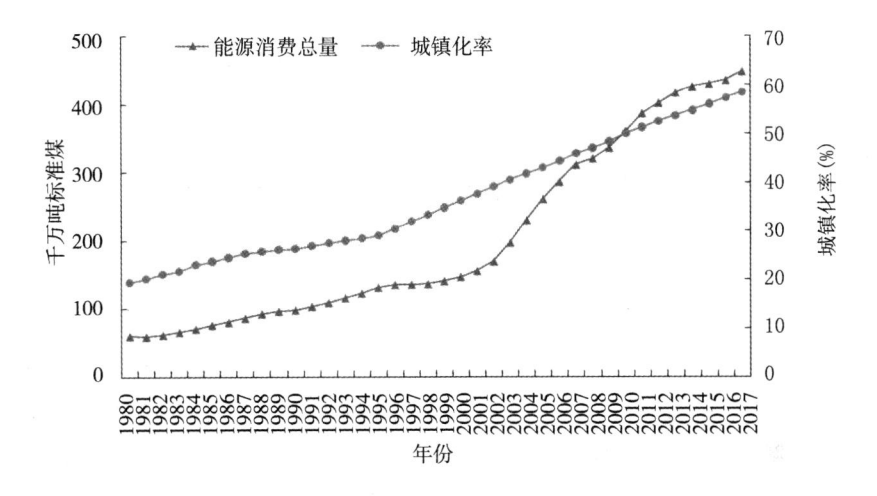

图4-3 城镇化率和能源消费总量走势图（1980—2017年）

进一步地，通过绘制城镇化率和能源消费总量的散点图，见图4-4，发现两者具有典型的正相关关系，相关系数高达0.98，这也初步说明我国由农业为主的传统乡村社会向以工业和服务业为主的现代城市社会逐渐转变的过程中，能源消费特征也在相应发生着变化：2000年及以前，随着城镇化率的增加，我国能源消费总量缓慢增长；2001—2013年，随着我国城镇化不断发展，大规模的城市建设刺激能源消费需求增强，使得能源消费总量迅速增长；2014年我国开始推进新型城镇化，两者较强的关系有变弱趋势。

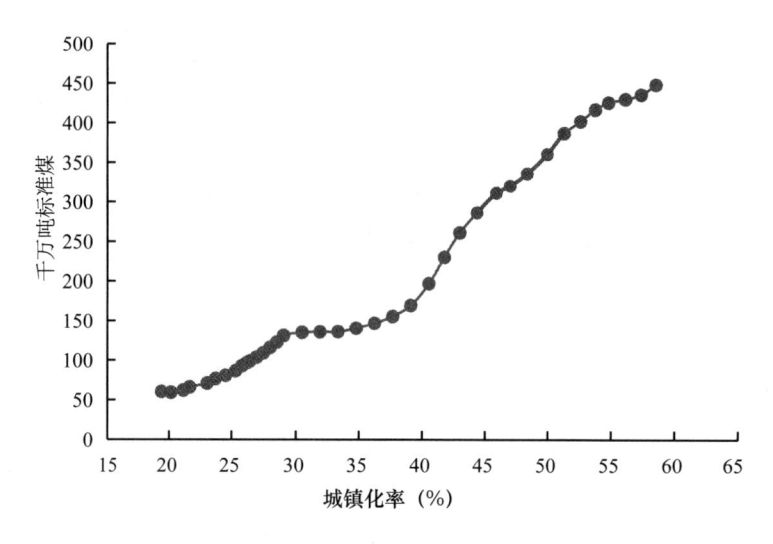

◈ 新型城镇化进程中的能源消费及其利用效率研究

图 4-4 城镇化率与能源消费总量的散点图（1980—2017 年）

2. 城镇化率增长速度和能源消费增长速度（1980—2017 年）

观察 1980—2017 年城镇化率增长速度和能源消费的增长速度走势图，见图 4-5，不难发现，除了 1981 年能源消费增长速度为负值外，其余年份两者取值均为正数，表明城镇化水平和能源消费量都在增长，而城镇化增长速度波动幅度较小，城镇化推进过程处于平稳增长状态。与此同时，除了个别年份的能源消费增长速度低于城镇化率增长速度外，大部分水平都在城镇化增长速度之上，这也间接表明，我国能源消费总量持续大幅增长的原因除了城镇化的发展外，还有其他重要因素。

综上所述，我国城镇化进程在 1996 年步入加速发展时期，一方面，城镇化规模不断提高，城市生活需求增加，带动了能源消费的增长，我国能源消费总量从 2001 年开始也进入了高速增长阶段。另一方面，能源是推动城镇化发展的重要引擎，如果能源供给无法与城镇化发展相协调，可能会阻碍城镇化的进一步推进。众多种类的能源中，煤炭消费的比重随着时间推移大幅度下降，但依旧是目前主要消费的能源，由于煤炭消费的高污染性，导致了城市环境问题严重，我国对清洁能源的推广和普及程度还有待提高。

第四章　我国城镇化进程中能源消费的变动特征

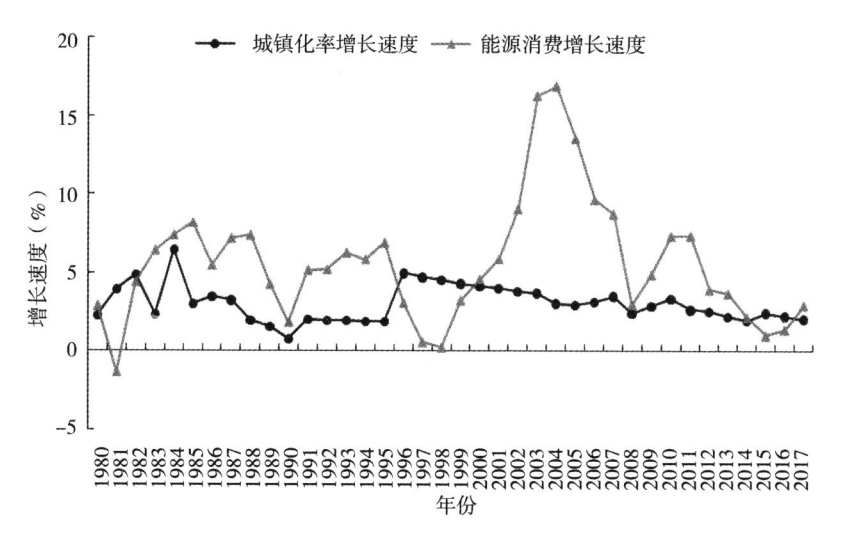

图4-5　城镇化率增速和能源消费增速图（1980—2017年）

总结来看，我国城镇化历程可以划分为三个阶段：起步阶段（1949—1978年），快速推进阶段（1979—1995年）和加速发展阶段（1996年至今）。我国城镇化起步时期曲折发展；中期快速推进，以异地城镇化为主导模式，并与就地城镇化相结合；1996年后进入加速发展时期，由于经济发达地区的生活成本上升，部分人口迁徙到中西部地区继续谋生，城镇化从原来的异地城镇化主导逐渐转变为现在的就地城镇化，2014年推进新型城镇化以来，我国全面进入以"人的城镇化"为核心、以提升城镇化质量为主的新阶段。与此对应的我国能源消费也可以划分为三个时期，如表4-1所示，第一阶段1953—1978年，能源消费基数小，但是年均增长率高，煤炭占比高，油品消费占比增幅最大，而天然气和其他能源没有显著变化。第二阶段为1979—2000年，该阶段的主要特征为能源消费总量缓慢增加，煤炭仍是主要能源。第三阶段为2001—2017年，该阶段的主要特征为能源消费总量大幅增加，煤炭占比大幅下降，油品消费占比变化小，而天然气、水电、核电、风电等清洁能源消费占能源消费总量比重进一步上升，能源清洁化发展趋势明显。

表4-1　　各时期我国能源消费特征（1953—2017年）

时间	能源消费增量（亿吨标准煤）	年均增长率（%）	整体消费特征	主要能源消费特征
1953—1978	5.17	9.89	基数小，年均增长率较高，增量较少	煤的消费占主导地位，油品消费占比增幅最大，天然气和其他能源没有显著变化
1979—2000	8.84	4.48	总量缓慢增加，各类型能源消费量变化不明显	煤仍是主要能源，约占七成；油品消费量次多，约占两成；天然气和其他能源的比重较小
2001—2017	29.30	6.84	总量大幅增加，各类型能源消费量有一定变化和趋势性	煤的消费占比降幅大，油品消费占比变化小，天然气和其他能源占比提升

第二节　我国城镇化进程中生产性和生活能源消费的变动特征

一　我国生产性能源消费的变动特征

1. 我国生产性能源消费的整体情况

生产性能源消费是指除生活能源消费之外的消费，根据能源统计年鉴的分类，包括"农、林、牧、渔业""工业""建筑业""交通运输、仓储和邮政业""批发和零售业、住宿和餐饮业"和"其他行业"。

城镇化的推进离不开产业的发展。从三次产业对城镇化的推动程度来看，农业是城镇化发展的基础，为其提供基本的生活物资以及工业发展的原材料；工业化是城镇化发展的基本动力和"加速器"，促进了生产、人口、消费和资金等在城镇集中，同时工业化为城镇化提供了强大的资金、物质和人才保障；服务业是城镇化的后续动力，无论是在产值还是在就业安置方面，服务业都为城镇化做出了巨大贡献。服务业大多属于劳动密集型行业，可以吸纳较多的劳动者就业，一定程度上促进了城镇化软硬件设施的完善和人民生活水平的提高。① 从图4-6②可以看出，虽然生活能源消费占比有所提高，但是生产性消费占比仍然达到87%以上，是社会能源消费的主要构成。

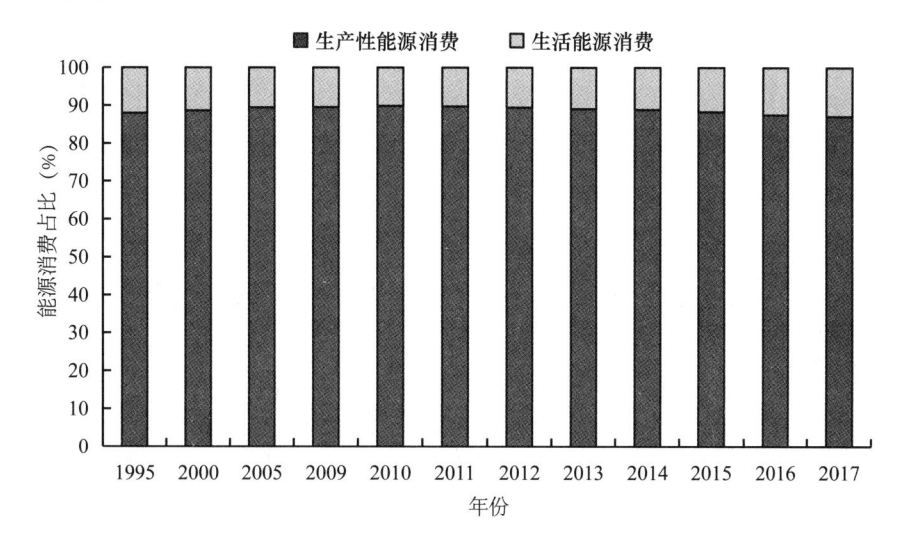

图4-6 生产性能源消费和生活能源消费占比情况（1995—2017年）

由图4-7不难发现，我国生产性能源消费的整体特征是：能源消费总量期初的变化不大，中期逐年攀升，末期回归平稳。

具体而言，1995年以来，我国生产性能源消费总量由11.54亿吨标准煤增加到了2017年的39.09亿吨标准煤，年均增长率为5.70%。在1995年至2000年间，每年的生产性能源消费总量有增有减，但变化幅度不大，平均维持在每年消耗11.95亿吨标准煤的水平。2001年加入世界贸易组织后，生产性能源消费开始逐年增加，从12.66亿吨标准煤升至2017年的39.09亿吨标准煤，年均增速为7.30%。尤其是在2001年至2013年间，生产性能源消费总量提升显著，2013年

---

① 杨利娟：《我国城镇化过程中产业发展问题浅析》，《经济研究导刊》2010年第11期。
② 由于1995—2017年间我国生产性能源消费与生活能源消费的占比情况变化并不明显，因此图4-6中没有进行连续年份作图，对于较远年份，仅列出了1995年、2000年、2005年等几个关键年份的占比图。

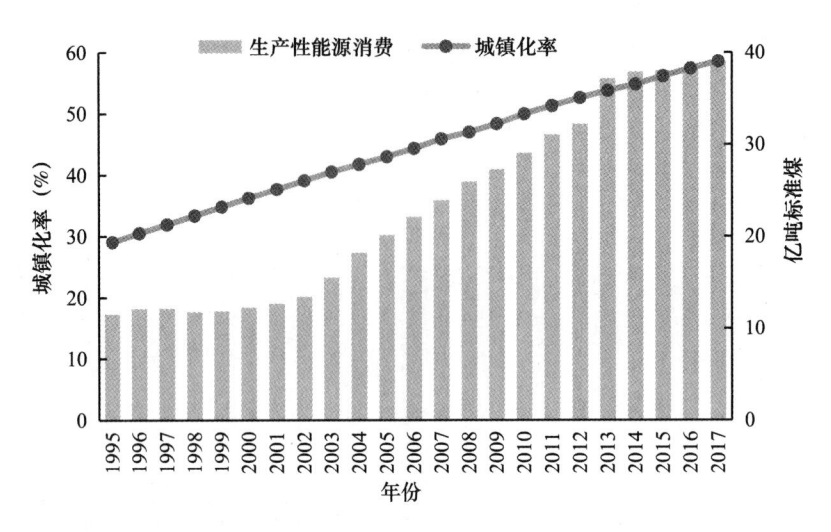

◆ 新型城镇化进程中的能源消费及其利用效率研究

图 4-7 城镇化率与生产性能源消费总量关系图（1995—2017 年）

的年消费量增加了 4.93 亿吨标准煤，达到历年增幅之最。随着 2014 年步入新型城镇化阶段，生产性能源消费总量的增速有所放缓。2014 年至 2017 年，4 年的生产性能源消费量分别为 37.86 亿、37.98 亿、38.16 亿和 39.09 亿吨标准煤，平均水平为 38.27 亿吨标准煤，表明近年生产性能源消费进入平缓期。

2. 我国生产性能源消费结构

（1）生产性能源消费的总体结构。对比 1995 年和 2017 年的各类能源的消费占比，见图 4-8，各产业终端煤炭消费占比有所下降，从 61.9% 降至 37.7%，但仍然是生产中的主要使用能源。电力热力的使用特征变化较为明显，消费占比从 15.3% 上升至 28.0%，成为第二大生产使用能源。而油品消费比重变化较小，由 20.1% 上升至 25.0%，天然气消费占比出现上升，由 2.2% 增至 7.5%，其他能源占比由 0.5% 上升至 1.8%。

（2）不同行业的能源消费情况。就各行业能源消费情况来看，见图 4-9，2017 年能源消费量较高的三个行业是：工业，交通运输、仓储和邮政业，批发和零售业、住宿和餐饮业，其能源消费分别为 302.31 千万吨标准煤、42.14 千万吨标准煤和 12.46 千万吨标准煤，

1995—2017 年间的年均增长率分别为 5.10%、9.67% 和 7.98%。另外，2017 年建筑业能源消费为 8.24 千万吨标准煤，1995—2017 年间的年均增长率为 9.89%，增速为各行业最高。

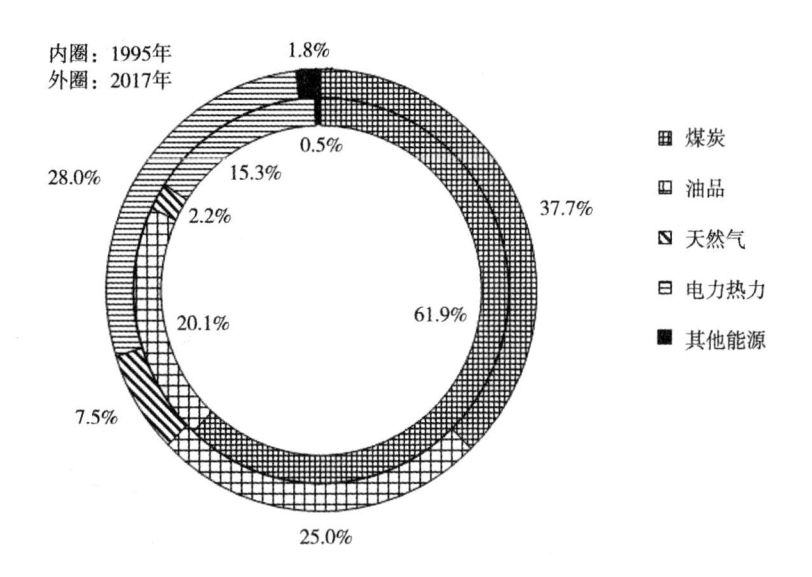

图 4-8　1995 年和 2017 年产业部门终端能源消费

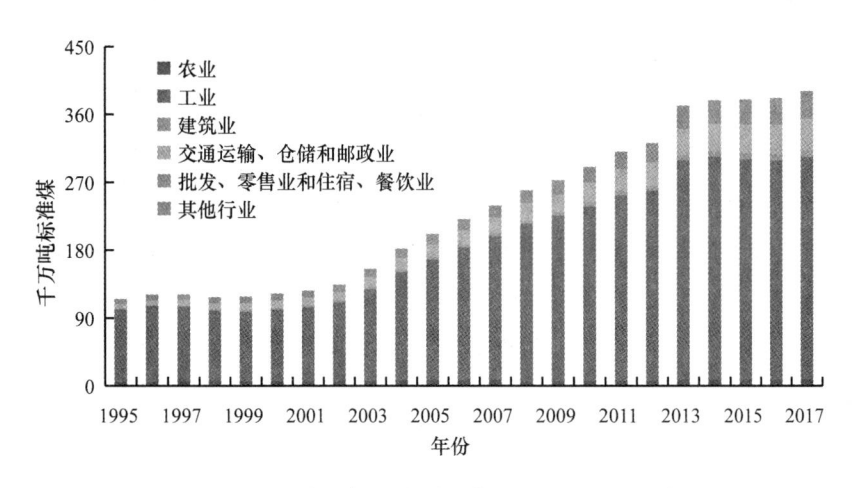

图 4-9　分产业年份能源消费量（1995—2017 年）

显然，工业部门消耗了大部分生产能源，1995年工业部门在生产终端能源消费占比达83.3%，2017年有所下降，但占比仍达到75.9%。与居民生活息息相关的部门（建筑业，交通运输、仓储和邮政业，批发和零售业、住宿和餐饮业）能源消费占比有所提升，从8.0%上升到了15.8%。农、林、牧、渔业的占比由4.8%下降到2.2%，其他行业能源消费占比由3.9%上升到6.1%。

（3）不同品种能源在不同行业中的消费情况。为了细化各类型能源在不同行业的消费变化，基于能源数据在各行业的完整性和及时性以及能源的代表性，此处选择了三种能源：煤炭、油品和电力热力，以分析其在1995年和2017年中各行业的消费占比变化，见图4-10。煤炭消费方面，见图4-10（a），工业始终处于主导地位，消费占比从1995年的90.4%增加到2017年的92.5%，其余行业的煤炭消费量一直处于较低水平，消费占比变化不大。

油品消费方面，见图4-10（b），1995年油品消费中工业占比为53.7%，2017年该占比降为35.3%，而交通运输、仓储和邮政业的油品消费占比21.4%上升到45.3%，成为油品消费占比最高的行业。另外，农、林、牧、渔业的消费占比由9.4%下降到3.7%，建筑业消费占比由1.9%提高到7.2%，批发和零售业、住宿和餐饮业占比由2.7%下降到1.3%，其他行业的消费占比由10.9%下降到7.2%。随着城镇化的推进，与居民生活相关的服务行业迅速发展，引起对油品需求的增加。

电力热力消费方面，见图4-10（c），无论是从1995年还是2017年来看，工业都是电力热力的主要消费行业，1995年其消费占比为86.7%，2017年有所下降，但是仍高达81.7%。农、林、牧、渔业消费占比由5.4%下降到1.9%，建筑业消费占比由1.5%下降到1.3%，交通运输、仓储和邮政业消费占比由1.7%上升至2.4%，批发和零售业、住宿和餐饮业消费占比由1.9%上升至4.3%，其他行业的消费占比由2.9%上升到8.4%。

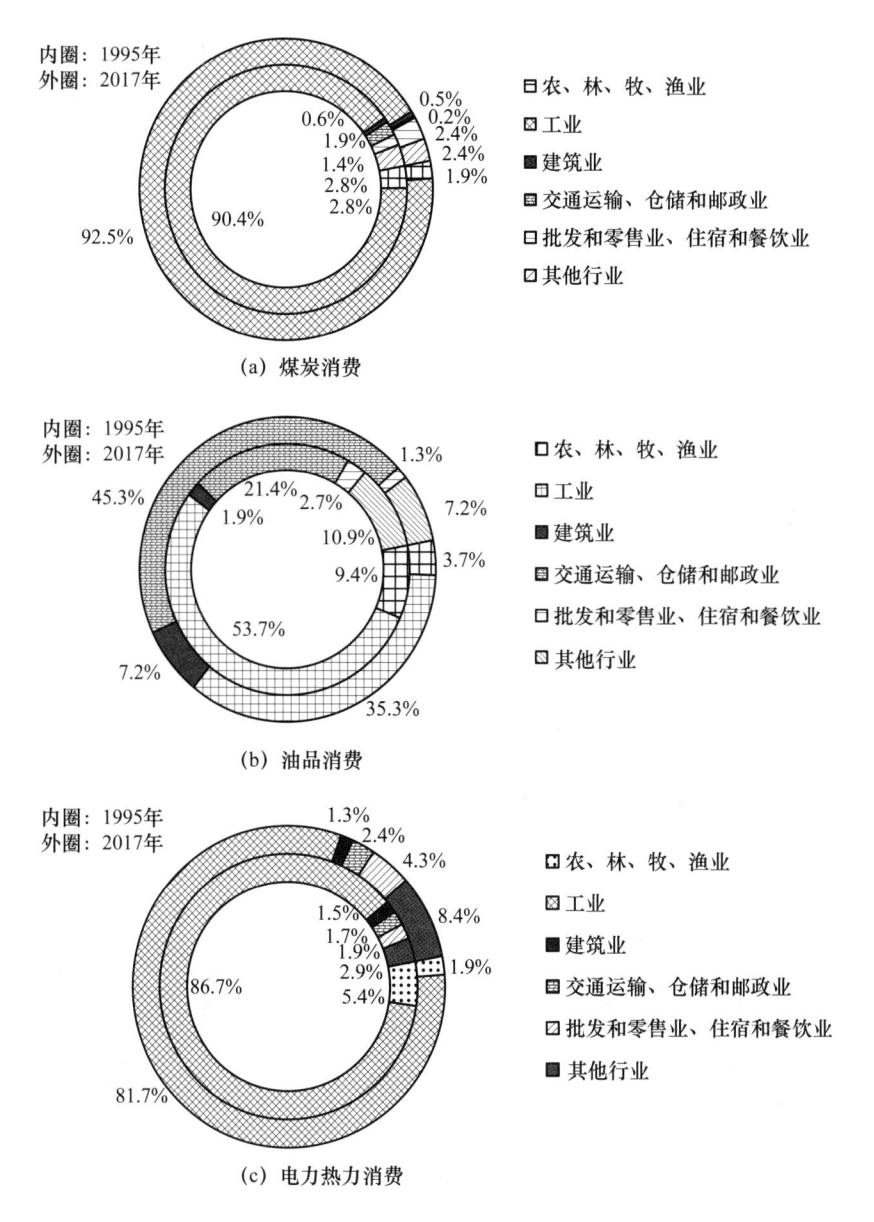

第四章 我国城镇化进程中能源消费的变动特征

(a) 煤炭消费

(b) 油品消费

(c) 电力热力消费

图 4 - 10　1995 年和 2017 年三类能源在各行业的消费比重对比图

预计煤炭仍然是我国未来一段时期的基础支撑性能源，这主要是由我国资源禀赋造成的，我国是一个"贫油富煤"的国家，然而煤炭污染相对于石油来说更为严重一些,这也是近年深受环境污染困扰的原因之一。不过,我国能源供给侧结构性改革成效明显,供给质量持续改善,能源利用效率不断提升。我国能源消费正在走上节能降耗、集约高效的新道路,下一步能源消费计划,要逐步降低煤炭的消费比重,提升天然气和可再生能源的使用率,并稳定石油消费局面。

二 我国生活能源消费的变动特征

1. 我国居民家庭能源消费总量和占比快速增长

居民家庭生活能源消费包括直接能源消费和间接能源消费。直接能源消费是指居民家庭对各种类型能源的直接使用行为,包括照明、取暖、交通、做饭等生活中消耗的能源。本章主要分析居民家庭的直接能源消费。

近年来,我国居民家庭的直接能源消费大幅上升。如图4-11所示,1980年我国居民家庭的直接能源消费为9583万吨标准煤,2017年上升到5.76亿吨标准煤,增长了5倍,年平均增长率达到4.97%。

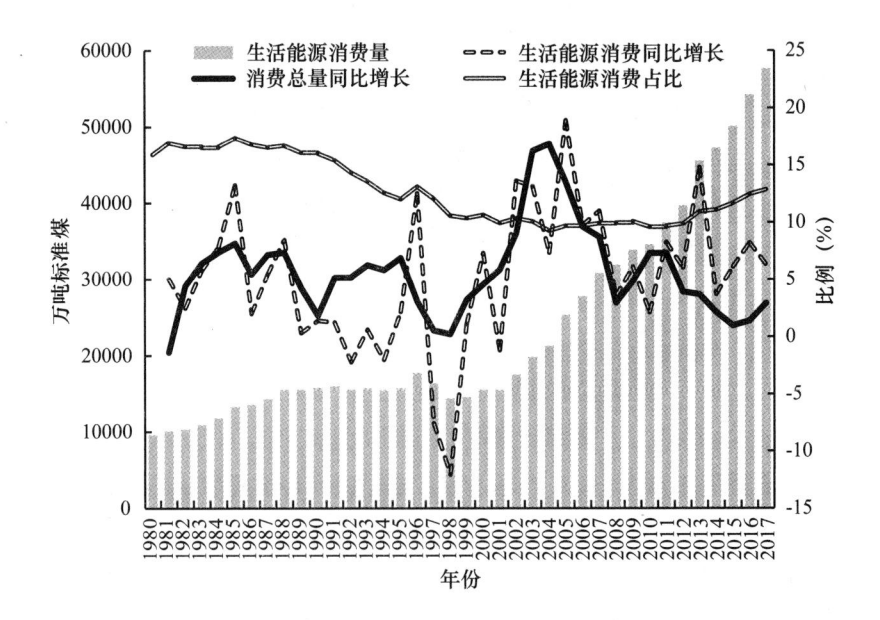

图4-11 我国居民家庭生活能源消费总量和增长情况(1980—2017年)

在 1981—2004 年间，居民部门能源消费的增速基本低于能源消费总量的增速，在这一期间，两者的平均增速分别为 3.38% 和 5.74%。但是自 2005 年起，除 2010 年外，居民家庭的能源消费的增速就持续高于全社会能源消费总量，2013 年的居民家庭能源消费增速达到了 14.79%，这一时期居民部门能源消费的平均增速达到 7.1%，而能源消费总量平均增速下降至 4.6%，居民部门能源消费在全社会能耗总量中的占比由最低点 2004 年的 9.24% 提高到 2017 年的 12.8%，已经超过交通运输、仓储和邮政业，成为能源消费的第二大部门。同时居民部门能源消费对能源消费总量增长的贡献度越来越大，2015 年和 2016 年贡献度甚至达到了 70% 左右，而同期工业部门的能源消费连续下降。可见近年来居民部门的能源消费是我国能源消费增长的重要驱动力和贡献因素。

2. 我国居民家庭人均能源消费快速增长，但仍低于发达国家水平

如图 4-12 所示，从居民家庭人均生活能源消费水平来看，2017 年我国居民家庭人均能源消耗为 415.6 千克标准煤，是 1980 年的 3.71 倍，年均增长速度为 3.61%。在 1980—2002 年期间，由于人口增长的作用，居民人均能源消费增长缓慢，在一些年份还出现了明显

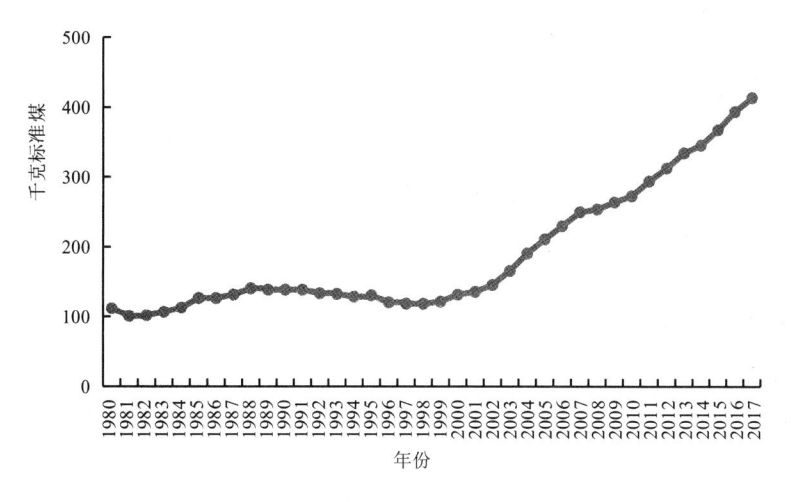

图 4-12 我国居民家庭人均能源消费（1980—2017 年）

的下降，年均增速仅为0.82%。但是自2003年之后，家庭能源消费总量的快速提高伴随着人口增速的放缓，我国居民人均能源消费大幅增长，2003—2017年的年均增速达到7.84%。

但是即使我国居民人均能源消费快速增长，仍远低于发达国家。根据IEA的统计，在OECD成员国中，即便不包括交通用能，2016年居民用户的能源消费在终端部门能源消费总量中平均占比也达到20%。根据《中国家庭能源消费研究报告（2014）》，2012年我国居民用能为美国居民2009年生活用能的44%、欧盟27国2008年生活用能的38%。发达国家的经验表明，居民部门已经成为能源消耗的重要部门，虽然经过大幅增长，但是我国目前人均家庭能源消费还处于较低水平。可以预见，随着居民收入增长以及居民生活质量的进一步提升，我国居民部门的能源消耗将继续保持快速增长。

3. 城镇居民家庭能源消费总量快速增长

如图4-13所示，2017年城镇居民家庭生活用能总量为3.38亿吨标准煤，是1980年的5.31倍，是2017年农村居民家庭生活用能总量的1.40倍，占比是58.40%，年均增长率是4.62%。[①] 可以看到随着城镇化进程的快速推进，居民不断地由农村向城镇转移，人口规模的扩大导致城镇家庭能源消费总量快速增长。另外，城镇化的快速发展伴随着城镇居民收入的快速增长，随之而来的是家用电器、交通工具、娱乐活动等消费支出的大幅增长，导致城镇居民在交通出行、照明、炊事、家庭生活等方面消费更多的能源。

另外由图4-13可以看到，近年来即使在农村人口下降的情况下，农村居民家庭的能源消费总量仍在快速增长。2017年农村居民家庭的能源消费为2.41亿吨标准煤，是1980年的5.03倍，年均增长率是4.47%，在人口数下降的情况下，农村居民家庭能源消费的大幅上升完全源于人均能源消费的快速增长。

---

① 城镇和农村居民家庭生活用能总量利用《中国能源统计年鉴》公布的城镇人均生活用能量乘以城镇和农村人口数得到，与国家统计局公布的生活能源消费量略有不同。

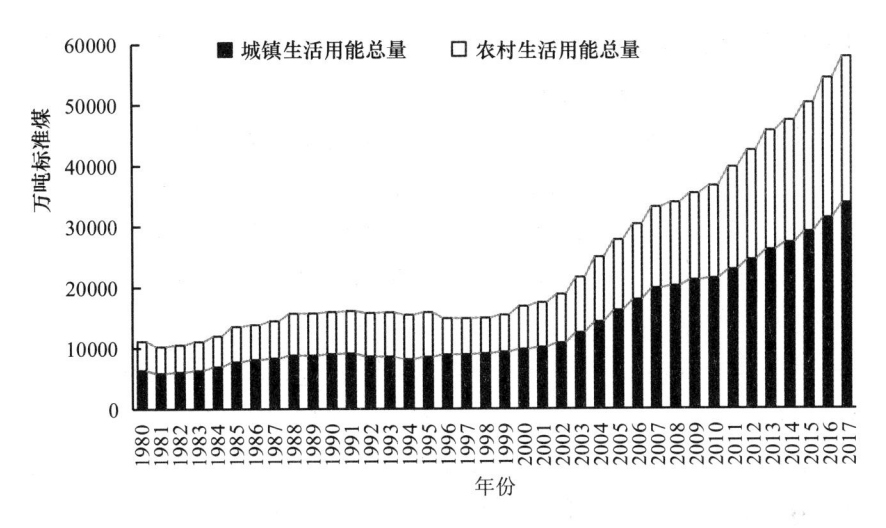

图 4-13 我国城镇和农村家庭居民生活能源消费总量（1980—2017 年）

4. 农村居民家庭人均直接能源消费快速增长

如图 4-14 所示，从居民家庭人均能源消费来看，1980—2017 年，我国城镇居民家庭人均直接生活能源消费量呈现先下降后波动上

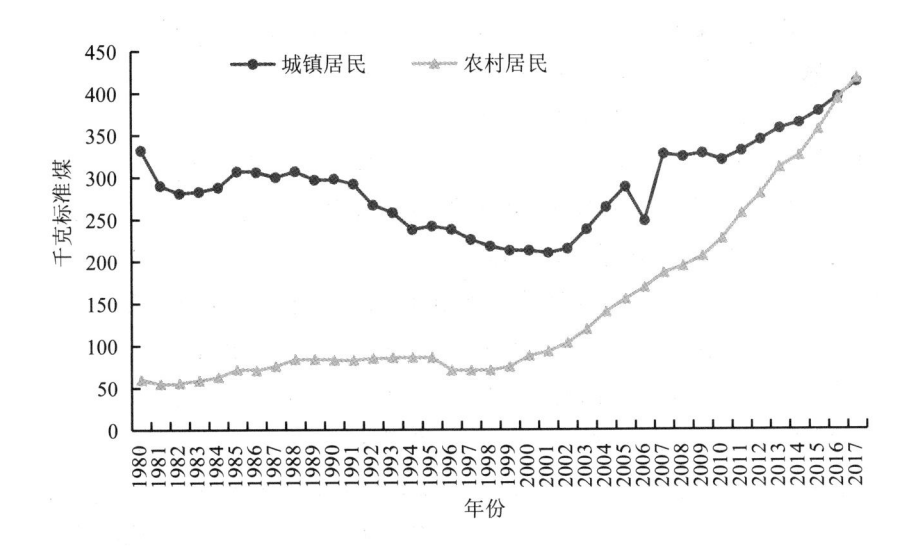

图 4-14 我国城镇和农村居民人均能源消费量（1980—2017 年）

升的趋势，而农村居民家庭人均直接生活能源消费量除了在1996年短暂下降外，一直呈现快速增长趋势。

1980年，城镇居民家庭和农村居民家庭的人均能源消费分别是332千克标准煤和60千克标准煤，农村居民家庭不足城镇居民家庭的五分之一。城镇居民家庭的人均能源消费呈现先下降后上升的"U"形走势，而农村居民家庭的人均能源消费仅在1996年出现小幅下降之后便快速上升。在2017年，两者分别上升到415千克标准煤和417千克标准煤，农村居民家庭的人均能源消费首次超过城镇居民家庭。城镇居民家庭的人均能源消费年均增速仅为0.6%，而农村居民家庭的人均能源消费年均增速达到5.38%。2000年之后，农村家庭的人均能源消费增速之所以高于城镇家庭的人均能源消费增速，很大一部分原因是近些年国家政策不断向农村倾斜，先后出台各项政策扶持农村的发展、帮助农村脱贫，农村居民收入较前些年明显改善，农村居民生活水平明显提高、购买力提升，在冰箱、空调、电脑、私家车的支出明显增加，带动生活使用的能源消费量增加，加上农村居民数量减少，使得农村居民家庭的人均能源消费增加十分明显。

作为世界上人口最多的发展中国家之一，我国正处于城镇化的快速发展阶段。1978—2017年的40年间，我国城镇人口扩大了4.8倍，从1.72亿增加到8.31亿人，城镇化率由17.9%上升到59.6%。即使城镇化率较高的省份在未来农村人口向城市迁移的速度将有所放缓，但是中西部城镇化率较低的省份的城镇化还将快速发展。根据联合国经济和社会事务部（UNDESA）公布的《2018年世界城市化趋势》报告显示：预计到2050年，我国将增加城市居民2.55亿人。城镇化的推进不仅意味着城镇人口比重提高，更涉及居民消费水平和能源消费结构等诸多方面的变化，特别是供热、做饭、个人清洁等方面的能源消费类别和消费形式都会出现快速转换，如家庭的分散式燃煤取暖可能直接转化为热力集中供暖，城镇化集约式用能方式的优势将逐渐体现。可以预见，随着居民收入的不断提高，我国居民家庭能源消费的增长趋势还将持续，同时城镇化集约用能方式对于能源的节约使用将发挥作用。

5. 居民家庭能源消费结构清洁化发展

我国城乡居民家庭能源消费结构体现出两个重要特征。①

第一，居民家庭能源消费结构清洁化水平大大提高。见图4-15，2000年我国城乡居民煤炭消费6145万吨标准煤，占比为51.2%，以汽油和柴油为主的石油消费701万吨标准煤，占比为5.8%，液化石油气和天然气合计消费为1901万吨标准煤，占比15.8%，电力和热力消费分别为1784万吨标准煤和792万吨标准煤，占比分别为14.9%和6.6%，其他能源消费689万吨标准煤，占比为5.7%。而2017年，煤炭消费6928万吨标准煤，占比下降到16.8%，电力消费为11149万吨标准煤，占比上升到27%，成为能源消费占比最高的品种，其次是液化石油气和天然气合计消费为11035万吨标准煤，占比上升到26.7%，石油消费5868万吨标准煤，占比为14.2%，热力

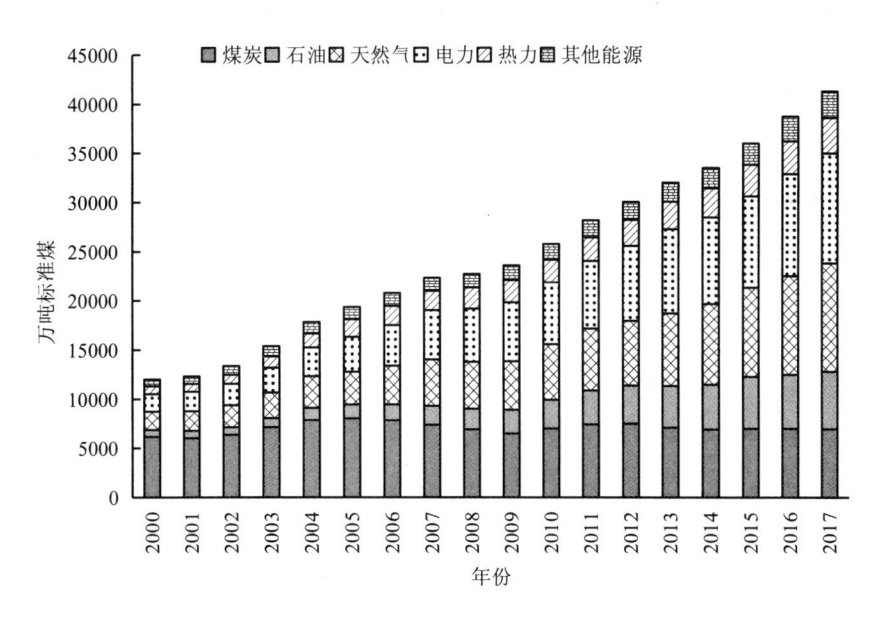

图4-15 我国城乡居民能源消费量结构（2000—2017年）

---

① 数据来源为历年《中国能源统计年鉴》，折算方法为电热当量计算法，与发电煤耗计算法得到的结果不同。

消费3626万吨标准煤，占比为8.8%，其他能源消费2693万吨标准煤，占比为6.5%。

第二，如图4-16和图4-17所示，虽然城市和农村的居民家庭能源消费结构都向清洁化转化，但是城镇居民家庭的转化更为彻底。2000年至2017年，城镇居民煤炭消费由2067万吨标准煤下降到898万吨标准煤，占比由30.4%下降到3.7%，这不仅仅是由于其他能源产品消费的增加，更是因为煤炭消费量的绝对数值出现大幅下降。液化石油气和天然气的合计消费由1748万吨标准煤上升至9622万吨标准煤，占比由25.7%上升到39.4%，占比达到最高，电力消费由1139万吨标准煤上升至6098万吨标准煤，占比由16.7%上升至24.9%，而石油消费由470万吨标准煤上升至3772万吨标准煤，占比由6.9%上升至15.4%，热力消费由792万吨标准煤上升至3626万吨标准煤，占比由11.6%上升至14.8%，其他能源消费由586万吨标准煤下降至432万吨标准煤，占比由8.6%下降为1.8%。

2000年至2017年间，农村居民家庭的煤炭消费占比虽然由4078万吨标准煤上升至6029万吨标准煤，占比由70.1%大幅下降至35.4%，但仍然是农村居民家庭最主要的消费能源，其消费量也增长了47.9%。即使2017年已经有部分地区实施了农村"煤改气"项目，但是煤炭消费的下降幅度依然非常有限。电力消费由645万吨标准煤上升至5051万吨标准煤，占比由11.1%上升至29.7%，石油消费由231万吨标准煤上升至2096万吨标准煤，占比由4.0%上升至12.3%，而液化气和天然气合计消费由154万吨标准煤上升至1412万吨标准煤，占比由2.6%上升至8.3%，而且农村居民家庭对这三类能源产品消费量的增速都高于城镇居民家庭。值得注意的是，其他能源消费由712万吨标准煤上升至2409万吨标准煤，占比由12.2%上升至14.2%。煤炭在居民家庭能源消费中占比的迅速下降以及能源消费结构的变化反映了国家在能源消费结构调整方面所做出的努力，也反映了在社会经济向前发展的大背景下，人们的能源选择趋向于更加清洁、高效和便利的能源类型。

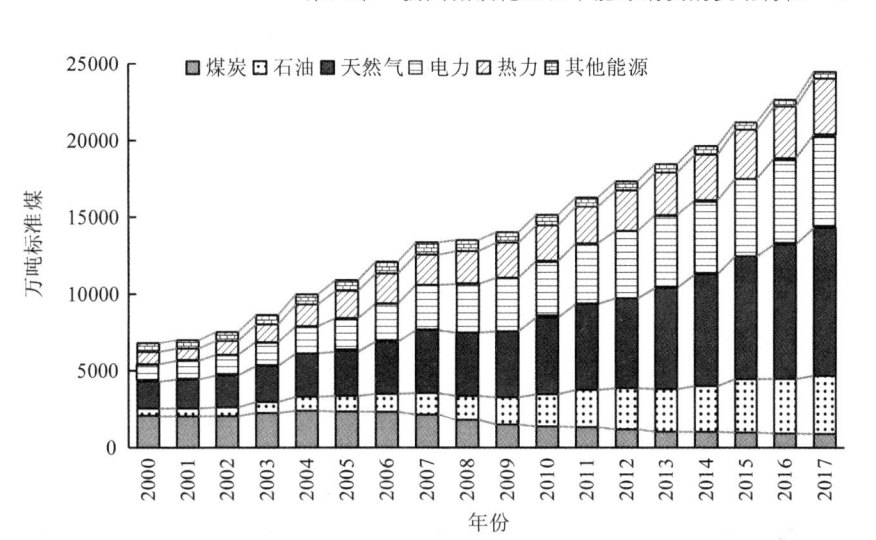

图 4-16 我国城镇居民家庭能源消费量结构（2000—2017 年）

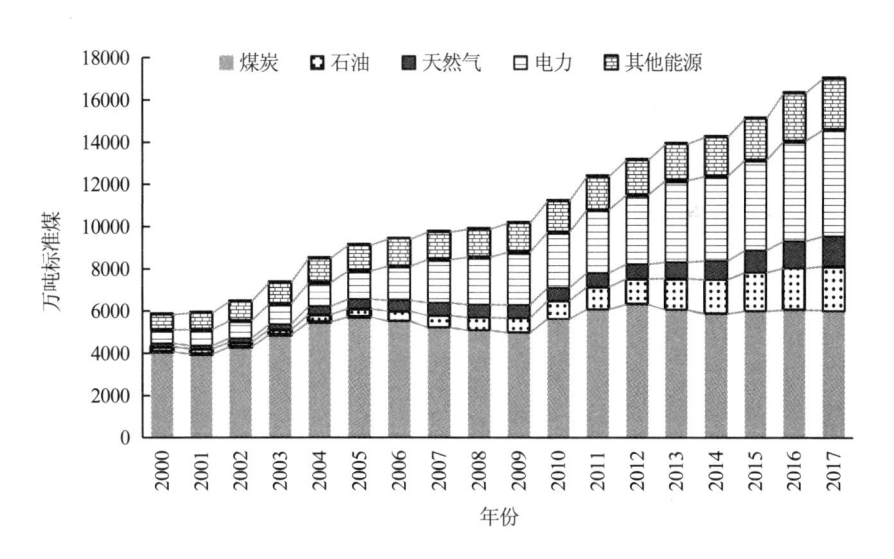

图 4-17 我国农村居民家庭能源消费量结构（2000—2017 年）

总体来看，我国进入城镇化加速发展阶段以来，居民家庭对于电力的消费不断增加，电力已经成为城镇居民家庭的主要使用能源；随着城镇化的推进，煤炭的消费量不断减少，但仍是农村居民家庭的重要使用能源；天然气和液化石油气占比不断提高，尤其是天然气已经成为城镇居民家庭最重要的能源消费来源。

从城乡居民家庭人均能源消费和消费结构的对比可以看出，城镇化进程对居民家庭生活能源消费的影响，具有正、反两向的影响机制：城镇化的推进能使居民收入水平提高，继而增加生活能源消费需求，引起生活能源消费总量的增加，但同时，城镇化也会提升居民的节能减排意识，增强对清洁、高效能源的偏好，也有助于新技术提升，从而抑制生活能源消费。

6. 我国居民家庭能源消费总量的变化分解

将城镇和农村居民家庭能源消费总量的年度变化都分解为人口总量变化、城镇化发展和人均能源消费变化这三个因素，并将其表示在图4-18和图4-19上，可以看到，城镇化率的提升和人均能源消费增长是导致城镇居民家庭能源消费增长的主要因素。

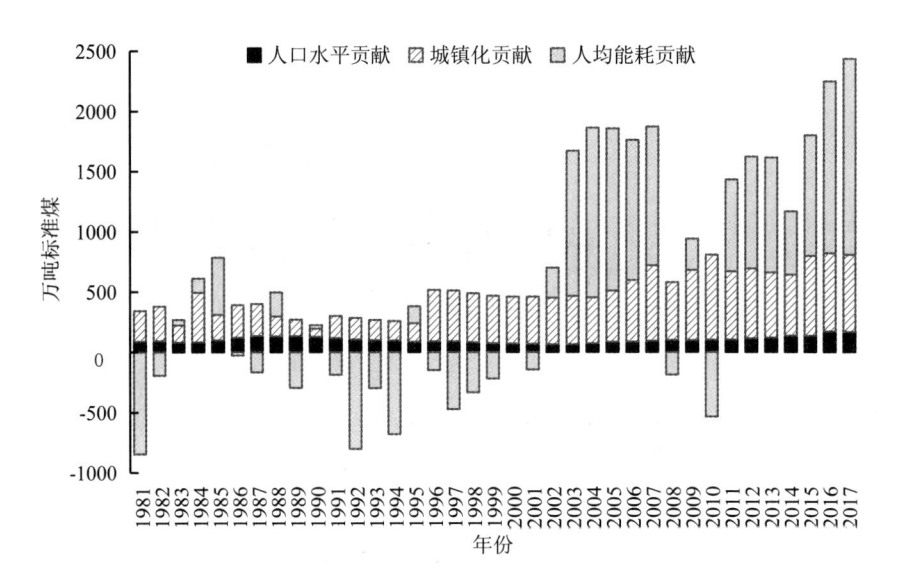

图4-18 我国城镇居民家庭能源消费量年度变化分解（1981—2017年）

1981—2017年，城镇居民家庭能源消费增加了27404.53万吨标准煤，由于城镇化的提升导致消费总量上升了14143.24万吨标准煤，贡献率为51.6%。随着城乡人口结构变动和空间再分布，越来越多的农村人口向城镇地区聚集,城镇人口的增加使得城镇居民生活能源消费总量不断扩张。由于人均能源消费的增长导致消费总量上升了9478.55万吨标准煤,贡献率为34.6%,人口增长导致城镇居民家庭能源消费总量增加3782.74万吨标准煤,贡献率为13.8%。而在农村,由于城镇化快速推进导致农村人口的减少,农村居民家庭能源消费总量下降了7619.17万吨标准煤,贡献率为-39.5%,而人均能源消费的大幅提升导致能源消费总量上升了24078.7万吨标准煤,贡献率为124.9%,人口增长导致农村居民家庭能源消费总量增加2811.21万吨标准煤,贡献率为14.6%。可见,虽然城镇居民家庭的能源消费占的比重较大,但是如何降低农村居民家庭人均能源的快速增长是未来控制居民部门能源消费的重要任务,也是全社会节能目标顺利实现的关键内容。

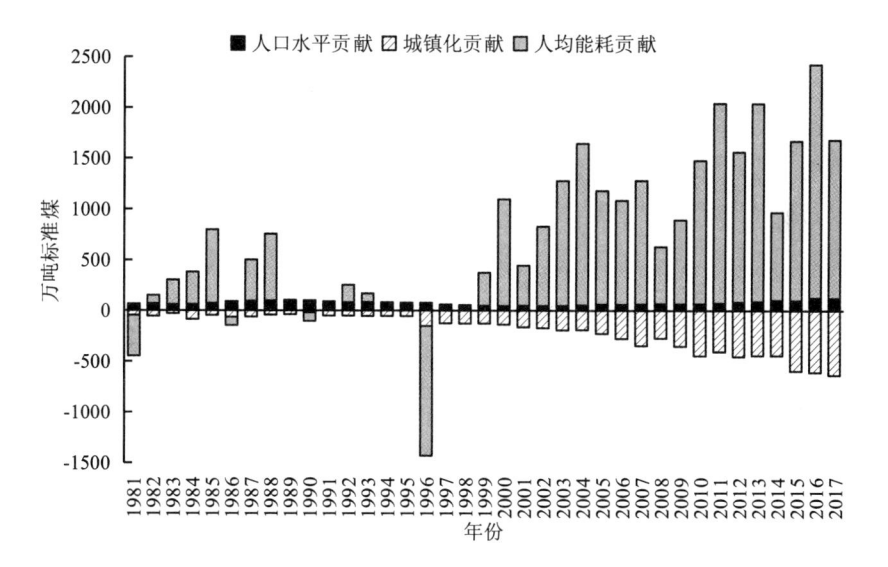

图4-19 我国农村居民家庭能源消费量年度变化分解(1981—2017年)

第三节 本章小结

本章对我国城镇化进程中能源消费的变动特征进行了综合分析。

首先基于城市经济学理论，总结我国新型城镇化所处的阶段和变动特征。然后基于能源经济学理论，分析我国新型城镇化发展过程中能源消费的动态变化和发展规律。接下来对我国能源消费变动特征进行描述，对比分析生产和生活的能源消费特征、城镇和农村居民家庭能源消费特征。

总结来看，我国城镇化经历了起步阶段、快速推进阶段和加速发展阶段，与此对应的我国能源消费也划分了三个时期，在城镇化发展的不同阶段，能源消费也呈现了鲜明的特征。2000年及以前，随着城镇化率的增加，我国能源消费总量缓慢增长；2001—2013年，随着我国城镇化不断发展，大规模的城市建设刺激能源消费需求增强，使得能源消费总量迅速增长；2014年我国开始推进新型城镇化，两者较强的关系有变弱趋势。另外能源消费品种也从以煤炭为主逐渐向天然气、石油以及清洁能源发展，但是煤炭依然是我国最主要的能源消费来源。这说明我国由农业为主的传统乡村社会向以工业和服务业为主的现代城市社会逐渐转变的过程中，能源消费特征也在相应发生着变化。

生产性能源消费占到我国能源消费的87%以上，而且工业部门耗能一直处于较高水平，煤炭仍是工业的主要使用能源；与居民生活息息相关的商业部门（交通运输、仓储和邮政业，批发和零售业、住宿和餐饮业等）的用能占比逐渐提升。

近年来，我国居民家庭的能源消费大幅上升，已经超过交通运输、仓储和邮政业，居民部门成为能源消费的第二大部门。同时居民部门能源消费对能源消费总量增长的贡献度越来越大，成为我国能源消费增长的重要驱动力和贡献因素。我国居民家庭人均能源消费快速增长，但仍低于发达国家水平。由于快速城镇化带来的人口规模扩大效应和收入提高效应，城镇居民家庭能源消费总量快速增长，而农村居民家庭人均能源消费的增速要高于城镇居民家庭，如何降低农村居民人均能源的快速增长是未来控制居民部门能源消费的重要任务，也是全社会节能目标顺利实现的关键内容。居民家庭的能源消费结构体现了两个重要特征：首先是居民家庭能源消费结构清洁化水平大大提高，其次是城镇居民的清洁化转化更为彻底。可以预见，随着居民收入增长以及居民生活质量的进一步提升，我国居民家庭能源消费的增长趋势虽然还将持续，但是城镇化的集约用能方式对于能源的节约使用将发挥作用。

第五章　城镇化建设中经济波动对能源消费的非对称性影响分析

我国作为世界上经济增长最快的国家之一，同时也是一个能源生产和消费大国。目前已经有大量研究在城镇化建设背景下从经济增长、工业化发展、产业结构、居民消费等多个角度对我国能源消费总量和发展趋势进行了预测和分析。其中经济增长对能源消费的影响无疑是非常重要的，而一直以来能源消费与经济增长之间的内在依从关系都是一个能源研究领域的热点问题。然而，经济活动围绕经济发展的总体趋势会表现出有规律的扩张和收缩，即宏观经济周期性波动是经济运行的常态，能源消费与 GDP 的联动性在经济周期的不同阶段也并不总是一致，而是呈现出不同的特征。大量研究发现如果对能源消费量进行预测时忽略了经济周期性波动对能源消费及能源结构影响的差异性，其预测的准确性将难以得到保证，那么节能政策效果也会大打折扣。

另外，研究学者也发现，城镇化不仅会影响人力资本积累、土地集约利用、技术创新和扩散、规模效应、产业结构升级等供给因素，同时也会影响消费、私人投资、政府支出和外贸进出口等总需求，因此城镇化推进会从总供给和总需求两方面对宏观经济造成冲击效应，城镇化进程与宏观经济波动之间存在正向一致性。此外，还有研究学者发现我国产出波动的最主要解释因素是与投资相关的冲击[①]，而城

[①] 郭庆旺、贾俊雪：《中国经济波动的解释：投资冲击与全要素生产率冲击》，《管理世界》2004 年第 7 期；仝冰：《混频数据、投资冲击与中国宏观经济波动》，《经济研究》2017 年第 6 期。

镇固定资产投资增长率是 GDP 增长率的格兰杰原因，城镇固定资产投资的高速增长会推动经济的高速增长，而投资增长率的大幅下降也会拉低 GDP 增长率。

因此在新型城镇化背景下，分析经济周期性波动对能源消费的影响及其程度，探讨经济在"经济扩张期"和"经济收缩期"对能源消费的影响是否相同①，准确把握经济周期性波动与能源消费之间的演变规律，对于科学预测我国能源消费以及煤炭、石油、天然气、电力等不同类别的能源消费和变化趋势，根据经济波动对能源消费影响的特点制定更加细化有效的节能政策和稳定的节能路径，从而顺利实现节能和调整能源结构目标具有重要意义。

本章使用我国 1978—2018 年的数据，实证分析我国经济周期性波动对能源消费的影响，并对"经济扩张期"和"经济收缩期"影响的差异性进行判别，对研究结果进行稳健性检验，进而采用分类别、分行业的能源消费数据深入探讨影响的形态和其内在驱动因素。本章就经济波动对能源消费的非对称性影响进行的分析为能源消费研究提供了一个新角度，其有助于深入和细化节能效果和原因的研究，强调制定和实施节能减排政策时应充分考虑经济波动对能源消费的非对称性影响，从而提高能源消费总量预测的准确性，促进能源强度和能源消费总量下降目标的实现。

第一节 经济波动对能源消费影响的研究现状和意义

经济增长是能源消费最重要的影响因素，很多研究机构和学者基

---

① 理论上，经济周期表现为繁荣—衰退—萧条—复苏四个阶段的循环往复。改革开放以来，虽然我国宏观经济呈现出高速增长、大幅波动并存的特征，但尚未有真正意义上的萧条，而只是经济增速的相对回落。虽然可以应用增长型周期的分析方法，测得经济增长的"拐点"，但其实际上只是明显的经济波动，难以判定为经济周期，为区分这一点，本书在分析中采用"经济波动"用以区别于经济周期，同时采用"经济扩张期"和"经济收缩期"来代替"繁荣"和"衰退"的表述。

于能源消费和国内生产总值（GDP）之间存在较强的联动性，采用平均经济增长率或者以高、中、低等不同情景下的经济增长率作为模拟参数对全球、国家或地区层面的能源消费进行预测。比如 Golosov 等人（2014）使用平均经济增长率和 CGE 模型预测化石能源消费，其结果对节能政策的制定和实施产生了重要的影响。然而，能源消费与 GDP 的联动性在经济周期的不同阶段也并不总是一致，而是呈现出不同的特征。2014—2018 年间，全球经济呈现先增速后减速的变动趋势，而全球能源消费则在稳步下降后于 2017 年起再度上升，经济增长和能源消费表现出明显的非同步性变化。总体来看，我国能源消费和经济增长呈现较强的同步性，但 Wang & Jiang （2019）的研究却发现，我国在 2018 年经济增速继续放缓的情况下，能源消费同比增长 2.5%，增幅达到了近年来的新高。这些新情况表明，对能源消费总量进行科学预测对于合理地设定能源强度和消费总量下降目标有着至关重要的影响，但是如果对能源消费进行预测时忽略了经济周期性波动对能源消费及能源结构影响的差异性，其预测的准确性将难以得到保证，那么节能政策效果也会大打折扣。

近年来，由于全球经济增速的总体趋缓、降低能源消费增速和调整能源结构任务的紧迫性，关于经济周期对能源消费影响的议题也引起了环境经济学领域的持续关注。越来越多的学者关注到经济周期的冲击（正或负）对能源消费的影响，并在测算能源消费收入弹性（1% 的 GDP 变化导致能源消费变化的百分比）的基础上，观察其在经济扩张期和收缩期是否存在明显差异。Narayan 等人（2011）从实际经济周期理论出发，发现短期内的永久性冲击是造成能源消费和工业生产变化的主要原因。多位学者的研究发现，经济在上行期和下行期对碳排放的影响存在非对称性，但是结论并不一致：一些实证结果发现经济衰退会导致全球化石能源消费的同步下降，但随着经济的复苏，化石能源消费强度增长迅速，经济扩张期的能源消费收入弹性高于经济收缩期，但是同时也有学者发现 GDP 下降会导致工业能源强度下降更多。有学者发现经济扩张期和收缩期的能源消费收入弹性间的非对称性在不同国家之间存在严重的异质性。

经济周期对能源消费的影响研究具有较强的现实应用价值，但目前国内关于我国经济增长和能源消费的研究主要集中于分析经济增长导致能源消费总量变化、经济发展水平对能源强度和能源效率的影响等方面，尚没有就我国经济波动对能源消费的影响特别是非对称性影响进行深入分析和实证检验。代帆（2010）对能源消费增长率和GDP增长率数据进行滤波分解、剔除趋势成分，研究二者的波动关系，但是并没有分析经济在上行周期和下行周期对能源消费的影响。郑丽琳和朱启贵（2012）构建包含环境约束的动态随机一般均衡模型，模拟分析了技术冲击、能源消费二氧化碳排放与我国经济波动之间的关系，认为生产技术和环保技术的冲击导致最优污染排放变动的顺周期和逆周期性。谢品杰和黄晨晨（2015）对我国1978—2013年间经济周期进行划分，计算了不同经济周期内能源消费碳排放强度与能源强度、产业结构等影响因素的综合关联度。

由于现有研究普遍认为不同国家或地区之间的能源消费收入弹性存在显著差异，不同国家或地区之间的能源消费收入弹性在经济上行期和下行期的非对称性也存在显著异质性。我国作为最大的发展中国家和能源消费量最大的国家，改革开放40多年来，其经济波动是如何影响能源消费的？特别是近年来，在我国经济发展模式由要素驱动加快向可持续发展转化、由高速度增长向高质量发展转化的背景下，经济增长和能源消费之间的关系是否呈现新的特点？如何在经济进入"新常态"阶段实现经济增长、节能和能源结构调整的多重目标？

针对上述问题，我们使用我国1978—2018年的数据，实证分析我国经济周期性波动对能源消费的影响，并基于分类别、分行业的能源消费数据深入探讨影响的形态和其内在驱动因素，为准确预测能源消费总量以及设定能源强度和能源消费总量下降目标提供参考和建议。

第二节 我国能源消费和 GDP 周期性波动的特征与联系

一 我国能源消费和 GDP 增长的典型特征

考虑到我国能源消费数据的长期性、一致性和连续性，我们研究了1978—2018年经济周期性波动对能源消费的非对称性影响。我国实际 GDP 数据以1978年价格为基准依据实际经济增长率计算得到，来源于历年的《中国统计年鉴》，能源消费数据来自于历年《中国能源统计年鉴》。

首先通过描述性分析对能源消费与 GDP 增长之间的关系进行初步的概括，图5-1给出了1978—2018年我国 GDP 和能源消费的增长率情况。

由图5-1可以看到：(1) 我国经济和能源消费整体上均呈现了高速增长与大幅波动并存的特征。1978—2018年间，GDP 平均增速为9.43%，且绝大多数年份高于7%，而能源消费的平均增速为5.38%。在高增长的同时，我国的经济运行也出现了较为明显的波动，以增长率的标准差来计算，其波动率达到2.70%；相比于经济的波动，能源消费的波动幅度要更大，2004年的增速最大，达到16.4%，1981年出现1.37%的下降，其波动率达到3.9%。(2) 能源消费与经济增长之间保持着较强的同步性。在经济增速较高的年份，能源消费的增长也较快，经济增长趋缓时，能源消费的增长也趋于下降。这表明能源消费与经济增长具有较强的联动性。经计算两者之间的相关系数为0.50，对应 P 值为0.001，表明两者之间呈现显著的中度正相关关系。(3) 能源消费增速在绝大多数年份都低于 GDP 的增速，这意味着我国能源消费强度处于不断下降的趋势。实际上，以1978年的不变价格计算我国实际 GDP，则我国能源消费强度由1978年的15.53吨标准煤/万元 GDP 下降到了2018年的3.42吨标准煤/万元 GDP。

第五章 城镇化建设中经济波动对能源消费的非对称性影响分析

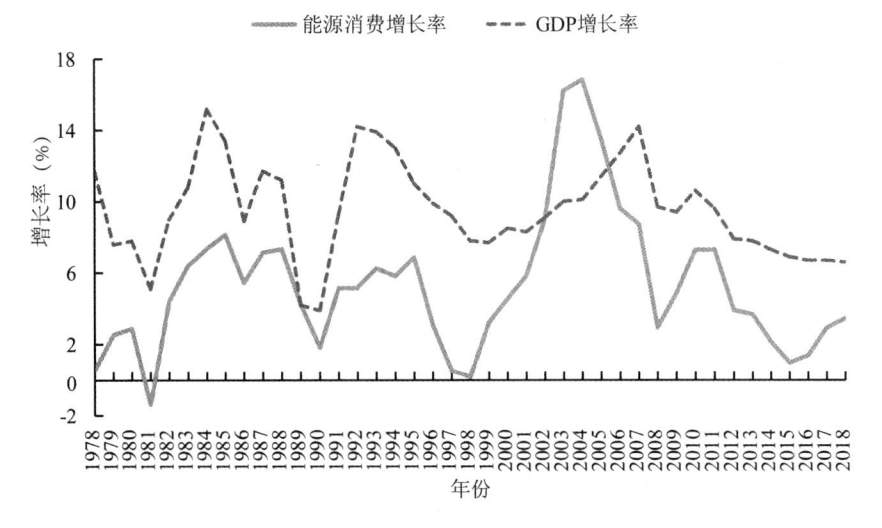

图 5-1 我国 GDP 和能源消费增速的波动（1978—2018 年）

二 我国能源消费和 GDP 波动的同步性分析

根据经济增长率的高低、拐点、持续时间长短来刻画经济波动特征是经典的经济周期分析方法，但这种方法不能准确描述经济所处周期阶段与总量相对波动幅度。我们使用产出缺口（实际产出与潜在产出的差额占潜在产出的比重）来表示经济周期。目前，潜在产出的估算方法可以通过消除趋势法、增长率推算法等对实际产出时间序列进行直接估算，但是理论和经验分析证明，实际产出的趋势成分更多地表现为随机游走过程，而趋势估计法中的 H-P 滤波因其建立在对实际产出趋势较为合理的描述基础上而得到广泛应用（Hodrich & Prescott，1997），因此进一步应用 H-P 滤波法将周期性成分从 GDP 和能源消费的变动中分离出来，以分析经济周期性波动对能源消费的影响。由于我们分析的样本数据以年为单位，依据 Ravn & Uhlig（2002）的研究，在使用 H-P 滤波法时选用的平滑系数 $\lambda = 6.25$。我国 1978—2018 年能源消费和 GDP 的周期性成分的变化情况如图 5-2 所示。

❖ 新型城镇化进程中的能源消费及其利用效率研究

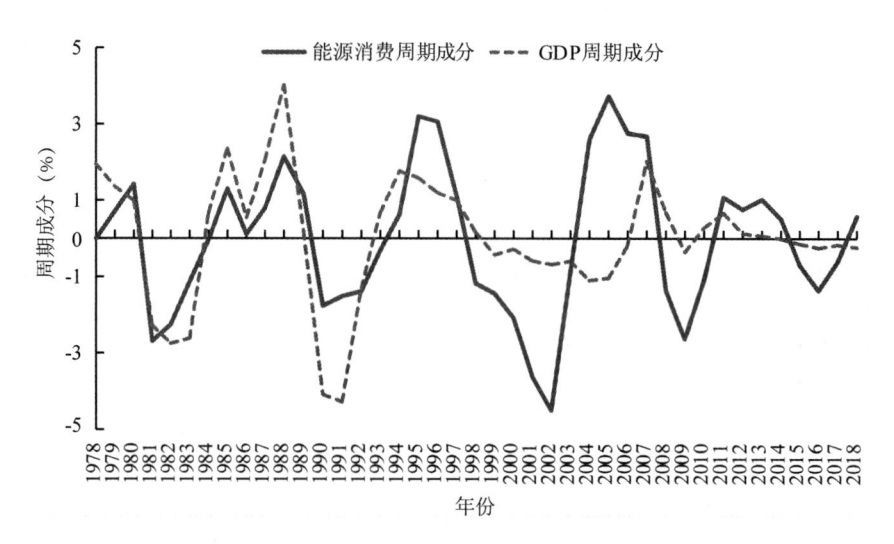

图 5-2 我国 GDP 和能源消费的周期性波动（1978—2018 年）

由图 5-2 可以看出：(1) 能源消费的波动是顺周期的。根据 H-P 滤波结果和按照"峰—峰"法可以看出，1978—2018 年间，我国经济发展可以划分为 4 个经济周期：1978—1988 年、1989—1994 年、1995—2007 年、2008—2018 年（不完整周期）。能源消费周期性成分和 GDP 周期性成分在整个时期内的相关系数为 0.51，对应的 P 值为 0.003，表明两者间存在显著的中等程度正相关关系，这意味着我国能源消费的波动是顺周期的，与现有多数文献中的推断和实证研究的结论相一致。(2) 能源消费与 GDP 周期性成分间的同步性存在显著差异。相比于经济波动幅度，能源消费的波动幅度往往更大，能源消费周期性成分的波动率为 1.91%，而 GDP 周期性成分的波动率为 1.64%。具体来看，能源消费在 1980 年、1985 年、1995 年、2005 年、2011 年和 2013 年形成了阶段性的高点，而在 1981 年、1990 年、2002 年、2009 年和 2016 年均出现阶段性的低点。另外，能源消费的周期峰值或谷值相比经济周期有提前或滞后的现象，如 1995 年能源消费晚于经济周期出现高峰，而 2005 年又早于经济周期出现高峰。(3) 能源消费和经济周期的同步性在不同时期内存在明显差异。以 1995 年为分界点，将样本划分为 1978—1994 年和 1995—2018 年两个时期进行分析。① 可以看到,第一个时期,经济波动幅度较大,而能源消费的波动却较为稳定,第二个时期,自我国经济"软着陆"以来,经济增长的波动性在变小,但是能源消费却呈现大起大落的走势,两个时期的能源消费与 GDP 的波动率之比分别为 0.58 和 2.86。

总体来看,一方面,经济周期性波动是经济的内生驱动机制和外部冲击共同作用的结果,农村改革、邓小平南方谈话后的改革热潮、加入 WTO 后的出口增长等在不同阶段驱动了我国经济的快速增长。而在亚洲金融危机、2008 年国际金融危机、全球经济增速下降造成外部需求疲软以及我国经济发展模式由高速度增长向高质量增长转型等因素的影响下,经济增速放缓。

另一方面,影响能源消费变化的间接因素却很多,可以分时期进行具体分析。1978—1994 年间,我国能源消费主要受能源供给不足的约束,国家出台多项能源政策以及市场化改革措施,以确保能源的供应。② 1994 年用于能源的基本建设和更新改造的投资相比于 1981 年增加了 9.55 倍,其年均增长达到 19.9%。多项政策密集出台和能源行业供应能力的大幅提升,导致能源消费随之大幅增长,这一阶段,能源消费的波动与经济波动序列的相关系数为 0.66,同步性较强。但是这一时期,由于外部事件的冲击,经济增速大起大落特征明显,而能源消费增速低于经济增速,波动相对稳定。

---

① 选择该时间点进行划分的原因在于:首先,图 5-2 清晰地展示了我国经济在 1995 年之前的波动性要远高于该时点之后的波动性。由于 20 世纪 90 年代初期我国经济开始显示过热的迹象,而 1993 年 6 月,中央政府加强宏观经济调控,我国经济于 1995 年之后逐步实现"软着陆",经济波动幅度明显降低,而不再是大起大落的走势。其次,对样本结构变化进行的 Chow 检验也表明 1995 年是结构变化点,1978—1994 年间能源消费与 GDP 周期性成分的同步性要强于 1995—2018 年间。

② 20 世纪 80 年代初至 90 年代末,为解决能源短缺问题,政府探索"放松管制、政企分开"改革,煤炭和电力行业放松准入限制,鼓励各类经济主体投资办煤矿和集资办电厂。其中,80 年代初,国家制定了"开发与节约并重"的能源发展方针;80 年代中叶提出"以效益为核心"的能源开发利用战略和"以电力为中心"的能源消费结构调整战略;90 年代进一步强调了能源发展的总方针,"以电力为中心,以煤炭为基础,积极开发油气,重视开发新能源和可再生能源""在不断提高煤炭经济效益的前提下,增加产量,提高质量""以煤炭运输为重点,输煤、输电、输油气并进,充分发挥铁路、水运、管道等多种运输方式的优势,发展综合运输系统"。

◈ 新型城镇化进程中的能源消费及其利用效率研究

从1992年开始,我国经济出现过热现象,固定资产投资高速增长,我国出台一系列宏观调控政策,我国经济实现"软着陆"。而后亚洲金融危机对各国经济形成较大冲击,我国经济增速持续下滑导致能源消费随之下降。同时,国际能源市场继续低迷,尤其是煤炭价格的大幅下降打击了煤炭的供应,我国这一时期的能源消费增速亦大幅下降。

我国在加入WTO、西部大开发等系列战略实施的推动下实现了经济的强力扩张。同时,经过将近20年持续的能源建设以及能源的市场化改革,我国企业生产过程中的能源供应能力大幅提高。西部大开发等国家战略拉动了重工业的加速发展,钢铁、水泥、汽车、建材等高耗能产业以及用能设备快速发展。能源消费大幅增长,其中2003年和2004年增幅分别都达到16.2%和16.8%,能源消费弹性系数(能源消费增长速度与经济增长速度之比)分别达到1.62和1.67,是改革开放以来的最高值。[1] 因此即使在能源供应能力大幅提高的情况下还是出现了历史上全面紧绷的局面,全国多个省份发生了不同程度的拉闸限电。

2006年之后,我国能源基本建设投资和更新改造投资开始收紧,并加强了对高耗能、高污染行业的监管,相继发布11个行业结构调整的指导意见。2007年,国务院发布《节能减排综合性工作方案》,明确了"十一五"节能减排的目标任务[2],我国能源消费增速在2004年达到峰值后持续下降,而后在2008年国际金融危机影响下进一步下降到2.94%。2009年后,我国出台4万亿投资的经济刺激计划来减缓由于国际金融危机等因素带来的经济增速的下滑,加大了对民生、社会保障、生态环境以及创新的投资力度,但是大量基础设施和灾后重建工程也相应地拉动了钢铁、水泥、建材等高耗能行业以及能源工业行业的投资。2009—2011年,能源行业的平均投资增速达到

---

[1] 王文堂:《2005年能源市场形势及对石油和化学工业的影响》,《石油和化工节能》2005年第2期。

[2] 参考网址 http://www.gov.cn/xxgk/pub/govpublic/mrlm/200803/t20080328_32749.html,2007年5月23日。

13%以上,而煤炭采选业的平均投资增速超过25%,能源消费快速反弹。

"十二五"时期,经济结构不合理、产能过剩的矛盾变得日益尖锐,我国加快电力、煤炭、炼铁、炼钢等多个行业淘汰落后和过剩产能的步伐,将碳排放指标纳入"十二五"规划,通过去产能、调结构、建立碳市场、开征环境税等多种方式引导低效率高排放企业有序退出。同时在节能减排和应对气候变化等多种政策指引下,我国加大节能技术创新,提高清洁能源的比例,改善能源效率,能源消费增长下降明显,2015年增幅仅为1%,能源强度快速下降。

2016—2018年,经济增速维持低位运行,但是钢铁、建材、电力等行业拉动能源消费再度出现连续反弹的迹象,同比分别增长了1.4%、2.9%和3.5%,其中电力消费达到7年来最高增幅,天然气需求增长创历史最高(林伯强,2018)。在1995—2018年间,总体来看,能源消费与经济增长保持较高的同步性,两者之间的相关系数达到0.60,但是两者的波动特征与前一阶段正好相反。能源消费波动明显,波动率达到4.6%,而经济的波动率仅为1.9%,尤其是在1995—2007年间,能源消费的波动犹如"过山车",起伏非常大,在2008—2018年,波动虽然有所缓和,但是上升和下降的幅度都要高于经济波动。

将上述概述细分为经济扩张期、经济收缩期,分别对期间的经济增长速度、能源消费速度和能源强度下降幅度进行统计,如表5-1所示。可以发现,1979—2018年间,我国共经历了3个经济扩张期和4个经济收缩期,分别持续时长为15年和25年。3个经济扩张期的GDP平均增速分别为11.6%、12.6%和10.5%,总平均增速为11.3%。4个经济收缩期的GDP平均增速分别为6.8%、8.8%、9.1%和8.1%,总平均增速为8.3%,可以看出即使在经济收缩期,我国经济依然保持了非常快速的增长。在经济扩张期期间,能源消费的年均增长速度为8.3%,能源强度年均下降速度为0.200吨标准煤/万元,而在经济收缩期期间,能源消费的年均增长速度为3.7%,能源强度年均下降速度为0.364吨标准煤/万元。可以看出,能源消费随着经济增长也同步增长，体现了顺周期的特征，但是在经济扩张期和经济收缩期的同步性并不一致。

表 5-1　　　　经济波动、经济增长和能源消费情况统计

时期	经济波动	持续期（年）	GDP年均增长速度（％）	能源消费年均增长速度（％）	能源强度年均下降（吨标准煤/万元）
1979—1981年	经济收缩期	3	6.8	1.3	0.759
1982—1984年	经济扩张期	3	11.6	6.1	0.631
1985—1990年	经济收缩期	6	8.8	5.7	0.306
1991—1994年	经济扩张期	4	12.6	5.6	0.271
1995—1999年	经济收缩期	5	9.1	2.8	0.596
2000—2007年	经济扩张期	8	10.5	10.5	0.003
2008—2018年	经济收缩期	11	8.1	3.7	0.182
总计	经济扩张期	15	11.3	8.3	0.200
	经济收缩期	25	8.3	3.7	0.364

总体来看，能源消费随着各种政策的刺激以及高耗能行业的发展大幅增长，而又随着抑制过快投资、外部经济危机冲击以及节能减排政策影响而大幅下降，虽然与经济波动呈现一定的联动性，但是两者周期性成分的同步性存在显著差异，尤其是在第二个时期更加明显。那么，经济周期对能源消费的影响究竟如何？在经济扩张期和经济收缩期对能源消费的影响是否相同？这还需要根据实证研究的结果进行进一步的分析和判断。

第三节　经济波动对能源消费非对称性影响的检验

一　经济波动对能源消费总量非对称性影响的检验

1. 一阶差分序列模型

在实证分析中，研究者通常将能源消费与GDP之间的关系描述

为线性、多项式及非参数关系,而双对数线性模型亦是现有研究使用最广泛的模型,因此设置模型为:

$$ln(E_t) = \alpha + \beta ln(Y_t) + \varepsilon_t \tag{5-1}$$

系数 β 为能源消费的收入弹性。同时考虑到经济波动的不同状态对能源消费的影响可能存在差异,在计量方程中引入"经济扩张期"和"经济收缩期"经济波动因素 $ln(Y_t^+)$ 和 $ln(Y_t^-)$。由此可以得到:

$$ln(E_t) = \alpha + \beta_0 ln(Y_t^+) + \beta_1 ln(Y_t^-) + \varepsilon_t \tag{5-2}$$

如果在"经济扩张期"和"经济收缩期"经济波动对能源消费的影响不存在差别,即能源消费收入弹性恒为常数,此时会有 $\beta = \beta_0 = \beta_1$。

在对经济波动和能源消费的时间序列数据进行分析之前,需对序列的平稳性进行检验。采用 D-F 单位根检验判别对数 GDP、对数能源消费序列以及各自的周期性成分的平稳性。D-F 检验的零假设为变量包含单位根,备择假设为变量是平稳序列。检验结果表明:无法拒绝对数 GDP 序列和能源消费序列均为单位根过程的假设,即对数 GDP 和能源消费序列均为非平稳序列,两者不能直接建立时间序列回归模型。由于对数 GDP 和能源消费序列均为非平稳序列,因此采用最常用的差分法处理非平稳序列,D-F 单位根检验结果表明一阶差分后的对数 GDP 和能源消费序列均为平稳序列,对应的 P 值分别为 0.025 和 0.093。

因此在对数据平稳性进行分析的基础上,可以使用 GDP 和能源消费的对数一阶差分序列就我国经济波动对能源消费影响进行实证研究。式(5-1)和式(5-2)的模型相应改写为式(5-3)和式(5-4):

$$\Delta ln(E_t) = \alpha + \beta \Delta ln(Y_t) + \varepsilon_t \tag{5-3}$$

$$\Delta ln(E_t) = \alpha + \beta_0 \Delta ln(Y_t^+) + \beta_1 \Delta ln(Y_t^-) + \varepsilon_t \tag{5-4}$$

式(5-3)中实际上假定对数能源消费为单位根过程,此时外部冲击对能源消费存在永久性的影响。

表 5-2　　　　　　　　经济波动对能源消费的影响

	对数一阶差分序列			H-P 滤波去除趋势序列	
	（1）	（2）		（3）	（4）
$\Delta \ln Y_t$	0.597*** (0.052)		dev	0.622*** (0.112)	
$\Delta \ln Y_t^+$		0.742*** (0.094)	posdev		0.744*** (0.155)
$\Delta \ln Y_t^-$		0.462*** (0.042)	negdev		0.536*** (0.151)
N	40	40	N	40	40
R^2	0.772	0.814	R^2	0.271	0.278
AIC	-164.172	-170.329	AIC	-213.184	-211.589
BIC	-162.483	-166.951	BIC	-211.495	-208.211

注：*、**、*** 分别表示10%、5%、1%的水平上显著，括号中为标准误差。

实证结果如表5-2第（1）列和第（2）列所示。采用一阶差分后的序列进行分析时，各主要回归系数均在1%的显著性水平上成立。从第（1）列来看，当GDP变动1%，能源消费将会变动0.597%，即能源消费的收入弹性为0.597。由第（2）列可知，能源消费对GDP波动不同状态的反应存在差异。当处于经济扩张期时，GDP每增长1%，能源消费增长0.742%，而当处于经济收缩期时，GDP每增长1%，能源消费增长0.462%。这证实了能源消费在经济扩张期和经济收缩期对GDP波动反应存在显著的非对称性。

2. H-P滤波去除趋势后的序列模型

接下来，通过使用H-P滤波去除趋势后的序列对经济波动的阶段进行判别，从而就经济波动对能源消费的影响进行检验，设定模型基本形式如下：

$$dev(E_t) = \alpha + \beta dev(Y_t) + \varepsilon_t \qquad (5-5)$$

因变量 $dev(E_t)$ 是对数能源消费去除趋势后的周期性成分，自变量 $dev(Y_t)$ 是对数GDP去除趋势后的周期性成分。由式（5-5）中模型设定形式和各指标的含义，发现 β 可以解释为 GDP 偏离长期趋势 1 个百分点，导致能源消费对长期趋势的偏离。

同样考虑到经济波动的不同状态对能源消费的影响可能存在差异，在计量方程中引入正和负的对数 GDP 周期性成分 $posdev(Y_t)$ 和 $negdev(Y_t)$，即"经济扩张期"的正产出缺口和"经济收缩期"的负产出缺口，作为经济波动的指标，由此可以得到：

$$dev(E_t) = \alpha + \beta_0 posdev(Y_t) + \beta_1 negdev(Y_t) + \varepsilon_t \quad (5-6)$$

如果经济波动对能源消费的影响不存在差别，则有 $\beta = \beta_0 = \beta_1$。

在进行实证结果之前，同样进行了平稳序列检验，结果显示对数 GDP 的周期性成分 $dev(Y_t)$、对数能源消费的周期性成分序列 $dev(E_t)$ 均为平稳序列，对应的 P 值分别为 0.008 和 0.033，可以直接建立模型，结果如表 5-2 第（3）—（4）列所示。第（3）列为能源消费周期性成分对 GDP 周期性成分的回归结果，第（4）列为能源消费周期性成分对正 GDP 周期性成分和负 GDP 周期性成分进行回归的结果。

结果显示，能源消费变动对 GDP 波动的弹性为 0.622，系数显著，这表明 GDP 每偏离长期趋势 1 个百分点，能源消费则将会偏离长期趋势 0.622 个百分点。第（4）列中，能源消费波动对 GDP 波动的弹性分别为 0.744 和 0.536，都通过了 1% 的显著性水平检验。这表明在经济扩张期，GDP 每偏离长期趋势 1 个百分点，能源消费将会偏离长期趋势 0.744 个百分点，而在经济收缩期，GDP 增长 1%，能源消费将增长 0.536%。实证结果显示，我国能源消费具有顺周期变化，但是在经济扩张期和经济收缩期 GDP 波动对能源消费的影响存在显著性的差异，即能源消费对 GDP 波动的反应存在显著的非对称性。

3. 分时期检验结果

改革开放以来，我国在保持经济快速增长的同时也经历了深层次的宏观经济结构转型。在不同时期，能源消费与 GDP 周期性成分间的同步性以及能源消费和 GDP 的波动性存在明显差异。在这里，依据前文的分析，进一步检验在 1978—1994 年、1995—2018 年两个不同时期内 GDP 增速变动是否对能源消费产生了非对称影响。表 5-3

和表 5-4 分别是基于一阶差分序列和 H-P 滤波去除趋势序列的估计结果。

表 5-3 分时期的一阶差分模型检验结果

变量	1978—1994		1995—2018	
	(1)	(2)	(3)	(4)
$\Delta \ln Y_t$	0.513***		0.667***	
	(0.031)		(0.087)	
$\Delta \ln Y_t^+$		0.505***		0.965***
		(0.039)		(0.139)
$\Delta \ln Y_t^-$		0.521***		0.419***
		(0.050)		(0.061)
N	16	16	24	24
R^2	0.924	0.924	0.730	0.851
AIC	-87.801	-85.848	-89.319	-101.609
BIC	-87.028	-84.303	-88.141	-99.253

注：*、**、*** 分别表示 10%、5%、1% 的水平上显著，括号中为标准误差。

表 5-4 分时期的 H-P 滤波去除趋势序列检验结果

变量	1978—1994		1995—2018	
	(1)	(2)	(3)	(4)
dev	0.544***		1.118*	
	(0.070)		(0.590)	
posdev		0.524***		1.463***
		(0.049)		(0.285)
negdev		0.556***		0.248
		(0.114)		(1.686)
N	16	16	24	24
R^2	0.777	0.777	0.155	0.192
AIC	-111.867	-109.913	-117.582	-116.658
BIC	-111.095	-108.368	-116.404	-114.302

注：*、**、*** 分别表示 10%、5%、1% 的水平上显著，括号中为标准误差。

第五章　城镇化建设中经济波动对能源消费的非对称性影响分析

由表5-3和表5-4的第（1）列和第（3）列的结果可以看到在1978—1994年间，能源消费的收入弹性系数分别为0.513和0.544，在1995—2018年间上升至0.667和1.118。1995年之后经济波动对能源消费的影响明显变大，经济增长1%时，能源消耗增长超过了0.667%，经济增长对能源消费的依赖程度在增大。引入经济扩张期和经济收缩期的经济波动变量后，可以看到，基于一阶差分序列和去除趋势的序列均显示在1978—1994年间，经济波动在经济扩张期和经济收缩期对能源消费都具有显著影响，但是并不存在显著的非对称性，在经济扩张期和经济收缩期GDP每增长1%导致的能源消费上升幅度非常接近，在此期间能源消费强度平稳下降。

在1995—2018年间，自我国经济实现"软着陆"后，经济波动趋缓，而能源消费在加大或抑制工业和能源投资等政策的驱动下，波动程度比经济波动剧烈得多。在经济扩张期间，当GDP每增长1%时，能源消费增长约0.965%，而在经济收缩期间，GDP每上升1%，能源消费增长0.419%，呈现严重的非对称性。基于H-P滤波去除趋势序列的研究，发现在经济扩张期间，当GDP每增长1%时，能源消费增长约1.463%，而在经济收缩期间，GDP每上升1%，能源消费增长0.248%，但是该系数并不显著，同样验证了经济波动对能源消费影响的非对称性。经济收缩期间能源消费和经济增长之间的脱钩状态更强，但是在经济扩张期，节能变得更加困难。

从更细的时间上来看，2000—2007年是经济高速增长的阶段，也是40年来能源消费增长最快的时期。2007年能源消费强度为5.43吨标准煤/万元，基本和1999年持平。即使在经济处于收缩期时，经济在2010年出现小幅增长的情况下，2009—2011年能源消费的增速也再度扩大，能源消费强度下降幅度收窄。另外，值得注意的是2016—2018年，在经济增速放缓的情况下，出现了能源消费的加速增长。由于2007年以来经济周期还在持续，而且，在经济扩张期是否还能实现能源消费强度的大幅下降也不确定，因此总体来看尚不能确定我国已经形成稳定的节能路径。

二 基于能源类别和用能部门的分析

由以上的实证结果可以发现，1978—2018 年间我国经济波动对能源消费的影响存在较为明显的非对称性，总体表现为能源消费的收入弹性在经济扩张期要高于经济收缩期，这种非对称性在不同的模型和变量设定形式下都显著成立。但是通过分时期分析，发现这种非对称性影响主要来源于 1995—2008 年，那么导致经济波动对能源消费的非对称性影响是否存在能源类别和不同用能部门的差异？接下来，区分能源类别和用能部门分别就经济波动对能源消费的非对称性影响进行分析，进一步探究非对称性影响的成因。

1. 基于能源类别的分析

（1）各类别能源消费波动情况。图 5-3 列出了 1980—2018 年经济增长、一次能源煤炭、石油、天然气消费以及二次能源电力的消费波动情况，如图 5-3(a)、图 5-3(b)、图 5-3(c) 和图 5-3(d) 所示。可以看出，不同种类的能源消费之间的波动情况差别非常明显，从波动性来看，四种能源消费增长率的标准差分别为 5.0%、4.3%、8.5% 和 3.7%，波动幅度都大于经济波动幅度，电力消费的波动相对缓和。四种能源与经济波动的相关系数分别是 0.52、0.36、0.15 和 0.57，用电情况和经济波动的相关性最大，从图形上来看，走势也更加同步，其次是煤炭，而石油的波动更为频繁，其消费的波动与经济周期低度相关，天然气在 2000 年之后与经济波动同步性变差，两者相关度最低。

（2）经济波动对各类别能源消费的非对称性影响。为简单起见，在这部分仅使用 GDP 和各类别能源消费的对数序列作为分析的基准数据，在进行实证分析之前，同样对各类别能源消费的对数序列进行了平稳序列检验，结果显示各序列均不平稳，而各对数序列的一阶差分序列均为平稳序列，可以建立模型，结果如表 5-5 所示。

第五章 城镇化建设中经济波动对能源消费的非对称性影响分析

(a)经济增长和煤炭消费的波动情况

(b)经济增长和石油消费的波动情况

(c)经济增长和天然气消费的波动情况

(d)经济增长和用电量的波动情况

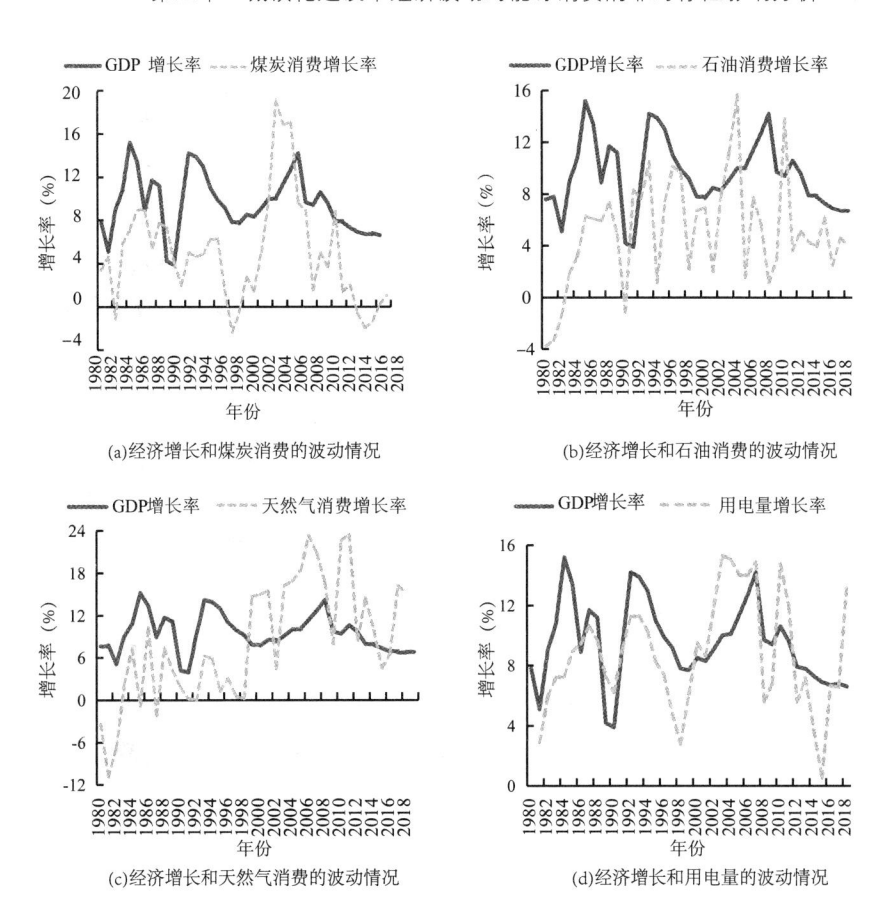

图 5-3　经济增长与各类能源的波动情况（1980—2018 年）

表 5-5　各类别能源消费的一阶差分序列检验结果

	煤炭消费		石油消费		天然气消费		用电量	
	（1）	（2）	（3）	（4）	（5）	（6）	（7）	（8）
$\Delta \ln Y_t$	0.563 *** （0.069）		0.535 *** （0.064）		0.805 *** （0.136）		0.890 *** （0.050）	
$\Delta \ln Y_t^+$		0.775 *** （0.113）		0.554 *** （0.111）		0.803 *** （0.225）		0.997 *** （0.089）
$\Delta \ln Y_t^-$		0.366 *** （0.067）		0.518 *** （0.071）		0.808 *** （0.165）		0.788 *** （0.045）
N^2	40	40	40	40	40	40	37	37

续表

	煤炭消费		石油消费		天然气消费		用电量	
	(1)	(2)	(3)	(4)	(5)	(6)	(7)	(8)
R	0.628	0.710	0.638	0.639	0.484	0.484	0.902	0.915
AIC	-141.088	-149.110	-146.847	-144.924	-88.998	-86.998	-158.103	-161.166
BIC	-139.399	-145.732	-145.158	-141.546	-87.309	-83.621	-156.493	-157.944

注：*、**、***分别表示10%、5%、1%的水平上显著，括号中为标准误差。

可以看到，经济增长对煤炭消费、石油消费、天然气消费和用电量均产生了显著的影响，经济增长1%，这四类能源消费分别增长0.563%、0.535%、0.805%和0.890%，经济增长对天然气消费和用电量的促进作用最大。从经济波动对各类别能源消费的非对称性影响来看，经济扩张期，经济每增长1%，将促进煤炭、石油、天然气消费量和用电量分别增长0.775%、0.544%、0.803%和0.997%。在经济收缩期，经济每增长1%，将促进煤炭、石油、天然气消费量和用电量分别增长0.366%、0.518%、0.808%和0.788%。经济波动对能源消费总量的非对称性影响主要来自于煤炭和用电量。

表5-6　各类别能源消费分时期的一阶差分序列检验结果

变量	1979—1994				1995—2018			
	煤炭	石油	天然气	用电量	煤炭	石油	天然气	用电量
	(1)	(2)	(3)	(4)	(5)	(6)	(7)	(8)
$\Delta \ln Y_t^+$	0.566*** -0.058	0.315*** -0.121	0.015 -0.161	0.728*** -0.082	0.972*** -0.187	0.779*** -0.165	1.546*** -0.122	1.233*** -0.063
$\Delta \ln Y_t^-$	0.525*** -0.063	0.431*** -0.132	0.392*** -0.167	0.846*** -0.055	0.248** -0.096	0.583*** -0.082	1.117*** -0.226	0.745*** -0.069
N^2	16	16	16	14	24	24	24	23
R	0.920	0.508	0.228	0.947	0.706	0.779	0.809	0.953
AIC	-82.862	-56.249	-46.390	-66.996	-83.584	-92.846	-65.058	-110.912
BIC	-81.317	-54.704	-44.845	-65.718	-81.228	-90.490	-62.702	-108.641

注：*、**、***分别表示10%、5%、1%的水平上显著，括号中为标准误差。

第五章　城镇化建设中经济波动对能源消费的非对称性影响分析

由表 5-6 可以看出，在 1995—2018 年经济波动对各类能源消费的非对称性影响更加显著，经济扩张期经济增长 1% 带动煤炭消费增长 0.972%，而经济收缩期经济增长 1%，煤炭消费仅增长 0.248%。考虑到 2000—2007 年我国在内外需求拉动下，固定资产投资大幅增长，带动能源需求的大幅上涨，而我国"富煤、贫油、少气"的特征以及石油受国际局势和大宗商品市场价格的影响较大，经济增长对煤炭消费的依赖远高于石油。

而在 2008—2018 年经济收缩期间，首先投资和工业生产的增长幅度出现明显下降，其次 2009 年 9 月联合国气候变化峰会上，我国提出将在 2020 年前大幅度降低二氧化碳排放强度，并开展了切实有效的减排活动：在《国家应对气候变化规划（2014—2020）》中进一步提出[①]，确保实现 2020 年碳排放强度比 2005 年下降 40%—45%；并在 2015 年的巴黎气候大会上提出 2030 年单位 GDP 二氧化碳排放比 2005 年下降 60%—65%，二氧化碳排放达到峰值并争取尽早达峰，非化石能源占一次能源消费比重达到 20% 左右，而实现碳减排和碳达峰的目标必须依赖于能源消费强度和能源消费结构的调整。在 2008—2018 年间，经济发展处于结构调整、驱动要素转换、经济转型的关键时期，同时受全球经济增速下降影响下的外部需求疲软所致，经济增速低位运行。我国提出经济"新常态"的概念，从追求高速度向更高质量的经济增长方式转变，实施了有效的政府调控、市场机制等手段引导高耗能低效率企业有序退出，同时促进生产技术、节能减排技术的创新，以调整产业结构、转换经济增长模式，在这一时期，能源强度加速下降[②]。

另一方面，煤炭的占比大幅降低。1978 年煤炭占比为 70.7%，随着煤炭投资力度的加大以及煤炭市场的改革，煤炭消费占比快速上升，20 世纪 80 年代至 90 年代占比几乎都在 75% 以上，煤炭的波动

[①] http://www.scio.gov.cn/xwfbh/xwfbfh/wqfbh/2014/20141125/xgzc32142/Document/1387125/1387125_1.htm，2014 年 11 月 25 日。

[②] 岳立、杨帆：《新常态下中国能源供给侧改革的路径探析——基于产能、结构和消费模式的视角》，《经济问题》2016 年第 10 期。

决定了能源消费总量的波动趋势。1995—2018年间，我国能源结构中煤炭占比由1995年的74.8%下降至2018年的59%，首次下降至60%以下，煤炭消费强度由5.3吨标准煤/万元下降至2.03吨标准煤/万元，经济收缩期下降显著。因此综合来看，经济收缩期煤炭消费加速下降是在经济向高质量发展的要求下实现的。

经济波动对石油非对称性的影响相对最为缓和，但是1995—2018年间，天然气发展迅速，从1999年开始，除2002年和2009年外，天然气保持了两位数以上的增长速度，2006年、2007年、2010年和2011年的增速超过20%。2017年和2018年的增速也超过15%，其中2018年发电用天然气同比增长达到23.4%，工业和城市燃气用量增幅也分别达到20%和16.2%，北方农村大规模的"煤改气"也是推动天然气上升的重要因素。① 环保因素是推动经济收缩期天然气快速增长的重要因素，而随着政府"蓝天保卫战"行动计划继续执行，以及各地对散煤治理力度的加强，我国天然气消费还将继续快速增长。②

另外，经济波动对用电量的影响也呈现明显的非对称性。这主要是因为经济扩张期间用电量的大幅上涨，2000—2007年间，电力弹性系数均大于1，经过两年短暂下降后，随着经济刺激措施的出台，用电量超预期快速增长，虽然2014—2017年，用电量增速低于经济增速，但是2018年全国全社会用电量实现6.85万亿千瓦时，比上年增长8.5%，增速提高1.9个百分点，创近七年以来新高；电力弹性系数为1.29，在经济增速下降的情况下，用电增速大幅提高，两者变化出现明显"背离"现象。③ 用电量占比超过70%、增加值占比仅为40%的第二产业是造成这种非对称影响的主要原因。2018年，第二产业用电量增长7.2%，增速同比提高了1.7个百分点，增加值增长5.8%，同比下降了0.1%。同时第三产

---

① 孟亚东、孙洪磊：《京津冀地区"煤改气"发展探讨》，《国际石油经济》2014年第11期。
② 陈向国：《散煤治理成效关乎蓝天保卫战胜败》，《节能与环保》2019年第10期。
③ 谢品杰、孙飞虎、王绵斌：《中国电力消费周期的路径演化识别——基于Markov区制转移模型》，《北京理工大学学报》（社会科学版）2018年第5期。

业的用电量和增加值同比分别增长了12.7%和7.6%。除了产业用电外，在脱贫攻坚日见成效、生活电气化程度提高、清洁取暖力度加大等因素的带动下，城镇居民和乡村居民生活用电增速都超过10%，用电量快速增长，长期来看，这些因素还将持续推动用电量进一步上升。总体来看，煤炭在我国能源消费中的比例较大、环保因素的推动、多种因素造成用电量的增加等导致了我国经济波动对能源消费影响的非对称性特征。①

2. 经济波动对各部门能源消费的非对称性影响

在1978—2016年间，我国的国民经济行业分类标准分别于1994年、2002年、2011年进行了三次大幅调整，导致数据的可比性较差。为保持结论的可比性，从历年《中国能源统计年鉴》中选取了一致性较强且最新可得的2000—2017年数据进行分析。并根据《中国能源统计年鉴》的分类，将能源消费分为农业（农、林、牧、渔、水利）、工业、建筑业、交通运输业（交通运输、仓储和邮政业）、商业（批发和零售业、住宿和餐饮业）、其他行业、生活能源消费七类进行分析，能源单位为万吨标准煤。

首先对部门能源消费的时间序列数据进行了单位根检验，结果发现，各序列的一阶差分均为平稳序列，因此使用行业能源消费的一阶差分作为因变量进行实证分析，估计结果如表5-7所示。其中：第（1）列因变量为该时期的能源消费总量变化量，第（2）—（8）列的因变量分别为各部门能源消费量的变化量。

表5-7　　　　各部门能源消费的一阶差分序列检验结果

变量	（1）能源总量	（2）农业	（3）工业	（4）建筑业	（5）交通运输业	（6）商业	（7）其他行业	（8）生活能源消费
$\Delta \ln Y_t^+$	1.000*** (0.151)	0.589*** (0.219)	1.039*** (0.153)	1.014*** (0.136)	0.959*** (0.176)	0.924*** (0.209)	0.960*** (0.165)	0.894*** (0.140)

---

① 陈彬：《我国经济发展过程中的电力消费变化规律》，《中国能源》2018年第3期。

续表

变量	（1）能源总量	（2）农业	（3）工业	（4）建筑业	（5）交通运输业	（6）商业	（7）其他行业	（8）生活能源消费
$\Delta \ln Y_t^-$	0.471*** (0.073)	0.330** (0.131)	0.360*** (0.092)	0.748** (0.330)	0.723*** (0.107)	0.811*** (0.165)	0.830*** (0.108)	0.702*** (0.101)
N	16	17	17	17	17	17	17	17
R^2	0.874	0.542	0.854	0.687	0.837	0.765	0.858	0.857
AIC	-64.073	-56.140	-66.195	-45.913	-62.087	-53.821	-63.208	-66.585
BIC	-62.528	-54.474	-64.529	-44.247	-60.421	-52.155	-61.541	-64.919

注：*、**、***分别表示10%、5%、1%的水平上显著，括号中为标准误差。

由表5-7可以发现：

（1）工业能源消费是能源消费总量波动在 GDP 影响下呈现非对称性的主要原因。比较表5-7中能源消费总量和工业等七大部门的能源消费收入弹性值，可以发现工业能源消费收入弹性在经济扩张期最高，除了农业之外，在经济收缩期的弹性最低，其非对称性最显著。2000—2017年间，工业部门在经济中的占比平均为44.9%，2017年下降至40.5%，但是工业能源消费占比平均为70.5%以上，2017年下降至65.7%，作为最大的能源消费部门，经济波动对工业能源消费波动影响具有明显的非对称性。

（2）建筑业、交通运输业、商业和其他行业四个行业的能源消费波动与经济波动相关性很强，但是非对称性反应的特征相对并不十分突出。从系数上看，这四个行业能源消费对上行阶段的 GDP 变动的反应系数在0.924至1.014之间，与能源消费总量的收入弹性系数相近，而经济波动与上述四个行业的能源消费的收入弹性系数在0.723至0.830之间。相比于工业行业，在经济扩张期间，这四个行业的能源消费增长较快，而且在经济收缩期间，这几个行业能源消费对 GDP 增长的反应仍然比较强烈。一方面，能源消费的增长说明这几个行业在传统高耗能工业企业增速收窄时，对于收缩期的经济起到了重要的支撑作用,体现了经济旧动能向新动能的转化。另一方面,虽然工业是能源消费的主要部门,也是实现节能减排目标的关键所在,但是随着工业节能减排技术的实施,其节能潜力逐步下降。而这四个部门能源消费累计占能源消费总量的比重在17%左右,占比还不高,但是由于我国能源消费的基数较大,这几个部门能源消费的快速上涨仍将给节能减排带来很大的压力。目前,工业之外部门的能源消费已经成为学术界和政策关注的重点。

(3)居民生活能源消费对GDP变动反应的非对称性特征不明显。在经济扩张期间,GDP每增长1%,能源消费增长0.894%,而当经济收缩期间,GDP每增长1%,能源消费增长0.702%。经济增速下降虽然对居民收入构成一定的影响,但是近年来,居民收入的增幅明显高于经济增速,另外经济进入下行区间后,国家出台了一系列刺激消费的政策,消费需求的扩大以及消费升级的加速导致居民居住、电器、驾驶方面的能源消费迅速增加。2000—2017年间,生活能源消费占总能源消费的平均比重为11%,2017年为12.8%,居民部门成为仅次于工业部门的第二大能源消费部门,如何在促进居民消费和提高居民福利水平的同时降低居民能源消费是政策制定者需要关心的重要问题。[①]

(4)农业能源消费波动不是能源消费的非对称性的主要来源。农业能源消费在经济扩张期和收缩期的收入弹性系数分别为0.589和0.330,所占比重也较低,但是仍高于美国、日本等国家。[②] 因此发展资源节约型的现代农业,在农业领域实施节能措施,不仅可以降低农业现代化进程中对能源要素投入的高度依赖,对于保护生态环境具有积极意义,而且也是降低农业生产成本的重要途径。

---

① 张馨等:《中国城市化进程中的居民家庭能源消费及碳排放研究》,《中国软科学》2011年第9期。
② 李子涵、高吉发:《中美日农业生产性能源消费对比研究》,《安徽农业科学》2016年第15期。

第四节 经济波动对能源消费非对称性影响的原因剖析和政策建议

本章使用我国 1978—2018 年数据，实证分析了我国经济波动对能源消费的影响，并进一步从各时期、各类别以及各部门来深入研究经济波动对能源消费的影响和特点。研究发现，我国经济的周期性波动对能源消费具有显著的影响，而且这种影响具有明显的非对称性特点，即在经济扩张期，经济增长 1% 能源消费的增速要显著高于经济收缩期能源消费的增速，从而导致在经济扩张期能源消费强度下降变得困难。就一次能源来看，经济波动对 1995—2018 年间的能源消费、煤炭消费、工业部门的能源消费具有更为显著的非对称性影响。

纵观 1978 年以来我国经济波动和能源消费的波动，可以发现我国经济的扩张对投资特别是工业投资的依赖性较大，我国"富煤、贫油、少气"的能源分布特征，导致经济的快速增长往往伴随着能源消费特别是工业部门和煤炭消费的大幅上涨。在经济增长达到峰值后，伴随着治理经济过热、抑制投资及外部事件的冲击，经济进入收缩期，经济活动尤其是工业生产活动减缓导致了能源消费增速大幅下降。之后，在投资拉动以及多种政策的刺激之下，经济和能源消费开始新一轮的快速增长。2017—2018 年经济仍处于收缩期时能源消费增长持续反弹，而煤炭产能的持续释放也决定了短期内煤炭消费还将维持反弹趋势。

"十三五"时期，我国能源消费增长换挡减速，供需相对宽松，能源发展进入新阶段，但是从 2008 年开始的经济收缩期持续了将近 11 年，2018 年 12 月中央经济工作会议提出宏观政策要强化逆周期调节，加大基础设施补短板力度。2019 年 1—9 月固定资产投资同比增长 5.4%，其中煤炭开采及洗选业、石油和天然气开采业、石油加工炼焦及核燃料加工业、黑色金属冶炼及压延加工业和燃气生产与供应业五个行业同比分别增长了 26.1%、38.8%、15%、28.9% 和 12.7%。基建投资的继续回升将是大概率事件，能源消费特别是煤炭消费的连续反弹将对经济高质量发展构成很大的压力。这表明我国经济仍处于结构转型的关键期，投资拉动对经济增长的驱动作用仍较为显著，创新驱动的机制还有待进一步加强，能源消费强度虽然大幅下降，但是尚未形成稳定的、持续的、有效的节能路径。

从政策实施建议上来看，在制定节能政策时，应该充分考虑经济波动对能源消费的非对称性影响。

首先，在对煤炭消费达峰进行情景预测、制定节能和能源结构调整目标时，不仅要考虑经济增长，还应充分考虑所处的经济周期对各类能源消费的非对称性影响，使得节能目标和能源结构调整目标具有更强的约束性和可行性，避免仅考虑经济增长速度制定的最优政策在经济周期性波动时演变成次优政策，从而影响政策的实施效果和能源转型目标的实现。

其次，在实施多种手段刺激经济增长时，应该继续调整产业结构、推动技术创新，利用政府调控和市场机制等手段继续引导高耗能低效率企业的有序退出，加大生产技术、节能减排技术的创新，实施节能标准、节能管理，加快传统产业节能改造，推动传统产业向集约化、高端化升级，实现能源消费结构清洁化，防范高耗能产业能源消费的加速反弹，在促进经济高质量增长的同时逐渐降低对固定投资和能源消费的依赖，形成稳定的节能路径。

最后，重视非工业部门的能源消费。交通运输业、建筑业、商业和生活能源消费等生产或消费活动的逆周期性，常常是在经济进入收缩期时支持经济增长的重要因素，但与此同时也导致了能源消费增速快于工业部门。因此通过产业结构调整以及扩大内需来促进经济增长时，也应该重视非工业部门的能源消费，以实现节能减排目标并促进经济社会的高质量可持续发展。

第六章　新型城镇化质量对能源消费强度的影响研究

第五章使用我国1978—2018年数据，在考虑了城镇化建设的背景下主要分析了我国经济波动对能源消费的影响，并进一步从各时期、各类别以及各部门的能源消费来深入研究经济波动对能源消费的影响和特点。作为世界上最大的能源消费国，我国高耗能、高排放的生产模式没有得到根本改变，节能减排任务仍然艰巨。我国经济的周期性波动对能源消费的显著非对称性影响对能源消费的预测以及节能减排战略的实施具有重要作用，同时研究也发现城镇化建设对能源消费的增长具有重要的促进作用。

快速城镇化通常伴随着城市人口增长、经济发展、生态环境质量下降以及资源和能源的大量消耗，而我国新型城镇化建设是以城乡统筹、城乡一体、产业互动、节约集约、生态宜居、和谐发展为基本特征的城镇化，能源节约和环境友好本身就是新型城镇化建设的应有之义。那么，我国新型城镇化的内涵是什么？如何综合评价我国新型城镇化质量，城镇化的发展水平和能源消费之间的关系如何？而新型城镇化质量的提升是否促进能源消费的下降？如何实现新型城镇化的内涵式发展，从而促进城镇化发展和能源消费的脱钩？这些都是政策制定者和学术界关注的重要问题，而定量分析城镇化发展和城镇化质量对能源强度的具体影响，可以为制定经济政策和能源政策提供重要依据，具有重要的现实意义。

本章根据"新型城镇化"内涵建立新型城镇化质量综合评价指标体系。首先，采用"纵横向"拉开档次动态综合评价法（以下简称

"'纵横向'拉开档次法"),对我国各省的新型城镇化质量进行综合评价;其次,对我国城镇化发展水平、新型城镇化综合质量和能源强度之间的关系进行描述;再次,使用基于误差分量两阶段最小二乘法(EC2SLS)从城镇化发展水平、新型城镇化发展综合质量及城镇化发展水平质量、城镇化推进效率质量、城镇化公平协调发展质量多个维度,实证研究我国新型城镇化发展对能源消费强度的影响;最后,提出促进资源节约型与环境友好型城镇化建设、实现城镇化和能源消费"强脱钩"的政策建议。

第一节 我国新型城镇化质量综合评价

一 新型城镇化质量与能源消费的关系

城镇化发展对能源消费具有双重影响。一方面,经济发展水平的提高和城镇建设推动了基础设施建设和产业的扩张,这将导致能源消费量的增加;同时,城镇化有利于居民收入水平的提高,促进了居民对高质量生活品质和生活方式的追求,消费升级将可能带来更多的能源消费。另一方面,城镇化影响能源消费的主要渠道是生产活动,伴随经济生产活动在城市区域的集中会产生规模经济,生产活动从低能源密集的农业向高能源密集的工业转变,能源从农村分散化使用的传统能源向城市集中化的现代能源转变,因此,城镇化可以充分发挥集聚效应和规模效应,降低能源消耗强度;而劳动力和知识技术等要素向城镇的集聚则可以进一步促进能源结构优化、提高能源使用效率,从而提高经济发展效率和全要素生产率,降低能源消耗。两种相反的作用力相互影响,决定了城市发展过程中的能源消费总量和能源消费速度。很多基于发达国家的实证研究证实城镇化建设与能源消费之间会呈现倒"U"形的长期变化轨迹,即早期的城镇化建设是以高能耗为支撑与代价,而后伴随着技术进步、产业结构调整、环境规制力度加强等因素,城镇化发展对能源消耗的依赖将逐渐下降。总体来看,我国城市一直延续的是高度依赖能源消耗的发展模式,而如今我国经济发展进入"新常态",这意味着经济发展将从高速增长阶段转向高质量发展阶段，同时城镇化也从追求快速推进阶段转向更加强调人与自然和谐统一的新型城镇化发展阶段，这需要高度依赖能源消耗的城镇化建设模式发生根本的转变。

二 新型城镇化质量的内涵和评价指标体系

新型城镇化不仅是人口的城镇化，还要求在住房、就业、医疗、教育、生活设施等方面都逐步满足城镇人口的需要，而且在城镇化过程中需要解决不平衡不充分发展的问题，维护和实现居民在经济、政治、文化、社会、生态等各方面的权益，促进城乡协调的包容性发展，不断推动人的全面发展、社会全面进步、全体人民共同富裕。因此，新型城镇化质量应是城镇化发展的综合水平，包括城镇化发展质量、城镇化推进效率和城镇化公平协调三个方面。

本章以新型城镇化质量内涵为中心，结合现有相关研究，参考已有指标评价体系，遵循代表性、系统性和可操作性三个原则，从城镇化发展质量、推进效率和公平协调三个层面出发，选取各层面具有权威性和代表性的指标，建立包含城镇化发展水平指数、城镇化推进效率指数和城镇化公平协调指数3个一级指标，经济城镇化发展水平指数、社会城镇化发展水平指数、空间城镇化发展水平指数、城镇化水平推进指数、经济社会成本指数、资源环境成本指数、城乡协调质量指数和发展平衡质量指数8个二级指标及人均GDP等40个三级指标的评价指标体系，如表6-1。

表6-1　　　　　　新型城镇化质量评价指标权重

一级指标	二级指标	三级指标	代码
城镇化发展水平指数（x1）	经济城镇化发展水平指数（x11）	人均GDP	x111
		GDP增长率	x112
		非农产业增加值占GDP比重	x113
		R&D经费支出占GDP比重	x114
		人均一般预算内财政收入	x115

续表

一级指标	二级指标	三级指标	代码
城镇化发展水平指数（x1）	经济城镇化发展水平指数（x11）	城镇人均可支配收入	x116
		城镇居民恩格尔系数	x117
	社会城镇化发展水平指数（x12）	就业：城镇登记失业率	x121
		养老：老龄化程度	x122
		基础设施： 每万人拥有公共交通车辆	x123
		城市用水普及率	x124
		城市燃气普及率	x125
		互联网上网普及率	x126
		科教文卫： 人均财政科技支出	x127
		人均财政教育支出	x128
		人均拥有公共图书册数	x129
		人均财政医疗卫生支出	x1210
		万人拥有病床位数	x1211
	空间城镇化发展水平指数（x13）	人均城市道路面积	x131
		建成区绿化覆盖率	x132
		人均公园绿地面积	x133
		城市污水日处理能力	x134
		生活垃圾无害化处理率	x135
		工业固体废物综合利用率	x136
城镇化推进效率指数（x2）	城镇化水平推进指数（x21）	人口城镇化率	x211
		土地城镇化率	x212
	经济社会成本指数（x22）	第二、三产业产值与从业人口比值	x221
		单位固定资产投资实现的GDP	x222
	资源环境成本指数（x23）	单位工业增加值用电量	x231
		单位工业增加值耗水量	x232
		单位工业增加值SO_2排放量	x233

续表

一级指标	二级指标	三级指标	代码
城镇化公平协调指数（x3）	城乡协调质量指数（x31）	城乡居民收入差距系数	x311
		城乡居民消费差距系数	x312
		城乡居民恩格尔系数差值	x313
		城市与农村万人拥有卫生技术人员数比值	x314
		城市与农村平均受教育年限比值	x315
	发展平衡质量指数（x32）	城镇基本养老保险参保率	x321
		城镇基本医疗保险参保率	x322
		失业保险参保率	x323
		城镇人口与建成区土地比值	x324

三 新型城镇化质量综合评价方法——"纵横向"拉开档次法

1. "纵横向"拉开档次法的基本思想

当采用多指标评价体系进行评价时，指标赋权方法是关键问题。指标赋权方法大致可分为主观赋权和客观赋权两种。其中，主观赋权法是专家基于不同指标的相对重要性的主观判断，包括直接赋权法、层次分析法和德尔菲法等；客观赋权法是基于指标本身的信息量或者数据特征等的客观判断，包括熵值法、聚类分析法、主成分分析和因子分析法等。但是无论是主观赋权还是客观赋权，目前大部分研究均是以横截面数据或者时序数据进行静态评价。静态评价可以反映出评价对象的现状，但是无法反映出随着时间变化的发展趋势和动态特征。而城镇化质量是一个动态发展的过程，在动态变化中各地区拉大或者缩小发展的差距。

动态综合评价问题是一类很有现实意义和应用价值的多指标、多属性决策问题，郭亚军（2002）、易平涛等（2016）提出的整体差异的"纵横向"拉开档次法是一种可以解决基于时序数据的多指标评价问题的动态综合评价方法，不同于采用截面数据或者时序数据的静态评价方法，该方法基于面板数据（时序立体数据），既可以在"横向"上表征某一时刻各评价对象的差异状况，又可以在"纵向"上表征评价对象的发展变化规律，因而被应用于不同领域解决动态综合评价的相关问题。

为此本章引入了"纵横向"拉开档次法的动态综合评价方法，对我国 2005—2017 年各省份的城镇化质量进行综合评价和比较分析，从而既在"横向"上体现某个时刻各省份城镇化质量的差异，又在"纵向"上体现各省份城镇化质量的总体发展变化趋势，力求客观、真实、公正地揭示各地区城镇化质量的发展变化过程和发展趋势，使得评价结果更具科学性和实际价值。

"纵横向"拉开档次法的基本思想是根据指标所提供的信息量的大小来决定相应评价指标的权重系数，即在面板数据的基础上最大限度地体现各评价对象之间的整体差异来确定权重系数，这种整体差异的表征是通过评价对象评价值的总离差平方和来体现的，其具体思路如下：

假设对某一时间段 $t_1, t_2, \cdots, t_N$ 内的 n 个省份 $v_1, v_2, \cdots, v_n$ 的城镇化质量进行综合评价，根据构建的 m 个评价指标 $x_1, x_2, \cdots, x_m$ 获得原始数据，就构成了数据矩阵 $x_{ij}(t_k)$，其中 $i = 1, 2, \cdots, n$；$j = 1, 2, \cdots, m$；$k = 1, 2, \cdots, N$（在本书中，$n = 30$，$m = 41$，$N = 13$）。因此，需要解决的问题是：为实现各省份 $v_1, v_2, \cdots, v_n$ 在 t_k（$k = 1, 2, \cdots, N$）城镇化质量的发展特征和总体水平进行客观的综合评价，如何充分、科学地挖掘数据矩阵 $x_{ij}(t_k)$ 所包含的信息，从而确定权重系数 w_j（$j = 1, 2, \cdots, m$）。

2. "纵横向"拉开档次法的步骤

（1）指标的正向化和标准化处理。由于选取的每个指标单位不同，其波动大小不同，因此，我们首先需要将每个指标进行一致化和无量纲化处理，由此得到数据矩阵评价指标 $u_{ij}(t_k)$。

$$u_{ij} = \begin{cases} \dfrac{x_{ij}(t_k) - \min(x_j)}{\max(x_j) - \min(x_j)}, & \text{当指标为正向指标时} \\ \dfrac{\max(x_j) - x_{ij}(t_k)}{\max(x_j) - \min(x_j)}, & \text{当指标为负向指标时} \\ \dfrac{|q - x_{ij}(t_k)|}{\max[q - \min(x_j), \max(x_j) - q]}, & \text{当指标为适中指标时} \end{cases}$$

(6 - 1)

其中，i 代表维度，j 代表指标。$x_{ij}(t_k)$ 是 i 省份在 t_k 时刻第 j 项指标的实际观测值；$\max(x_j)$ 和 $\min(x_j)$ 分别为第 j 个指标所有省份在所有年份的最大值和最小值，u_{ij} 是一致化和无量纲化处理后的指标值。由式（6-1）可知，$0 \leqslant u_{ij} \leqslant 1$，而且所有指标均转为正向指标，即取值最大，表示该指标所体现的城镇化质量分值越高。

（2）权重计算方法。综合评价结果依赖于综合评价模型（函数）的选择。结合线性和非线性加权综合评价模型的使用特点，以及本书的研究目标和指标体系的特征，选择线性加权综合评价模型。因此，对于时刻 t_k ($k = 1, 2, \cdots, N$)，取综合评价函数为：

$$y_i(t_k) = \sum_{j=1}^{m} w_j u_{ij}(t_k), \quad i = 1, 2, \cdots, n; \ k = 1, 2, \cdots, N \tag{6-2}$$

"纵横向"拉开档次法是在时序立体数据的基础上最大程度表现各省份城镇化质量的整体差异确定权重系数，各省份城镇化质量的整体差异可以利用 $y_i(t_k)$ 的总离差平方和 δ^2 来表征。

$$\delta^2 = \sum_{k=1}^{N} \sum_{i=1}^{n} [y_i(t_k) - \bar{y}]^2 \tag{6-3}$$

其中，

$$\bar{y} = \frac{1}{N} \sum_{k=1}^{N} \left[\frac{1}{n} \sum_{i=1}^{n} \sum_{j=1}^{m} w_j u_{ij}(t_k) \right] \tag{6-4}$$

因此，

$$\delta^2 = \sum_{k=1}^{N} \sum_{i=1}^{n} [y_i(t_k) - \bar{y}]^2 = \sum_{k=1}^{N} \sum_{i=1}^{n} [y_i(t_k)]^2$$

$$= \sum_{k=1}^{N} [w^T H_k w] = w^T \sum_{k=1}^{N} H_k w = w^T H w \tag{6-5}$$

式中，$w = (w_1, w_2, \cdots, w_n)^T$，$H = \sum_{i=1}^{N} H_k$ 为 $n \times n$ 阶对称矩阵，而 $H_k = U_k^T U_k$ ($k = 1, 2, \cdots, N$)，并且

第六章 新型城镇化质量对能源消费强度的影响研究

$$U_k = \begin{bmatrix} u_{11}(t_k) & \cdots & u_{1n}(t_k) \\ \vdots & \cdots & \vdots \\ u_{m1}(t_k) & \cdots & u_{mn}(t_k) \end{bmatrix}, k = 1, 2, \cdots, N \quad (6-6)$$

所以，权重系数 w 的求解问题就转化为在限定 w 的取值下，w 取何值可以使 δ^2 取得最大值，w 就可由下面的规划问题解出。选择 w，使得

$$\max \delta^2 = w^T H w$$

$$\text{s. t.} \begin{Bmatrix} w^T w = 1 \\ w > 0 \end{Bmatrix} \quad (6-7)$$

由式（6-7）组成的规划模型，即为"纵横向"拉开档次法求解指标权重系数的规划模型，可以证明，当选择 w 为矩阵 H 最大特征值 $\lambda_{\max}(H)$ 相对应的特征向量时，$w^T H w$ 可以取得最大值。上述规划问题的求解，可以利用 MATLAB 软件求出。"纵横向"拉开档次法中的权重系数 w_j 虽然不显含 t，但是对 t 却有隐式关系，对于城镇化质量综合评价具有明确的直观意义，该方法既在"横向"角度反映了在时刻 t_k（$k = 1, 2, \cdots, N$）各省份城镇化质量之间的差距，又在"纵向"角度反映了各省份城镇化质量总的发展变化规律。

四 我国新型城镇化质量综合评价结果

我们选取我国 30 个省份 2005—2017 年数据进行实证分析，所有数据均来源于历年《中国统计年鉴》《中国能源统计年鉴》《中国教育统计年鉴》《中国科技统计年鉴》《中国科技劳动年鉴》及各省份历年统计年鉴。根据表 6-1 中的定义计算各指标值后，再根据式（6-1）至式（6-7），我们对原始数据进行一致化和无量纲化处理，通过 MATLAB 软件计算得到 40 个评价指标的权重，根据各指标的权重，我们计算了 2005—2017 年我国 30 个省份新型城镇化质量的综合得分，结果如表 6-2 所示。为了更清晰地揭示我国城镇化质量在省份上的差异以及在时间上的发展趋势，我们根据综合得分将全国 30 个

表 6-2 2005—2017 年我国 30 个省份的城镇化质量综合得分

区域	省份	2005年	2006年	2007年	2008年	2009年	2010年	2011年	2012年	2013年	2014年	2015年	2016年	2017年
东部	北京	0.532	0.564	0.584	0.611	0.643	0.673	0.689	0.715	0.727	0.762	0.774	0.795	0.831
	天津	0.460	0.475	0.476	0.492	0.506	0.529	0.556	0.574	0.584	0.606	0.620	0.647	0.648
	河北	0.316	0.318	0.335	0.347	0.357	0.372	0.395	0.403	0.412	0.419	0.428	0.465	0.490
	上海	0.519	0.538	0.552	0.565	0.589	0.604	0.637	0.653	0.640	0.663	0.680	0.726	0.746
	江苏	0.379	0.378	0.425	0.441	0.459	0.480	0.509	0.527	0.526	0.539	0.552	0.575	0.607
	浙江	0.395	0.379	0.435	0.460	0.475	0.497	0.517	0.537	0.559	0.575	0.590	0.621	0.642
	福建	0.340	0.314	0.347	0.369	0.389	0.413	0.434	0.454	0.483	0.495	0.508	0.520	0.560
	山东	0.330	0.370	0.387	0.405	0.417	0.430	0.450	0.466	0.474	0.489	0.495	0.536	0.546
	广东	0.388	0.371	0.404	0.443	0.459	0.478	0.506	0.523	0.542	0.553	0.579	0.617	0.639
	海南	0.270	0.283	0.280	0.300	0.322	0.350	0.390	0.411	0.422	0.436	0.440	0.448	0.467
东北	黑龙江	0.326	0.333	0.344	0.362	0.375	0.394	0.412	0.418	0.429	0.440	0.441	0.451	0.471
	吉林	0.297	0.306	0.333	0.348	0.370	0.386	0.413	0.429	0.427	0.447	0.455	0.473	0.485
	辽宁	0.370	0.382	0.393	0.407	0.427	0.446	0.466	0.482	0.496	0.503	0.503	0.509	0.530
中部	山西	0.283	0.316	0.338	0.357	0.359	0.373	0.396	0.417	0.437	0.431	0.429	0.443	0.498
	安徽	0.241	0.251	0.275	0.292	0.312	0.334	0.363	0.379	0.389	0.413	0.421	0.448	0.471

— 134 —

第六章 新型城镇化质量对能源消费强度的影响研究

续表

区域	省份	2005年	2006年	2007年	2008年	2009年	2010年	2011年	2012年	2013年	2014年	2015年	2016年	2017年
中部	江西	0.263	0.274	0.304	0.324	0.342	0.358	0.382	0.392	0.406	0.415	0.424	0.448	0.497
	河南	0.282	0.288	0.313	0.313	0.326	0.336	0.356	0.368	0.384	0.402	0.408	0.431	0.483
	湖北	0.276	0.302	0.321	0.341	0.358	0.372	0.387	0.400	0.416	0.446	0.455	0.482	0.514
	湖南	0.263	0.269	0.289	0.305	0.318	0.333	0.351	0.370	0.394	0.406	0.418	0.442	0.482
西部	内蒙古	0.264	0.296	0.320	0.342	0.370	0.390	0.425	0.435	0.457	0.478	0.485	0.503	0.514
	广西	0.222	0.232	0.260	0.266	0.288	0.309	0.333	0.351	0.366	0.381	0.394	0.416	0.463
	重庆	0.218	0.235	0.280	0.306	0.332	0.362	0.397	0.422	0.437	0.450	0.470	0.512	0.533
	四川	0.257	0.246	0.269	0.286	0.313	0.332	0.362	0.379	0.394	0.405	0.416	0.452	0.485
	贵州	0.156	0.162	0.170	0.202	0.224	0.237	0.259	0.287	0.335	0.342	0.367	0.394	0.422
	云南	0.192	0.199	0.244	0.257	0.264	0.289	0.303	0.315	0.338	0.344	0.356	0.379	0.429
	陕西	0.279	0.284	0.319	0.336	0.352	0.382	0.400	0.416	0.428	0.448	0.454	0.468	0.483
	甘肃	0.230	0.253	0.261	0.271	0.290	0.303	0.319	0.341	0.354	0.366	0.366	0.392	0.446
	青海	0.248	0.267	0.291	0.313	0.320	0.335	0.360	0.369	0.374	0.397	0.400	0.430	0.456
	宁夏	0.204	0.256	0.286	0.319	0.329	0.363	0.383	0.393	0.427	0.445	0.436	0.498	0.515
	新疆	0.326	0.327	0.351	0.358	0.372	0.392	0.414	0.416	0.437	0.443	0.435	0.454	0.473

省份的城镇化质量（UQI）分为五个等级：城镇化质量得分 $UQI \geqslant 0.6$，代表城镇化质量很高；$0.5 \leqslant UQI < 0.6$，代表城镇化质量较高；$0.4 \leqslant UQI < 0.5$，代表城镇化质量一般；$0.3 \leqslant UQI < 0.4$，代表城镇化质量较低；$UQI < 0.3$ 代表城镇化质量很低。

从表6-2中可以看出，我国30个省份的城镇化质量综合得分随着时间发展都在逐步提升，但是上升的快慢程度并不相同。2005年，我国城镇化质量的平均得分为0.304分，整体处于发展较低阶段。只有北京和上海的城镇化质量得分超过0.5分，可以归到城镇化质量水平较高层次，天津得分0.460分，城镇化质量水平一般，而浙江、广东、江苏、辽宁、福建、山东、黑龙江、新疆、河北9个省得分超过0.3分，城镇化质量水平较低，其他18个省份城镇化质量水平很低。在区域分布上，可以明显看到，北京、上海、天津为第一阵营，东部和东北地区的其他省份为较低（吉林为很低），而中西部省份除新疆外基本都被归入城镇化质量很低的这个层次。

2016—2017年，我国城镇化质量进一步提升，城镇化质量的平均得分为0.528分，已经达到较高发展阶段。其中超过0.6分进入城镇化很高发展阶段的一共有6个省份，分别是北京、上海、天津、浙江、广东和江苏，但是这6个省份又明显地分为三个档次：北京、上海及其他。城镇化质量较高的省份是福建、山东、重庆、辽宁、宁夏、内蒙古和湖北，城镇化的提高趋势由集中于东部区域向全国展开。而且山西、江西、河北等省份的城镇化质量离下一个发展阶段也非常接近。排名在最后的5个省份依然是西部省份：贵州、云南、甘肃、青海和广西，其得分仅为北京的一半左右。

可以看到，全国各省份的城镇化质量整体发生了显著的提高，但是无论是哪个时间，我国新型城镇化质量水平都呈现出明显的区域性差异，总体呈现从东到西的阶梯状分布，从区域平均水平来看，排名先后为东部＞东北部＞中部＞西部，其中，东部地区与其他三个地区的差距较大。从新型城镇化质量的发展速度来看，东部地区的总体平均发展速度相对较快，由此也导致东部地区和其他地区的城镇化质量差距随着时间的推移进一步拉大。而在2012年之后，东北三省的城镇化质量的发展明显放缓，而中部和西部地区却迎头赶上，尤其是西部区域的城镇化发展质量在进入"十三五"后上升得特别明显，中部和西部的差距进一步缩小。总体来看，在区域内部，各省份城镇化质量差距从大到小的排序为：东部＞西部＞东北＞中部。

第二节 我国新型城镇化发展对能源强度影响的实证分析

一 模型设定和面板 EC2SLS 估计

城镇化发展水平和城镇化质量理论分析表明，由于城镇化"规模效应"和"集约效应"的综合作用，使得城镇化对能源强度的影响并不一定是线性的。借鉴现有实证研究结果，我们以能源强度为被解释变量，以人口城镇化以及人口城镇化的二次项为模型的核心解释变量。同时，根据第五章的分析，除了城镇化发展水平，经济波动和工业的发展也对能源消费具有重要的影响，因此分析城镇化发展水平对能源强度的影响时，将人均 GDP、工业化发展水平以及这两个变量的二次项纳入模型作为控制变量。同时为了考察我国城镇化发展水平和工业化在发展过程中是共同促进或是抑制了能源强度的改善，本章将城镇化和工业化的交互项也纳入模型。具体形式如式（6-8）所示：

$$ln EI_{it} = \alpha + \beta_1 lnURB_{it} + \beta_2 lnURB_{it}^2 + \beta_3 lnY_{it} + \beta_4 lnY_{it}^2 + \beta_5 lnIND_{it}$$
$$+ \beta_6 lnIND_{it}^2 + \beta_7 lnURB_{it} \times lnIND_{it} + \mu_i + \varepsilon_{it} \quad (6-8)$$

但是因为新型城镇化发展质量是一个综合指标，其中隐含了经济和工业化的发展成果，因此，我们在考察新型城镇化发展质量对能源强度的影响时，仅纳入新型城镇化发展质量指标，具体模型形式如式（6-9）所示：

$$ln EI_{it} = \alpha + \beta_1 lnQURB_{it} + \beta_2 lnQURB_{it}^2 + \mu_i + \varepsilon_{it} \quad (6-9)$$

式（6-8）和式（6-9）中，EI 表示能源强度，URB 表示新型城镇化发展水平，QURB 表示新型城镇化发展质量，Y 表示经济发展水平，IND表示工业化水平。下标 i 表示省份，t 表示时间，μ_i 为不可观测的地区效应，用以控制个体固定效应，ε_{it} 为随机扰动项。所有变量以自然对数的形式进入模型，估计的系数可解释为弹性。

二 变量选择和数据来源

选择的各变量的设定和具体说明如下：

（1）能源强度（EI）。该指标是对比不同国家或地区能源综合利用效率的常用指标之一，体现了能源使用的经济效益。通常用单位国内生产总值（GDP）所消耗的能源表示，用当年的能源消耗与实际GDP比值计算得到，其单位为"吨标准煤/万元 GDP"。

（2）经济发展水平（Y）。以人均实际GDP来衡量，为各省实际GDP与当年年底人口数比值，单位为"万元/人"。

（3）工业化水平（IND）。采用经验研究中常用的工业增加值占GDP的比重来衡量工业化水平，计算方式为名义工业增加值与名义GDP比值。

（4）新型城镇化发展水平（URB）。这里以城镇人口占该地区总人口的比重来表示。

（5）新型城镇化发展质量（QURB）。这里分别用新型城镇化发展的综合质量（QURBT）、新型城镇化发展水平的质量（QURB1）、新型城镇化推进效率的质量（QURB2）和新型城镇化公平协调的质量（QURB3）来表示。

为了最大限度地利用数据信息，我们选取使用我国1978—2017年30个省份非平衡面板数据构建城镇化发展对能源强度的影响模型[1]，而使用我国2005—2017年30个省份的平衡面板数据构建新型城镇化质量对能源强度的影响模型，所有数据均来源于《新中国六十年统计资料汇编》、历年《中国统计年鉴》及各省份历年统计年鉴。

---

① 在我国34个省级行政区中，由于西藏部分数据严重缺乏，不利于后续的计量分析，故舍去；另外，未包括港澳台地区的数据，笔者仅对我国30个省级行政区进行研究。

三 新型城镇化发展水平与质量对能源强度的影响

为直观反映能源强度、城镇化水平、新型城镇化质量、人均实际GDP、工业化水平等变量随时间变化的趋势，将全国水平绘制为图6-1。由图6-1可以看到自1978年以来，人均实际GDP快速增加，城镇化水平呈稳步上升态势，而除了1989年和2003—2005年，其余年份的能源强度都在不断下降；同时1978—1997年间，工业化水平的变化却呈现先下降后上升的近似"U"形变化，最低点出现在1990年；之后反弹直到2006年后一直下降，因此大体呈现倒"U"形走势，而2005—2017年我国城镇化质量稳步上升，而能源强度却持续下降。

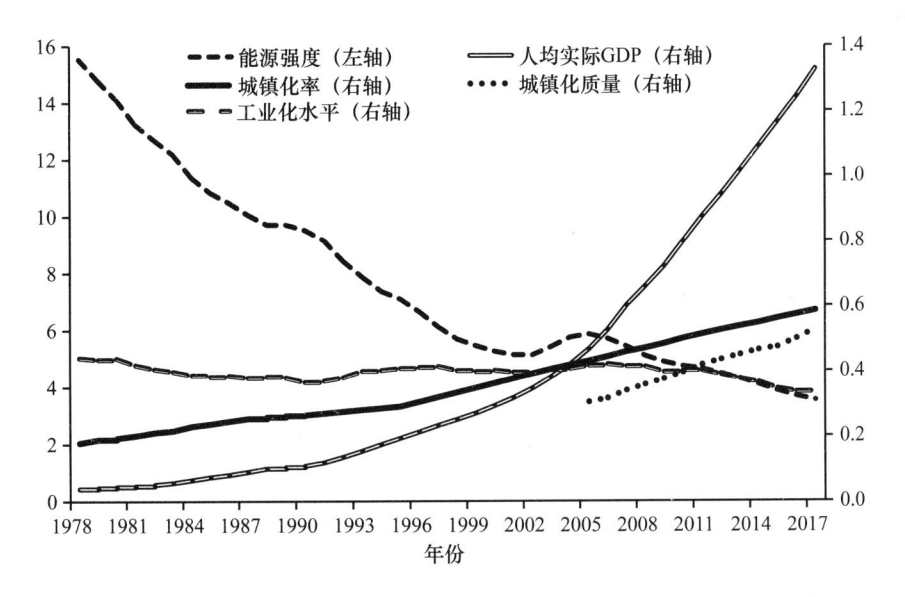

图6-1 1978—2017年我国能源强度、城镇化水平、经济发展和工业化水平

在对数据进行初步处理和描述性分析后，有必要对城镇化发展对能源强度的影响进行深入的计量分析。考虑到能源强度与经济发展之间存在的内生性问题，而依据式（6-8）和式（6-9）进行参数估计时，如果忽略能源强度和经济发展之间存在的内生性，会导致参数估计的偏误。针对该问题，现有研究常见做法是使用工具变量并应用

❖ 新型城镇化进程中的能源消费及其利用效率研究

两阶段最小二乘法（2SLS）进行估计，研究表明，尽管 2SLS 估计得到的结果是一致的，但却是渐进无效的。考虑到误差分量两阶段最小二乘法（EC2SLS）克服了传统 2SLS 估计中存在的问题，可以得到一致且渐进有效的参数估计结果，我们选择使用面板 EC2SLS 对式（6-8）和式（6-9）的参数进行估计。在工具变量的选择上，借鉴现有研究中的通行做法，我们使用经济发展变量即人均 GDP 的一阶滞后项作为工具变量，具体估计结果如表 6-3 所示。

表 6-3　新型城镇化发展水平与质量对能源强度影响的估计结果

变量	新型城镇化发展水平 URB			新型城镇化发展质量			
				综合质量 QURBT	发展水平 QURB1	推进效率 QURB2	公平协调 QURB3
	Pool OLS	固定效应模型	EC2SLS 估计	EC2SLS 估计			
lnURB	1.277*** (0.300)	1.236*** (0.301)	1.352*** (0.318)	3.356*** (0.482)	2.502*** (0.390)	7.757*** (0.827)	2.094*** (0.519)
SqURB	−0.041 (0.045)	−0.036 (0.045)	−0.065 (0.048)	−0.617*** (0.067)	−0.480*** (0.056)	−1.262*** (0.112)	−0.438*** (0.072)
ln$Y$	−0.899*** (0.063)	−0.896*** (0.063)	−0.982*** (0.072)				
SqY	0.037*** (0.007)	0.037*** (0.007)	0.046*** (0.008)				
lnIND	1.433*** (0.465)	1.418*** (0.469)	1.364*** (0.477)				
SqIND	−0.022 (0.064)	−0.020 (0.064)	−0.027 (0.065)				
lnURB × lnIND	−0.172*** (0.048)	−0.170*** (0.048)	−0.143*** (0.050)				
C	−0.623 (1.026)	−0.504 (1.032)	−0.403 (1.059)	−1.511** (0.871)	0.360 (0.684)	−8.587*** (1.526)	0.835 (0.945)
AD R^2	0.687	0.687	0.680	0.399	0.311	0.566	0.335
样本数	893	893	863	360	360	360	360
省份数	30	30	30	30	30	30	30

注：*、**、*** 分别表示 10%、5%、1% 的水平上显著，括号中为标准误差。

从表6-3的结果可以得出以下几点：无论是混合最小二乘估计（Pool OLS）、固定效应模型（FE）还是使用工具变量进行估计，在1%的显著性水平上，均拒绝城镇化水平、人均GDP、人均GDP的二次项、工业化水平、城镇化水平和工业化水平交互项回归系数为0的假设，这5个系数显著成立，而城镇化二次项和工业化二次项系数不显著。因此，本章的实证结果非常稳健，由于工具变量法考虑了能源强度和经济水平发展内在联系性，因此本章以工具变量法的结果作为基准进行分析。

（1）城镇化发展将会提高能源强度。城镇化水平每增加1%，能源强度将会上升1.352%，城镇化水平二次项系数为负，但是不显著，目前我国城镇化的发展与能源强度之间大体呈现线性关系。

（2）经济发展与能源强度之间存在显著的"U"形关系。经济水平的快速提高有利于降低能源强度，人均实际GDP每增加1%，能源强度下降0.982%，但是人均实际GDP二次项正向显著的系数表明，人均实际GDP的二次项每增加1%，能源强度上升0.046%，这两个系数在各回归模型中均显著成立，且数值变化较小，说明该值比较稳健，这表明经济发展与能源强度之间存在显著的"U"形关系。

（3）工业化水平的提高不利于能源强度的降低。从各回归方程来看，工业化的系数始终为正且非常显著，二次项系数不显著，这表明工业化水平与能源强度之间呈现简单的线性关系，从具体数值来看，能源强度的工业化弹性约为1.364。

（4）城镇化和工业化的集聚效应有助于能源强度的降低。在三个回归方程中城镇化和工业化交互项的系数始终为负而且非常显著。

（5）新型城镇化质量在较低时不利于能源强度的降低，但是随着城镇化质量的进一步提升将有利于降低能源强度。

第三节 研究结论和政策建议

一 研究结论

本章以反映能源综合利用效率的能源强度指标替代传统的能源消

费总量指标，并在考虑工具变量的情况下建立模型，对城镇化发展水平、新型城镇化发展质量与能源强度之间关系进行了深入研究，研究发现：

（1）城镇化发展水平对能源消费的影响总体仍体现为规模效应。城镇化发展首先表现为土地城镇化，城镇化建设必将推动基础设施的建设和产业的快速扩张，从而导致社会能源消费大幅增加。改革开放40多年来，我国城镇化水平迅速上升，北京、上海等城镇化率已经超过85%，实现高度城镇化，但是2018年我国整体城镇化水平为59.6%，很多省份的城镇化低于50%，或者刚达到50%（国家统计局，2019）。即使是城镇化高度发达的地区，其基础建设投资仍然保持快速增长，城镇化对能源消费的规模效应仍处于主导地位，其集约效应尚未明显体现。

其次是人口城镇化，城镇化的应有之义就在于将农村人口转为城市人口并集中居住。我国城镇化水平接近60%，如果每年提高1个百分点，每年将有1300万农村人口转为城镇人口，城镇化导致居民能源的消费结构、房屋类型以及生活方式发生跨越式的变化。随着居民生活水平的提高和消费结构升级，能源需求依然将维持高速增长，交通部门和建筑行业等高耗能行业也将继续快速发展。城镇化率的提高引致的大量新增能源需求，很可能造成能源消费绝对量和能源强度的同步增长，从而导致城镇化建设继续推动能源消耗的大幅增长，这仍是我国新型城镇化建设过程中的严峻挑战。

（2）经济发展水平进入较高阶段后，如果不能实施战略转型，能源强度的下降将变得困难。一方面，经济增长和社会进步往往伴随着技术进步和技术创新，而这会导致生产效率和能源综合利用效率的提高，有助于能源强度的降低。特别在经济规模相对较小的情况下，经济增长的速度超过能源消费速度会导致能源强度下降。然而随着经济规模的扩大，长期快速的增长模式转向平稳高质量的增长模式是经济发展的规律，而与此同时，节能技术进步导致能源强度进一步降低的潜力变小，难度变大。另一方面，建筑部门、生产性服务业和居民部门的能源消费还将随着收入水平的提高而快速增长，因此在经济发展水平较高的阶段，如果不能有效地实施战略转型，寻找新的经济增长点，同时实施集约发展，能源强度的下降将变得困难。

（3）在推进工业化的过程中，相对于传统农业和纺织业，工业企业和工业基础设施建设都需要耗费大量的能源资源，而随着工业化水平的提高，工业也倾向于使用更多的能源来进行生产活动，工业化的发展也会使人民生活水平大幅提升，对能源消费需求也会不断增加。即使工业部门是节能减排的重点领域，但是相对于其他部门来说，能源利用效率仍是最低的，工业占比的提高将会促使能源强度快速上升。

（4）虽然城镇化对能源强度的影响仍然体现为规模效应，而工业化发展不利于能源强度的下降，但是在城镇化和工业化集聚的区域，城镇化和工业化的协调发展将有助于能源强度的下降。在城镇化发展初期，如果没有工业化支撑，其城镇化发展对经济的促进作用将被严重削弱，城镇化和工业化的协调发展及相互推进是服务业和制造业之间的协调及融合。李裕瑞等（2014）通过测算发现我国东部沿海和北部的农业现代化、工业化、城镇化和信息化协调度较高，而城镇化和工业化的协调发展不仅能够提升技术创新能力，还能够带来充足的资本存量和良好的投资环境，丰厚的物质基础也将带来能源产业等技术进步从而最终实现环境经济协调发展。

（5）同城镇化发展水平一样，新型城镇化质量对能源强度影响的系数为正，当城镇化质量还处于较低水平时，城镇化发展质量的提升主要依赖于经济城镇化、社会城镇化、空间城镇化等物质基础的发展，对能源消耗的依赖高。但是和城镇化发展水平不同的是，城镇化质量在上升至较高水平时，则促进了能源强度的降低，即新型城镇化质量对能源强度的影响呈现倒"U"形走势。这意味着随着城镇化质量的提高，城镇化通过要素配置和集聚效应、规模经济效应、人力资本积累效应、收入效应、产业结构效应、制度效应等提高了能源利用效率，降低了能源消费强度，同时也通过转变经济增长方式，促进经济集约型增长,降低了能源消费强度。① 从新型城镇化质量的三个维度来看,城镇化发展水平、城镇化推进效率和城镇化公平协调对能源强度的影响都是先升后降的走势。从系数的大小来看,城镇化推进效率对能源强度的正向和负向影响系数都是最大的,城镇化推进效率考察的是劳动生产率、资本效率、资源效率等发展情况,即要素投入效率,劳动、资本等要素效率更高,则对能源消费的替代效应会更大,从而更有利于能源强度的下降。

二 政策建议

从结论引申出的政策建议来看,经济水平的提高有利于降低能源强度。为了推动经济增长提高人民生活水平,推动城镇化水平和工业化发展仍然是目前政策的最优选择,但是城镇化和工业化的提高都导致了能源强度的上升,而且当经济规模较大时,进一步降低能源强度将面临更大的挑战。而随着新型城镇化质量的发展,将有利于能源强度的降低,在目前节能减排面临较大压力的情况下,政策措施的选择与配合就显得尤为重要,具体可从以下几方面进行:

首先,经济发展与资源消耗的"脱钩"模式是提升城镇化质量、保持可持续发展的必然选择。要积极实施低碳城市、环境型城镇建设思路,稳步推进城镇化进程。我国目前正处于城镇化的快速发展期,对能源需求还有很大的依赖性,这也给降低能源强度带来很大的压力。但从长远来看,城镇化水平的提高会使产业组织结构、技术结构、产品结构得到合理调整,资源配置会得到进一步优化和更合理的利用,并实现能源强度的降低。这要求政府在推进城镇化的过程中,注重城镇化的质量提高,提倡建立和完善以清洁、可再生替代能源为规模利用,以传统能源的减量化、集约化、循环利用为特征的城市能源系统,进而不断促进能源强度的下降和能源利用综合效率的上升,在更大程度上降低经济社会发展对能源的依赖程度,实现经济全面、

---

① 吕连菊、阚大学:《城镇化水平、速度和质量对能源消费的影响》,《城市问题》2017年第5期。

协调、可持续发展。

其次,需加快产业结构升级,转变经济增长方式,寻找新的经济增长点。技术进步是产业结构优化升级的直接动力,要采取有效措施,促进企业提高自主创新能力,带动产业结构优化升级,扭转我国粗放型经济增长方式,促进高附加值、低能耗的产业增长,实现集约型经济增长。近年来,我国经济发展进入"新常态",由过去单纯地追求经济增长的"规模经济",转变为追求经济增长、环境改善、社会和谐的可持续发展与包容性发展,这为我国城镇化质量发展和能源消费脱钩提供了良好的条件。从长远来看,一方面要通过推动技术进步,实现经济增长方式由粗放型向集约型转变,最终提升我国整体的能源效率,确保节能减排目标的实现。另一方面要加强我国的自主创新能力,大力培育新的经济增长点,维持经济的平稳快速增长,能源强度才能得以不断下降。

最后,要充分发挥政府产业政策导向作用,合理安排好第二产业和第三产业比例关系。过快发展第二产业不仅会加大能源需求的压力,而且以资源大量投入为特征的粗放型发展会导致能源效率降低。因此要合理安排能源产业消费结构,积极发展清洁型能源,减少能源消耗造成的环境污染。同时,还要加快第三产业发展,增加服务业的比重,限制高能耗行业的过快发展,加强高能耗行业的结构调整,淘汰落后产能和产能过剩产业。而且由于城镇化和工业化耦合协调发展将较大程度地削弱两者带来的能源消费集聚效应,因此也不能过度压缩第二产业的比重,盲目进行产业结构的转型,而应构建与城镇化相融合的工业生产体系,提升城镇化和工业化的协调度,从而提高能源效率。

第七章　我国能源全要素生产率及其影响因素的实证研究
——基于资源禀赋和产业结构扭曲的视角

第五章与第六章讨论了经济波动对能源消费的非对称性影响以及城镇化发展和城镇化质量提升对能源强度的影响，研究均发现，工业化的快速发展对能源消费和能源强度具有显著的正向影响，不利于我国节能减排和能源强度的快速下降，但是抑制工业的发展显然不是经济发展和实现节能减排目标的最优政策选择。研究发现能源效率的提高是解决经济增长和减少能源消费这一矛盾的关键途径，是实现经济和能源消费脱钩以及可持续发展的关键。我国作为能源消费和碳排放大国，迫切需要提高能源消费效率，减少能源消费和碳排放，实现绿色低碳节能环保式经济发展。目前关于能源利用效率的文献非常丰富，学者普遍认为合理的产业结构调整可以提高能源利用效率。[1] 然而，理论和实证研究常常忽略了资源禀赋以及资源禀赋引起的产业结构扭曲对能源利用效率的影响，也较少考虑资源型区域在能源效率提升中面临的挑战以及如何实施因地制宜的措施来促进资源型区域的产业结构调整和能源效率提高。

在资源禀赋较高的地区，经济发展对资源的长期依赖造成产业结

---

[1] Shuai Shao, Jianghua Liu, Yong Geng, Zhuang Miao, Yingchun Yang, "Uncovering Driving Factors of Carbon Emissions from China's Mining Sector", *Applied Energy*, Vol. 166, No. 15, March 2016.

构的扭曲和能源消费结构的刚性化,同时城镇化发展水平较低,还处于快速推进期,实施节能减排、建设生态文明社会的形势更加严峻。资源型地区往往也是高能耗和高排放区域,其节能减排目标的实现是我国实现高质量发展的关键。但在这些区域,短期内放弃资源密集型产业是不现实的,而单纯依靠技术进步来提高能源利用效率、实现节能减排任务存在很大的难度。基于对这些现实问题的考虑,本章运用DEA 模型(SBM-DEA)和窗口分析方法(Window Analysis),将碳排放作为非期望产出纳入模型,对 2003—2016 年我国 30 个省份的能源全要素生产率进行估算,在就资源禀赋对产业结构影响进行分析的基础上,从资源依赖和资源丰裕两个角度分析资源禀赋对我国能源利用效率的直接和间接影响,丰富现有关于能源效率方面的文献,其研究结论可以为我国特别是资源型地区的节能减排和生态文明建设提供建议。

第一节 资源禀赋影响能源全要素生产率的机理分析

资源禀赋将从直接和间接两个途径影响能源利用效率。一方面,丰富的自然资源放松了企业的资源约束,导致资源利用更加粗放和低效,直接影响资源型地区的能源利用效率。另一方面,丰富的自然资源会造成资源型地区产业结构的扭曲,高能耗、高排放产业日益成为区域的支柱产业,进而间接影响了资源型地区的能源利用效率。见图 7-1。

一 资源禀赋对能源全要素生产率的直接影响

从直接影响效应来看,丰富的自然资源常常导致资源型地区的企业由于资源获得便利性以及资源价格相对较低的优势,其生产投资行为常常有别于其他地区的企业。首先,在成本比较优势的条件下,资源获得便利性以及资源价格相对较低势必会导致资源型地区的企业更大规模地使用包括煤炭、石油等能源在内的自然资源,从而降低引进

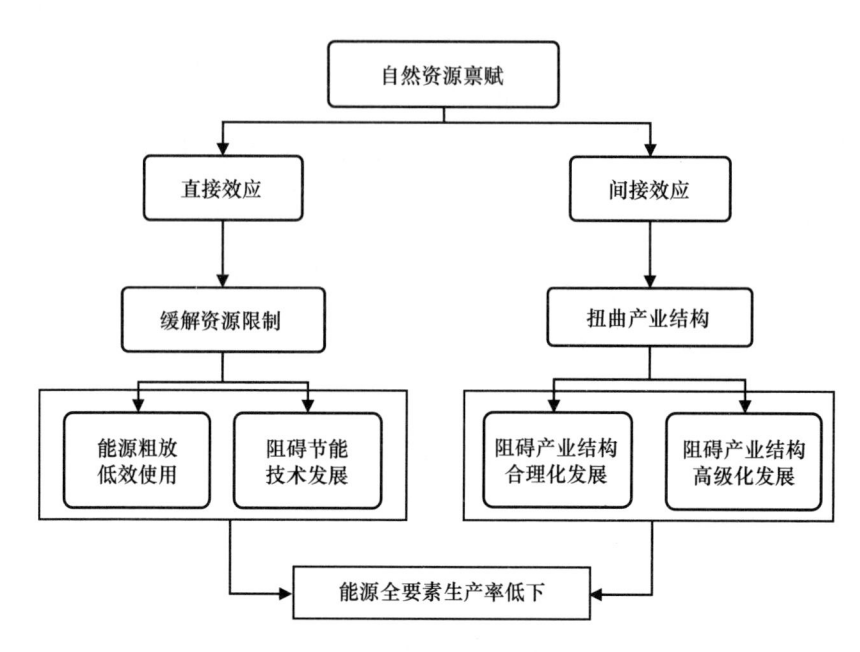

◈ 新型城镇化进程中的能源消费及其利用效率研究

图 7-1 资源禀赋对能源全要素生产率影响的直接效应和间接效应

人才或者技术的意愿。其次,在不易获得资源的地区,企业必须保留一定数量的资源储备,以防范资源短缺可能带来的经营风险,这就给企业的财务状况带来了额外的压力。而资源型地区的企业则拥有较低的资源储备成本,同时也有效避免了由于能源稀缺和能源价格波动过大造成生产运营不稳定方面的风险。因此相对于非资源型地区的企业来说,资源型地区的企业投资资源节约型技术和设备的意愿较低,资源的广泛利用以及人才、节约型技术和设备相对利用不足必然导致能源利用效率的下降。此外,资源密集型产业的集聚,不仅导致对资源依赖的程度越来越大,而且使得与资源密集型产业联系密切的关联产业集聚在资源型地区,从而加重了资源依赖,进一步降低了能源使用效率。

二 资源禀赋对能源全要素生产率的间接影响

从间接影响效应来看,合理的产业结构调整可以提高资源利用效率，而产业结构是在自然资源、技术、经济发展阶段等经济系统因素的制约下，由市场选择共同决定的，这些因素在一定程度上促进了产业结构自发性、合理性和高级化的发展。但是长期的资源开发使得资源型地区的产业结构以自然资源开发和初级加工为主，容易形成单一资源部门主导的低水平产业结构，即形成资源依赖，进而阻碍区域产业结构的调整和演变，使之长期处于扭曲状态。而且资源型地区通常会以资源型产业与配套产业为主导产业形成紧密的产业链，产业关联度大，配套产业的依附性强，经济发展对资源的高度依赖导致产业结构调整难度大，对当地的产业结构形成"锁定效应"和"挤出效应"，导致资源型区域陷入僵化的"专业化陷阱"，挤压了现代制造业的发展空间。

同时资源型区域大多分布在我国西部区域，基础设施相对落后，投资环境差，环境破坏严重，在吸引人才方面处于劣势，对科技研发投入和对外贸易都产生了"挤出效应"，进一步限制了新兴产业的发展，无法获得产业结构优化升级带来的"结构红利"[1]。

可以发现，资源禀赋通过扭曲产业结构的合理化、制约产业结构的高级化，影响产业结构的正常演进，阻碍产业结构改善带来的节能减排效应，从而影响能源利用效率，使得资源型地区在实现可持续发展方面面临较大的困难。反过来，产业结构的"锁定效应"在资源型产业衰退的时候进一步加剧经济的衰退。许多研究经验也已经表明，对大多数国家和地区来说，拥有丰富的资源不仅不能促进经济的长期增长，反而会阻碍经济的长期增长，即"资源诅咒"[2]。

在我国资源丰裕的地区，资源密集型产业在资源型地区集聚，

---

[1] Mike Morris, Raphael Kaplinsky, and David Kaplan, "One Thing Leads to Another—Commodities, Linkages and Industrial Development", *Resources Policy*, Vol. 37, No. 2, December 2012.

[2] Shuai Shao, Lili Yang, "Natural Resource Dependence, Human Capital Accumulation, and Economic Growth: A Combined Explanation for the Resource Curse and the Resource Blessing", *Energy Policy*, Vol. 74, November 2014.

进而形成产业集聚,并最终发展成为支柱产业,这是一个非常自然的过程。资源型区域依托资源优势,形成了兼容的产业结构,极大地促进了区域发展,在很长一段时间内,资源型区域的发展速度要高于全国平均水平,对工业发展、充分就业和人民生活的改善也发挥了重要的作用。而且拥有丰富资源的省份作为国家重要的能源基地,对能源供应、能源安全保障和经济发展也做出了突出贡献,但同时也付出了沉重的环境效益代价和社会效益代价。对于经济增长以资源密集型产业为主的资源型地区来说,实现能源强度的大幅度下降和低碳转型是一个严峻的挑战。一方面,短期内放弃资源密集型支柱产业显然是不现实的,因为随之而来的经济增长、就业等经济和社会问题会更加突出。另一方面,在资源型地区,产业结构调整虽然面临更大的难度,但对于减少能源消费提高能源效率的作用比其他地区更为重要,如何在资源型地区持续地推进产业结构调整是一项长期而艰巨的任务。

针对资源型地区在提高能源利用效率、降低能源消费方面存在的困难,本章从资源依赖和资源丰裕度两方面分析资源禀赋对能源利用效率的直接和间接影响,研究资源型地区资源丰裕度、产业结构与能源利用效率之间的关系,为资源型地区低碳转型提供政策建议,是对现有文献的有益扩展,也是一项及时而有价值的工作。作为世界上最大的煤炭生产国和最大的碳排放国,我国为研究这一问题提供了一个很好的案例,同时我国的经验教训也可以为其他依赖自然资源的发展中国家提供借鉴。

第二节　资源禀赋对能源全要素生产率影响的实证研究

一　能源全要素生产率测算模型和影响因素分析模型

1. SBM-DEA 和窗口分析模型

(1) SBM-DEA 模型。随着能源利用效率成为与经济社会可持续发展密切相关的一个重要问题,评估不同部门和地区的能源利用效率

第七章 我国能源全要素生产率及其影响因素的实证研究

具有突出的理论意义和现实意义,近年来已成为一个日益重要的研究方向。针对能源利用效率,国内外学者提出了大量的定量方法,其中DEA(Data Envelopment Analysis)是应用最为广泛的方法,并在DEA的定义和框架基础上发展了多种应用模型。

DEA最初由Charnes等人(1979)提出,可以在全要素框架下,对包括多投入产出指标的决策单元进行非参数有效生产的前沿面的确定和相对有效性评价。另外,除了衡量全要素能源效率,计算投入过剩或产出不足(即冗余)也非常重要。一些学者(Thrall, 1996; Tone, 2001)首先在DEA框架下提出了基于松弛变量的全要素效率测度模型(Slacks-Based Measure, SBM),将松弛变量直接纳入目标函数,弥补了径向与角度的选择差异带来的偏差缺陷。Tone & Sahoo进一步将非期望产出纳入模型,得到的松弛变量存在明确的经济学意义。Song等人(2013)在估计我国各省环境效率时,将SBM模型与传统的CCR-DEA模型进行了比较,发现SBM模型更为准确、可靠。近年来,学者基于SBM-DEA对不同地区不同行业的能源效率进行了评价。

SBM-DEA具体模型如下:

以我国30个省份作为基本决策单位(DMU_j, j = 1, 2, …, 30),每个决策单位分别有三个要素:投入、期望产出和非期望产出,分别用向量$x \in R^m$、$y^g \in R^{s_1}$、$y^b \in R^{s_2}$表示。SBM-DEA可以被写作如下形式:

$$\rho^* = min \frac{1 - \frac{1}{m}\sum_{i=1}^{m}\frac{s_i^-}{x_{i0}}}{1 + \frac{1}{s_1 + s_2}\left(\sum_{r=1}^{s_1}\frac{s_r^g}{y_{r0}^g} + \sum_{r=1}^{s_2}\frac{s_r^b}{y_{r0}^b}\right)} \quad (7-1)$$

$$\begin{cases} s.t. \ x_0 = X\lambda + s^- \\ y_0^g = Y^g\lambda - s^g \\ y_0^b = Y^b\lambda + s^b \\ \lambda \geq 0, s^- \geq 0, s^g \geq 0, s^b \geq 0 \end{cases} \quad (7-2)$$

式(7-1)和式(7-2)中,向量$x \in R^m$、$y^g \in R^{s_1}$、$y^b \in R^{s_2}$分

别表示投入、期望产出和非期望产出。向量 $s^- \in R^n$、$s^g \in R^{s_1}$ 和 $s^b \in R^{s_2}$ 相对应地表示投入和产出冗余，当生产不是最优效率时，s^- 表示过多的投入部分，s^g 表示期望产出不足部分，s^b 表示过多的非期望产出部分。目标函数满足 $0 < \rho^* \leq 1$，在 $(\lambda^*, s^{-*}, s^{g*}, s^{b*})$ 下寻找最优解。这样，在存在非期望产出的情况下，有且 $\rho^* = 1$ 的情况下 DMU_j 才是有效率的，这时投入和产出的冗余都为 0，即 $s^{-*} = 0$，$s^{g*} = 0$，$s^{b*} = 0$。如果 $\rho^* < 1$，则 DMU_j 是无效率的，这时可以通过降低投入和非期望产出、提高期望产出的方式提高效率，而在 SBM-DEA 模型下，最优效率下的投入、期望产出和非期望产出的目标如式 (7-3) 所示：

$$\hat{x}_0 \leftarrow x_0 - s^{-*}$$
$$\hat{y}_0^g \leftarrow y_0^g - s^{g*}$$
$$\hat{y}_0^b \leftarrow y_0^b - s^{b*} \qquad (7-3)$$

在 SBM-DEA 模型下，在生产技术位于前沿时，表示生产有效率，这时 $\rho^* = 1$，在生产技术没有位于前沿时，表示生产无效率，$\rho^* < 1$，SBM 提供了一个从 0 到 1 的标量度量，它包含了模型可以识别的所有低效率。

（2）DEA 窗口分析。对于多期的数据，如果不考虑时间因素，在静态条件下使用传统的 SBM 得出的效率结果可能会有偏差 (Kumbhakar & Lovell, 2000)。而 Charnes & Cooper (1984) 引入的 DEA 窗口分析（DEA Window Analysis）是标准（静态）方法的一种变体，其工作原理是以包含横截面和时变样本的面板数据为基础，对某个窗口期的效率进行测度，再使用移动平均法，这样就测量了效率的动态效应。正因为如此，越来越多的研究采用 DEA 窗口分析来评估不同国家、地区、部门的效率。Wang 等人（2013）利用 DEA 窗口分析法对 2000—2008 年我国 29 个省份的能源和环境效率进行分析。王锋和冯根福（2013）、袁华萍（2016）分别基于 DEA 窗口模型分析我国省际能源与环境效率以及我国环境治理投资效率。Lin 等人（2018）采用 DEA 窗口分析法对 2006—2014 年我国

28个制造业的绿色技术创新效率进行估算，发现与传统 DEA 相比，结果更接近现实。

定义一个我国各省份在时间段 t（$1 \leqslant t \leqslant T$）宽度为 $w(1 \leqslant w \leqslant T-t)$ 的窗口 $n \times w$，在本章，$n=30$，表示 30 个省份，$T=14$，表示时间段为 2003—2016 年，根据文献中的通常做法，选择窗口的宽度 w = 3[①]，通过在软件中设置相应的参数对能源全要素生产率采用窗口分析法进行计算。

2. 面板 Tobit 回归模型

由于基于 SBM-DEA 的能源全要素生产率的值被限定在 0—1，因为很少有省份表现为能源利用完全无效率，更多的情况是能源全要素生产率可能存在超过 1 的情况，这就意味着 1 被截尾，在这种情况下，通过传统回归方法（如 OLS）获得的参数估计值是有偏差的。Tobin（1958）提出的 Tobit 回归模型是针对因变量被截尾的更一般的回归模型，可以利用其得到一致估计，所以在存在截尾因变量的情况下 Tobit 模型被广泛应用。本章将应用随机面板 Tobit 回归模型来估计能源全要素生产率的影响因素。

模型如下：

$$\begin{aligned} ln\ efficiency_{it} = & \alpha + \beta_1 ln\ NRD_{it} + \beta_2 ln\ rational_{it} + \beta_3 ln\ advanced_{it} \\ & + \beta_4 ln\ NRD_{it} \times ln\ rational_{it} + \beta_5 ln\ NRD_{it} \times ln\ advanced_{it} \\ & + \beta_6 ln\ PGDP_{it} + \beta_7 ln\ NRD_{it} \times ln\ PGDP_{it} + X_{it}^{'}\delta + \lambda_i + \varepsilon_{it} \end{aligned}$$

(7-4)

式（7-4）中，$efficiency_{it}$ 表示基于 SBM-DEA 和窗口分析法计算的第 t 年第 i 省的能源全要素生产率效率。NRD 表示资源禀赋，rational 和 advanced 是表征产业结构改善的两个指标：产业结构的合理化和产业结构高级化，分别衡量产业间生产要素配置效率和产业结构演进阶段。PGDP 代表经济发展水平，$X_{it}^{'}$ 表示控制变量。

[①] George Vlontzos and Panos M. Pardalos, "Assess and Prognosticate Greenhouse Gas Emissions from Agricultural Production of EU Countries, by Implementing, DEA Window Analysis and Artificial Neural Networks", *Renewable and Sustainable Energy Reviews*, Vol. 76, September 2017.

二 能源全要素生产率测算及影响因素的指标选择和数据来源

1. 能源全要素生产率测算模型的指标选择

基于 SBM-DEA 和窗口方法计算能源全要素生产率时,我们采用的投入指标分别是:

劳动力（Labor）：以各省就业总数来表示（万人）；

资本存量（Capital）：根据单豪杰（2008）做法,通过永续盘存法来获得①：

$$K_{it} = (1 - \delta_{it})K_{it-1} + I_{it} \tag{7-5}$$

能源消费（Energy）：以各省的能源消费总量来表示（万吨标准煤）；

期望产出（GDP）：以 2003 年为基期进行价格平减后的各省 GDP 表示（亿元）；

非期望产出（CO_2）：各省能源二氧化碳排放总量,通过各省煤炭、焦炭、原油、汽油、煤油、柴油、燃料油、天然气 8 种能源的消费量,再乘以对应的二氧化碳排放因子汇总得到,二氧化碳排放因子根据 IPCC（2006）获得。

2. 能源全要素生产率影响因素指标选择

资源禀赋。在通过相关理论和文献梳理之后,我们对"资源禀赋"的内涵重新进行了界定,即资源禀赋既包括以自然资源储量表示的资源丰裕度（NFC）,也包含以地方经济对资源产业依赖程度所表示的资源依赖度（NRD）。在资源丰裕度较高的区域,资源依赖度不一定高,而资源依赖高的区域则一定是资源丰裕度较高的区域。根据前文的机理分析,资源的丰裕度高会形成当地的能源成本优势,加大对资源的依赖,从而降低企业节能减排等技术创新投资活动,导致能源利用效率的降低,而资源依赖进一步造成产业结构的扭曲,阻碍能源效率的提高。

---

① 单豪杰：《中国资本存量 K 的再估算：1952—2006 年》,《数量经济技术经济研究》2008 年第 10 期。

具体来看,由于我们讨论的是能源全要素生产率,并以碳排放作为非期望产出,因此从能源消耗和能源碳排放的角度来考虑,选择"煤炭开采和洗选业"以及"石油天然气开采业"的产值占工业增加值的比重来表示自然资源依赖程度（NRD）,其值越大,表示经济对资源依赖的程度越高。同时,从就业角度出发,"煤炭开采和洗选业"以及"石油天然气开采业"的就业人数占第二产业就业总人数的比重（NRDL）也作为资源依赖的指标。资源丰裕度以化石能源丰裕度（NFC）来表示,具体而言是用每个省份化石能源生产和化石能源消费的比值来计算得到,该比值越大,表示化石能源禀赋程度越高。

从资源禀赋对能源全要素生产率的直接影响以及造成产业结构扭曲从而间接影响能源全要素生产率的机理分析出发,将基于自然资源依赖度（NRD）的模型作为基准模型,而后纳入就业的资源依赖度（NRDL）和资源丰裕度（NFC）分别建立模型来进行稳健性检验。

产业结构合理化（rational）。根据干春晖等（2011）的做法构建产业结构合理化指数①,如式（7-6）所示:

$$rational = \sum_{i=1}^{n}\left(\frac{Y_i}{Y}\right)ln\left(\frac{Y_i}{L_i}\Big/\frac{Y}{L}\right) \tag{7-6}$$

式（7-6）中,i 表示产业,n 表示产业部门数。Y 和 L 分别表示不同产业的产值和劳动力。当经济处于均衡状态时,各产业的劳动效率将趋于一致（$Y_i/L_i = Y/L$,rational=0）。产业结构合理化指数越小,表示产业结构越合理。产业结构如果合理发展会提高配置效率和耦合质量,促进经济发展,提高能源利用效率。

产业结构高级化指数（advanced）。第三产业生产总值与第二产业生产总值之比,其值越高,表示产业结构越高级,第三产业的发展有利于能源利用效率的提高。

---

① 干春晖、郑若谷、余典范:《中国产业结构变迁对经济增长和波动的影响》,《经济研究》2011年第5期。

对于控制变量，在许多研究中，经济发展水平、城镇化发展水平、财政支出强度、技术创新、能源价格以及环境规制都是影响能源利用效率的重要因素。

经济发展水平（*PGDP*）。以2003年价格进行平减的人均GDP表示。

城镇化发展水平（*UR*）。在城镇化进程中，一方面，经济活动更加集中导致能源消耗快速上升。另一方面，城镇化导致经济活动集聚产生规模效应和技术溢出效应将降低能源消费强度，提高能源消费效率。[①] 城镇化发展水平以各省城镇常住人口的比例来表示。

财政支出强度（*FIN*）。在提高能源利用效率方面发挥着重要作用，虽然企业是节能减排的主体，但是政府的财政支出可以为节能减排技术的改进提供资金，通过激励和补贴的方式激励企业淘汰落后产能、提高能源利用效率，同时财政支出对推进清洁能源发展也起到了重要的作用。财政支出强度用财政支出与财政收入的比率来表征。

技术创新（*R&D*）。在提高能源利用效率方面发挥着越来越重要的作用，对于节能减排目标的实现至关重要。技术创新以研发经费支出占GDP的比重来表征。

能源价格（*EPI*）。当能源价格持续上涨时，会加速节能技术的推广，降低能源消耗，提高能源利用效率。能源价格的变化可以通过工业燃料和电力生产商的购买价格指数来表示。

环境规制（*Regulation*）。随着气候变化的加剧，各国政府将采取更加严格的环境法规，这将给企业带来额外的成本，从而提高能源利用效率，倒逼经济发展方式转变，促进产业结构不断优化升级，实现高质量的发展，但是，过高的成本可能不利于企业的经营，导致能源利用效率的下降。我国"十一五""十二五"时期实行能源消耗强度下降目标，"十三五"时期实施能耗强度和能耗总量"双控"行动，因此本章将"十一五"规划、"十二五"规划和"十三五"规划中各省的能源消耗强

[①] 王珂英、张鸿武：《城镇化与工业化对能源强度影响的实证研究——基于截面相关和异质性回归系数的非平衡面板数据模型》，《中国人口·资源与环境》2016年第6期。

度下降目标平均分解为年度下降目标作为环境规制强度的指标。2003—2005年的规定值设置为0，表示这一时期没有能源控制目标。

3. 数据来源和处理

我们使用2003—2016年我国30个省份的面板数据进行能源利用效率的测算和影响因素的实证研究。用于估算能源利用效率以及面板Tobit回归模型用到的数据均来自历年的《中国统计年鉴》《中国工业统计年鉴》《中国能源统计年鉴》《中国人口与就业统计年鉴》《中国劳动统计年鉴》《中国科学技术统计年鉴》。除环境规制外，模型中其他变量均取对数处理。

根据区域经济格局、资源丰裕度和地理特征，将我国30个省份划分为8个经济地理区域，分别是东北地区（辽宁、吉林、黑龙江）、北部沿海地区（北京、天津、河北、山东）、东部沿海地区（上海、江苏、浙江）、南部沿海地区（福建、广东、海南）、黄河中游地区（陕西、山西、河南、内蒙古）、长江中游地区（湖北、湖南、江西、安徽）、西南地区（云南、贵州、四川、重庆、广西）和西北地区（甘肃、青海、宁夏、新疆）。

三 我国省际能源全要素生产率及其影响因素实证结果

1. 我国省际能源全要素生产率的结果

基于SBM-DEA和窗口分析，估计我国30个省份的能源全要素生产率，并将部分年份的数据呈现在表7-1中。首先，从2003年到2016年，几乎所有省份的能源全要素生产率都有所提高，但各省之间的差距很大。2016年，有山东、北京、天津、宁夏、青海、湖南、上海、江苏、广东和海南10个省份处在生产技术前沿上，即能源全要素生产率为1，而新疆、山西、内蒙古、河南、河北、甘肃、辽宁和陕西8个省份的能源全要素生产率非常低（低于0.6）。其次，可以看出各省的能源全要素生产率存在显著的区域集聚趋势，沿海地区的能源全要素生产率普遍高于中西部地区。另外毫不意外，富煤的黄河中游地区和东北地区的能源全要素生产率最低，而这些区域的产业结构转型也面临着更大的困难。

表 7-1　　我国各省能源全要素生产率

地区	2004 年	2006 年	2008 年	2010 年	2012 年	2014 年	2016 年
黄河中游地区	0.479	0.520	0.580	0.589	0.590	0.581	0.525
山西	0.394	0.404	0.455	0.487	0.490	0.475	0.469
内蒙古	0.466	0.530	0.575	0.579	0.542	0.674	0.496
河南	0.536	0.582	0.661	0.652	0.671	0.574	0.543
陕西	0.519	0.565	0.631	0.641	0.656	0.599	0.591
北部沿海地区	0.677	0.711	0.764	0.776	0.781	0.831	0.886
河北	0.556	0.575	0.587	0.612	0.624	0.601	0.545
山东	0.689	0.646	0.637	0.615	0.615	0.766	1.000
北京	0.792	0.942	0.960	0.944	0.989	0.992	1.000
天津	0.673	0.682	0.872	0.935	0.896	0.967	1.000
东北地区	0.497	0.553	0.607	0.621	0.663	0.669	0.643
辽宁	0.478	0.538	0.587	0.631	0.671	0.619	0.571
黑龙江	0.495	0.526	0.576	0.625	0.653	0.637	0.605
吉林	0.518	0.594	0.656	0.607	0.664	0.749	0.753
西北地区	0.679	0.642	0.681	0.675	0.698	0.671	0.756
新疆	0.495	0.525	0.554	0.541	0.518	0.493	0.464
甘肃	0.450	0.485	0.546	0.585	0.595	0.567	0.560
宁夏	0.769	0.559	0.624	0.611	0.754	0.624	1.000
青海	1.000	1.000	1.000	0.964	0.928	1.000	1.000
西南地区	0.625	0.655	0.710	0.728	0.680	0.679	0.728
贵州	0.415	0.442	0.527	0.559	0.575	0.600	0.614
广西	0.694	0.763	0.861	0.808	0.668	0.694	0.661
四川	0.631	0.691	0.714	0.778	0.701	0.607	0.685
云南	0.554	0.568	0.624	0.635	0.676	0.694	0.740
重庆	0.832	0.810	0.823	0.862	0.781	0.800	0.939
长江中游地区	0.640	0.674	0.757	0.767	0.757	0.751	0.783
安徽	0.597	0.651	0.692	0.717	0.722	0.689	0.673
江西	0.669	0.763	0.868	0.816	0.803	0.714	0.718
湖北	0.613	0.618	0.722	0.757	0.701	0.681	0.743
湖南	0.681	0.662	0.746	0.778	0.803	0.922	1.000

续表

地区	2004年	2006年	2008年	2010年	2012年	2014年	2016年
东部沿海地区	0.796	0.844	0.876	0.930	0.878	0.818	0.975
浙江	0.850	0.794	0.809	0.789	0.794	0.782	0.925
上海	0.765	0.918	0.917	1.000	0.839	0.884	1.000
江苏	0.774	0.819	0.902	1.000	1.000	0.787	1.000
南部沿海地区	0.940	0.911	0.933	0.926	0.883	0.882	0.929
福建	0.833	0.829	0.855	0.779	0.699	0.694	0.786
广东	1.000	0.953	1.000	1.000	1.000	0.993	1.000
海南	0.988	0.951	0.944	1.000	0.948	0.960	1.000
平均值	0.658	0.680	0.731	0.744	0.733	0.728	0.769

2. 基于面板Tobit回归模型的能源全要素生产率影响因素分析

（1）基准模型。首先以工业增加值占比表示的资源依赖（NRD）作为核心变量，运行面板Tobit回归模型，结果如表7-2所示。从第（1）列可以看出，资源依赖（NRD）对能源全要素生产率有显著的负面影响。资源依赖度每增加1%，能源全要素生产率将下降约0.041%。在第（2）—（3）列中加入产业结构合理性和产业结构高级化指标，在第（4）—（6）列中依次加入资源依赖和产业结构交叉项以及所有控制变量后，资源依赖系数仍然显著为负，而且系数的绝对值显著上升，这初步验证了区域的资源依赖度较高，将阻碍能源全要素生产率的提高。

表7-2 资源依赖（工业增加值占比）和产业结构对能源全要素生产率的影响

因变量	（1）	（2）	（3）	（4）	（5）	（6）
	能源全要素生产率对数值						
$lnNRD$	-0.041*** (0.004)	-0.029*** (0.004)	-0.042*** (0.003)	-0.117** (0.047)	-0.249*** (0.054)	-0.277*** (0.050)
$lnrational$		-0.032*** (0.006)		-0.027** (0.012)		-0.029** (0.014)

续表

因变量	（1）	（2）	（3）	（4）	（5）	（6）
	\multicolumn{6}{c}{能源全要素生产率对数值}
lnadvanced			0.072***		0.058	0.094**
			(0.020)		(0.039)	(0.047)
lnNRD × lnrational				0.004*		-0.002
				(0.002)		(0.003)
lnNRD × lnadvanced					-0.011	-0.013
					(0.009)	(0.012)
lnPGDP				0.165***	0.185***	0.179***
				(0.020)	(0.021)	(0.027)
lnNRD × lnPGDP				0.013***	0.023***	0.027***
				(0.005)	(0.005)	(0.005)
lnFIN						0.107***
						(0.025)
lnR&D						0.039**
						(0.017)
lnEPI						0.143**
						(0.067)
lnUR						-0.028
						(0.040)
Regulation						0.985**
						(0.493)
_cons	-0.488***	-0.569***	-0.506***	-2.113***	-2.272***	-2.844***
	(0.015)	(0.017)	(0.015)	(0.196)	(0.210)	(0.493)
sigma_u	0.172***	0.147***	0.152***	0.162***	0.148***	0.170***
	(0.007)	(0.007)	(0.006)	(0.006)	(0.006)	(0.007)
sigma_e	0.120***	0.117***	0.118***	0.105***	0.107***	0.105***
	(0.004)	(0.004)	(0.004)	(0.004)	(0.004)	(0.004)
Rho	0.672	0.613	0.625	0.705	0.655	0.723
Prob > chi2	0.000	0.000	0.000	0.000	0.000	0.000
Prob >= chibar2	0.000	0.000	0.000	0.000	0.000	0.000
N	420	420	420	420	420	420

注：*、**、*** 分别表示 10%、5%、1% 的水平上显著，括号中为标准误差。

表7-2中的第(2)—(6)列的结果均显示,产业结构合理化的系数始终为负,而产业结构高级化的系数始终为正,而且除第(5)列外都在5%的水平下通过显著性检验。这表明产业结构合理化和高级化发展都有利于提高能源全要素生产率。从交叉项来看,第(4)列中,资源依赖和产业结构合理化交叉项的系数为正值,由于产业结构的数值越小表示产业结构越合理,正向的系数意味着在资源依赖度高的地区,产业结构合理化发展依然不能提高能源全要素生产率。而资源依赖和产业结构高级化的交叉项系数全部为负,这表明资源依赖度较高的地区,即使产业结构向高级化发展,还是难以提高能源全要素生产率。但是经济发展水平以及经济发展和资源依赖的交互项的系数在所有方程中都为正的显著,这表明经济发展不仅可以提高能源全要素生产率,同时在资源型地区也可以减轻资源依赖对能源全要素生产率的负面影响。

(2) 稳健性检验。首先使用资源产业的劳动力占比（NRDL）来进一步验证资源依赖性对能源全要素生产率影响结果的稳健性,结果如表7-3所示。可以发现表7-3中各方程的回归结果与表7-2中的结果基本是一致的。具体来看,在没有加入资源依赖与产业结构以及资源依赖与经济变量交叉项和控制变量的情况下,如表(1)—(3) 列所示,资源依赖性每增加1%,能源全要素生产率就会下降约0.03%。而在增加交叉项和控制变量之后,如(4)—(6) 列所示,资源依赖性每增加1%,能源全要素生产率降低幅度约0.30%,影响程度和变化与表7-2是一致的。产业结构变量和所有交叉项的结果也基本相同,但某些系数的显著性水平有所下降。

表7-3　资源依赖（劳动占比）和产业结构对能源全要素生产率的影响

	(1)	(2)	(3)	(4)	(5)	(6)
因变量	能源全要素生产率对数值					
lnNRDL	-0.029***	-0.026***	-0.025***	-0.256***	-0.266***	-0.330***
	(0.003)	(0.003)	(0.004)	(0.051)	(0.054)	(0.057)

续表

因变量	(1)	(2)	(3)	(4)	(5)	(6)
	\multicolumn{6}{c}{能源全要素生产率对数值}
lnrational		-0.052*** (0.005)		-0.004 (0.014)		-0.019 (0.013)
lnadvanced			0.057*** (0.020)		0.005 (0.047)	-0.004 (0.054)
lnNRDL × lnrational				0.006*** (0.002)		0.003 (0.002)
lnNRDL × lnadvanced					-0.017** (0.009)	-0.016 (0.010)
lnPGDP				0.177*** (0.024)	0.200*** (0.022)	0.198*** (0.029)
lnNRDL × lnPGDP				0.024*** (0.005)	0.024*** (0.005)	0.031*** (0.005)
lnFIN						0.074*** (0.025)
lnR&D						0.029 (0.018)
lnEPI						0.075 (0.069)
lnUR						-0.033 (0.040)
Regulation						0.982*** (0.381)
_cons	-0.505*** (0.016)	-0.587*** (0.018)	-0.482*** (0.017)	-2.259*** (0.229)	-2.429*** (0.233)	-2.804*** (0.502)
sigma_u	0.178*** (0.008)	0.162*** (0.011)	0.177*** (0.007)	0.135*** (0.006)	0.140*** (0.006)	0.161*** (0.008)
sigma_e	0.121*** (0.005)	0.118*** (0.004)	0.119*** (0.004)	0.106*** (0.004)	0.107*** (0.004)	0.105*** (0.004)
Rho	0.684	0.653	0.687	0.620	0.629	0.700
Prob > chi2	0.000	0.000	0.000	0.000	0.000	0.000
Prob >= chibar2	0.000	0.000	0.000	0.000	0.000	0.000
N	420	420	420	420	420	420

注：*、**、*** 分别表示10%、5%、1%的水平上显著，括号中为标准误差。

自然资源丰裕度与自然资源依赖度有一定的相关性，自然资源丰裕度是指一个国家或地区可用于社会经济发展的自然资源数量，自然资源依赖度是指资源型产业在区域经济发展中的作用。在自然资源丰富的地方，自然资源依赖性并不一定高，因此在研究资源依赖对能源效率的影响后，我们以化石能源禀赋（各省化石能源的生产与消费之比，NFC）作为核心自变量进一步讨论资源丰裕度对能源效率的影响，结果如表7-4所示。

从表7-4第（1）—（3）列的结果可以看出，同表7-2和表7-3的结果类似，资源丰裕度与能源全要素生产率呈显著负相关关系，资源丰裕度每增加1%，能源全要素生产率将下降约0.12%。此外，与之前的结果类似，产业结构合理化和高级化的发展，将会显著提高能源全要素生产率。在第（4）—（6）列中加入资源丰裕度与产业结构变量的交叉项后，从表7-2、表7-3和表7-4的系数大小和显著性来看，资源丰裕度对产业结构依然产生了一定的扭曲，从而阻碍了能源全要素生产率的提高，但是资源丰裕度对产业结构的扭曲程度不如资源依赖严重。

从各控制变量来看，如表7-2、表7-3所示，财政支出强度的系数显著为正，由于社会整体的节能和能源效率的提高具有一定的外部性和公共物品的特性，政府的财政支出在节能减排技术改进、鼓励企业淘汰落后产能以及建立长效机制方面发挥了重要的作用。如文献所述，研发投入的强度在提高能源全要素生产率方面的作用无疑是非常显著的。因为能源价格的上涨将迫使企业引进节能技术或降低能源消耗，因此能源价格对能源全要素生产率的影响显著为正。虽然在表7-2和表7-3中系数不显著，但是在三种情况下城镇化对能源全要素生产率的影响都为负，这个结论和第六章的结论相同，即在我国城镇化发展过程中对能源消费的影响规模效应要超过集约效应。环境规制对能源效率的影响均显著为正，这反映了国家节能目标的确是提高能源效率的有效工具。

表7-4　　　能源丰裕度和产业结构对能源全要素生产率的影响

	(1)	(2)	(3)	(4)	(5)	(6)
因变量			能源全要素生产率对数值			
lnNFC	-0.117*** (0.013)	-0.117*** (0.012)	-0.121*** (0.014)	-0.289** (0.115)	-0.406*** (0.139)	-0.244** (0.120)
lnrational		-0.016*** (0.006)		-0.020** (0.009)		-0.009 (0.010)
lnadvanced			0.110*** (0.019)		0.064** (0.028)	0.081*** (0.031)
lnNFC × lnrational				0.009 (0.008)		0.025*** (0.009)
lnNFC × lnadvanced					-0.035 (0.023)	0.035 (0.029)
lnPGDP				0.115*** (0.012)	0.117*** (0.011)	0.118*** (0.023)
lnNFC × lnPGDP				0.023** (0.012)	0.035*** (0.014)	0.025** (0.012)
lnFIN						-0.002 (0.024)
lnR&D						0.025 (0.017)
lnEPI						0.092 (0.068)
lnUR						-0.081** (0.040)
Regulation						0.850** (0.376)
_cons	-0.452*** (0.012)	-0.485*** (0.017)	-0.431*** (0.010)	-1.578*** (0.113)	-1.537*** (0.112)	-1.951** (0.490)
sigma_u	0.151*** (0.007)	0.149*** (0.007)	0.155*** (0.007)	0.154*** (0.006)	0.147*** (0.006)	0.148*** (0.006)
sigma_e	0.116*** (0.004)	0.116*** (0.004)	0.115*** (0.004)	0.107*** (0.004)	0.107*** (0.004)	0.104*** (0.004)
Rho	0.630	0.624	0.644	0.677	0.654	0.670
Prob > chi2	0.000	0.000	0.000	0.000	0.000	0.000
Prob >= chibar2	0.000	0.000	0.000	0.000	0.000	0.000
N	420	420	420	420	420	420

注：*、**、***分别表示10％、5％、1％的水平上显著，括号中为标准误差。

3. 资源禀赋影响能源全要素生产率的中长期效应分析

上文利用年度面板数据就资源依赖和资源丰裕度对能源全要素生产率的短期影响效应进行了实证研究，初步验证了我们提出的机理分析。另外，中长期效应对于分析资源禀赋对能源全要素生产率的影响具有十分重要的意义。我们进一步根据现有研究的方法①，利用5年移动平均数据和面板 Tobit 回归模型检验自然资源依赖和产业结构对能源全要素生产率的中期影响，并利用样本期平均横截面数据和 Tobit 回归模型分析其长期影响②，结果如表7-5和表7-6所示。

表7-5　资源依赖和产业结构对能源全要素生产率影响的中期效应分析

	（1）	（2）	（3）	（4）	（5）	（6）
因变量	\multicolumn{6}{c}{能源全要素生产率对数值}					
$lnNRD$	-0.014*** (0.003)	-0.016*** (0.003)	-0.012*** (0.003)	-0.237** (0.047)	-0.266*** (0.045)	-0.402*** (0.040)
$lnrational$		-0.011*** (0.004)		-0.003 (0.010)		0.071*** (0.011)
$lnadvanced$			0.134*** (0.012)		0.080** (0.033)	0.175*** (0.036)
$lnNRD \times lnrational$				0.009*** (0.002)		0.019*** (0.002)
$lnNRD \times lnadvanced$					0.002 (0.008)	-0.006 (0.009)
$lnPGDP$				0.152*** (0.020)	0.168*** (0.017)	0.294*** (0.024)
$lnNRD \times lnPGDP$				0.026*** (0.005)	0.028*** (0.004)	0.043*** (0.004)
$lnFIN$						0.090*** (0.017)
$lnR\&D$						0.044*** (0.011)

---

① K. Peren Arin and Elias Braunfels, "The Resource Curse Revisited: A Bayesian Model Averaging Approach", *Energy Economics*, Vol. 70, No. 2, February 2018.

② 本书同时也使用了资源行业的劳动占比表征资源依赖以及资源丰裕度两个指标，就资源禀赋对能源全要素生产率影响的中长期效应进行实证分析，结果同表7-5和表7-6是一致的。

续表

	(1)	(2)	(3)	(4)	(5)	(6)
因变量			能源全要素生产率对数值			
lnEPI						0.586*** (0.107)
lnUR						-0.014 (0.048)
Regulation						0.005 (0.014)
_cons	-0.355*** (0.013)	-0.386*** (0.016)	-0.391** (0.011)	-1.839*** (0.193)	-1.937*** (0.176)	-5.756*** (0.661)
sigma_u	0.196*** (0.006)	0.134*** (0.004)	0.130*** (0.003)	0.193*** (0.006)	0.195*** (0.005)	0.142*** (0.004)
sigma_e	0.078*** (0.003)	0.070*** (0.003)	0.067*** (0.003)	0.068*** (0.003)	0.065*** (0.003)	0.054*** (0.002)
Rho	0.864	0.788	0.791	0.889	0.899	0.873
Prob > chi2	0.000	0.000	0.000	0.000	0.000	0.000
Prob >= chibar2	0.000	0.000	0.000	0.000	0.000	0.000
N	300	300	300	300	300	300

注：*、**、***分别表示10%、5%、1%的水平上显著，括号中为标准误差。

表7-6 资源依赖和产业结构对能源全要素生产率影响的长期效应分析

	(1)	(2)	(3)	(4)	(5)	(6)
因变量			能源全要素生产率对数值			
lnNRD	-0.071*** (0.018)	-0.068*** (0.018)	-0.064*** (0.017)	-0.856** (0.327)	-0.751*** (0.255)	-0.594** (0.247)
lnrational		-0.051** (0.022)		0.019 (0.040)		0.188** (0.069)
lnadvanced			0.173*** (0.062)		-0.074 (0.195)	0.455** (0.217)
lnNRD × lnrational				0.013 (0.008)		0.018 (0.015)
lnNRD × lnadvanced					-0.052 (0.045)	0.075 (0.077)

续表

	(1)	(2)	(3)	(4)	(5)	(6)
因变量	能源全要素生产率对数值					
$lnPGDP$				0.383*** (0.127)	0.360*** (0.102)	0.218 (0.132)
$lnNRD \times lnPGDP$				0.081** (0.032)	0.068*** (0.024)	0.059** (0.026)
$lnFIN$						0.315*** (0.098)
$lnR\&D$						0.229*** (0.064)
$lnUR$						0.842** (0.352)
Regulation						-0.660*** (0.137)
_cons	-0.606*** (0.077)	-0.711*** (0.090)	-0.566** (0.076)	-4.384*** (1.270)	-4.184*** (1.046)	-3.134* (1.582)
N	30	30	30	30	30	30

注:*、**、***分别表示10%、5%、1%的水平上显著,括号中为标准误差。

表7-5和表7-6显示,无论是中期还是长期,资源依赖对能源全要素生产率仍然是显著的负面影响,而产业结构的合理化和高级化发展促进了中长期能源全要素生产率的提高,这一点与利用年度数据得到结果是一致的。在引入交叉项的情况下,产业结构的合理化和高级化发展对能源全要素生产率的促进作用明显减弱。从长远来看,资源型地区经济发展的资源依赖性导致"锁定效应",阻碍区域产业结构的调整和演进。这意味着这种发展模式维持的时间越长,对资源的依赖性就越高,对能源全要素生产率的负面影响也就越大。这样即使在资源枯竭的情况下,由于缺乏替代产业,经济发展模式的转变仍然十分困难。

从控制变量对能源全要素生产率的影响来看,经济发展、财政支出、技术创新和能源价格的系数方向与年度数据模型(短期效应)是一致的,而城镇化系数由非显著变为显著为正,这表明中短期之内城镇化对能源效率的影响主要体现为"规模效应",但从长期来看,城镇化的集约效应和技术溢出效应可以显著提高能源效率,这一点和第六章中的结论是一致的,即城镇化发展水平不利于能源强度的下降,但是城镇化的高质量发展对于能源效率的提升具有重要作用。

此外,值得注意的是,政府设定的能源强度下降目标系数在年度数据的模型中显著为正,在中期模型中不显著,在长期模型中却显著为负。虽然近年来,我国大力推进生态文明建设,中央政府对节能减排工作高度重视,特别是在能源强度下降目标的约束下,地方政府对促进产业结构调整和节能减排的认识逐渐提高,也取得了一定的成效,但是由于财政分权体制的存在,长期以来追求经济快速增长是地方政府的首要目标。近年来在节能减排目标的制约下,地方政府更倾向于通过一些行政干预措施,来控制当前的能源消费,如通过关停高能耗高排放的小企业等,从而在短期内提高能源效率。但是要持续不断地降低能源消费增长,提高能源效率,需要进一步限制高能耗企业的发展或者通过技术进步及产业结构调整来实现经济发展模式的转型,前者无疑会对经济发展产生较大的负面影响,而后者的实现也不是一蹴而就的。如果地方政府不能将短期的目标约束转化为促进创新和产业结构升级的有效环境法规,即使能在短期内完成能源强度下降的目标,但是从长远来看,依然无法持续有效地提高能源效率。

第三节 研究结论和政策建议

一 研究结论

鉴于我国正在努力实施节能减排战略,推进生态文明建设,实现绿色低碳转型是所有地区和企业面临的共同挑战。对于资源密集型产业既是支柱产业又是主导产业的资源型地区来说,其能源效率提高和绿色转型显得尤为迫切。我们采用 SBM-DEA 和窗口分析方法,对 2003—2016 年我国 30 个省份的能源全要素生产率进行了估算。在考虑了资源依赖度、资源丰裕度、产业结构合理化和产业结构高级化多种情况下,利用面板 Tobit 回归模型进一步分析了资源禀赋对能源全要素生产率的直接和间接的负面影响。研究发现：

（1）从直观描述来看，在黄河中游地区能源类资源禀赋较高的区域，能源获得成本低而导致被大量使用，虽然增加了经济产出，但是同时造成能源消费的低效率。

（2）根据实证研究的结果，从直接效应看，资源禀赋与能源效率呈负相关关系，一个地区的资源禀赋越高，其能源效率越低。

（3）从间接效应来看，资源禀赋不利于产业结构的合理化和高级化发展，对能源效率起到了间接的负面影响，降低了产业结构的红利。在节能减排不断推进的情况下，资源型地区必须把产业结构转型作为中长期的重要发展战略，把推进节能减排和绿色转型作为长期发展战略，否则其可持续发展将面临巨大挑战。

二 政策建议

本章的实证研究结论对我国资源型地区具有重要的借鉴意义，我们结合分析结果提出资源型区域促进产业结构转型和提升能源效率的政策建议。

（1）完善制度建设，为产业结构调整和能源效率提升提供制度保障。促进环境友好型产业结构和减少能源消费是长期发展的必然要求，资源型区域应将提高能源效率作为节能行动的重中之重，首先应完善制度，在进行环境影响评价时，应制定严格的能源效率新项目准入标准。同时，结合法律和行政命令加强对企业生产和排放的监管，让制度落到实处。

（2）着力促进产业结构合理化和高级化发展，实现可持续发展和能源效率的双重红利。长期以来，资源型区域第二产业比重过高的产业结构在调整中并没有较大改善，重工业发展带来的能耗压力和污染压力也制约着产业升级和区域经济的长远发展。首先，面对经济发展不可或缺的支柱性产业和企业，通过技术更新和产业转型对其内部能源消耗结构进行调整是降低能源消耗和产业升级的重要途径。对于高能耗、高污染产业中生产效率低下、产品附加值低、社会贡献少的企业，应对其进行直接关停处理，淘汰落后产能，实现资源整合。对于大型支柱性企业，则要加强政府资金支持促进其对技术的研发和利用，积极改良生产设备和生产技术，大力推广节能环保技术。其次，资源型地区应该着眼于经济的长期发展和环境的改善，通过制定合理的能源发展战略，加大对清洁能源使用的补贴，即使在化石能源还较丰裕的情况下，也应鼓励企业减少对化石能源的消耗，增加对清洁能源的利用，提高可再生能源等新能源的消费比例，降低传统能源依赖。另外，资源型地区的产业转型目标是从依赖自然资源的单一产业结构向多元化产业结构转变，资源型区域应结合自身产业优势，着重发展与其相适应的第三产业，促进统筹经济发展和能源效率提高双重目标的实现。

（3）推动技术进步，促进能源结构的调整。产业结构优化对于能源效率提升的作用是直接而有效的，但是对资源型区域而言产业结构调整也是一项长期而艰巨的任务，资源型区域进行产业结构合理化和高级化发展的同时，也要积极推进技术进步，促进能源结构的调整。加强对国内外先进技术的引入，保障对能源技术研发的资金和制度支持，加大吸引领先人才和培养人才的力度，形成较强的科技研发能力，从而在技术层面实现对能源利用各环节的使用效率的提高，以及对节能材料和环保技术的推广应用。短期内在对传统化石能源依赖难以缓解的情况下，应加大传统能源清洁使用技术的研发，提升能源利用效率。

第八章 基于公平效率双重视角的我国区域节能与减排责任承担研究

第一节 公平和效率下我国区域节能减排责任承担研究的意义

为了应对日益凸显的能源约束和严峻的气候变暖问题，我国政府致力于节能减排，推进经济绿色低碳转型战略。"十一五"时期起将节能减排上升到国家规划层面，提出单位国内生产总值能耗（能源强度）在2005年的基础上下降20%左右的约束性目标[①]；《能源发展"十二五"规划》提出"十二五"时期能源强度比2010年下降16%和能源消费总量控制在40亿吨标准煤以内的双控目标[②]；《能源发展"十三五"规划》进一步提出2020年能源强度比2015年下降15%和能源消费总量控制在50亿吨标准煤以内的双控目标[③]；另外在《"十三五"控制温室气体排放工作方案》中提出，到2020年，单位国内生产总值二氧化碳排放比2015年下降18%，碳排放总量得到有效控制的碳强度目标。[④] 除了设定全国性能源强度和碳强度下降目标，还

[①] 参考网址 http://www.gov.cn/gongbao/content/2006/content_268766.htm，2006年3月14日。

[②] 参考网址 http://www.gov.cn/zwgk/2013-01/23/content_2318554.htm，2013年1月23日。

[③] 参考网址 http://www.nea.gov.cn/135989417_14846217874961n.pdf，2016年12月26日。

[④] 参考网址 http://www.gov.cn/zhengce/content/2016-11/04/content_5128619.htm，2016年11月4日。

建立指标分解落实机制，将能耗强度下降目标和碳排放控制目标在各级地方政府分解。另外，在能源和碳排放目标的设置中不仅要求控制能源强度、能源消费总量和碳排放强度，同时也要求调整能源结构，减少化石能源消费，增加清洁能源消费比重。

约束性能源强度和碳排放强度下降目标的设定促进了我国经济向能源节约、环境友好的内涵式增长转变，对于我国总体能源目标的实现以及2030年前碳达峰目标的实现起到了重要的作用。但在具体实践中，地方政府为完成"节能减排"目标考核，不惜以拉闸限电来应急，对社会经济产生负面影响。另外，山西、内蒙古、新疆等省份没有完成"十一五"时期设置的能源强度下降指标，虽然在"十二五"时期大幅下调了这三个地区的能源强度，而且这三个地区也完成了相应的目标，但是2014年至2017年，山西和内蒙古的经济增长速度明显低于全国平均水平，在一些年份位列最后。可以看出，这些省份在完成能源强度下降目标的同时也付出了较大的经济代价。中央财经委员会第五次会议指出目前有10多个省份提出难以完成"十三五"能耗总量指标。[1]

城镇化发展和经济增长需要与能源强度相协调，降低能源强度应以保障经济持续增长和城乡居民的追求美好生活的需求为前提。虽然过度追求经济增长以及强调城镇化快速发展从而造成能源浪费和环境恶化的经济模式是难以持续的，但是目前我国经济增长和城镇化发展对能源消费的依赖度还较高，化石能源占比较大的能源消费结构也意味着较高的碳排放。在去产能等措施已初见成效以及节能减排技术已经获得广泛应用的情况下，要求能源强度和碳强度再度快速、持续的下降，将会对经济增长造成一定的负面影响，也阻碍了新型城镇化的建设。

此外，各地由于经济发展阶段、经济发展水平、城镇化进程、资源禀赋、产业结构、能源消费结构以及技术发展等各方面都面临较大

---

[1] 参考网址 http://www.xinhuanet.com/politics/2019-08/26/c_1124923884.htm，2019年8月26日。

第八章 基于公平效率双重视角的我国区域节能与减排责任承担研究

差别,节能减排的潜力和付出的经济成本也很不相同。如前文分析的结果,资源型区域的能源效率普遍较低,具有很大的提高空间,能源强度下降的潜力很大,其能源节约和能源效率的提高对全社会节能和绿色低碳转型目标的实现具有重要作用,是节能减排的重点区域。但这些资源型区域又主要分布在中西部地区,经济发展水平相对较低,正处于工业化和城镇化加速推进阶段,限制其能源消费或者设置过高的能效下降目标,付出的经济代价相对更大,势必会给当地经济发展和人们生活水平的提高带来较大影响,进一步加大区域间发展的不平衡。此外,前文的实证研究也发现,政府设定的能源强度下降目标对地区能源效率的提升效果在短期内最为有效,但是如果地方政府不能将短期的目标约束转化为促进创新和产业结构升级的有效途径,即使能在短期内完成能效下降的目标,中长期环境规制对能源效率的促进效应也会大大减弱。

"十三五"时期既是全面建成小康社会的决胜期,也是打好精准脱贫、污染防治攻坚战、推动能源革命的蓄力加速期。党的十九大明确对新时代我国社会主要矛盾的变化做出了新的概括——"我国社会主要矛盾已经转化为人民日益增长的美好生活需要和不平衡不充分的发展之间的矛盾"。我国经济发展面临着既要满足经济增长,又要实现能耗降低,同时促进区域平衡发展的多重压力。决策者对于公平原则与效率原则的不同偏好会导致各省份节能减排能力水平的差异,从而造成节能减排责任分担机制的不同,加剧区域经济发展分化的态势。

因此本章从节能的公平原则、效率原则出发,综合考虑处于新型城镇化进程中不同阶段的区域能源消费和碳排放水平、经济发展状况、节能减排的潜力以及能源消费下降和削减碳排放需要付出的经济代价等多种因素,对各区域的节能减排能力和应承担的节能减排责任进行综合评价,给予适当的节能减排责任和适当的经济增长目标,这对于因地制宜地制定产业政策和环境政策,更有效地实现节能减排，促进经济与能源利用、环境保护之间的协调可持续发展具有重要的意义。

第二节 节能减排责任承担的公平和效率原则

每个省份都有厉行能源节约、降低碳排放以及提高能源和碳排放效率的责任，但是在限制能源消费和降低碳排放的程度上应该是有区别的，节能减排责任承担应当充分考虑公平和效率原则。

（1）公平原则。公平原则主要体现在两个方面。第一，公平原则意味着人人拥有相对平均的能源消费量或碳排放量，人均能源消费或碳排放较高的区域，应该承担更多的节能减排责任，而人均能源消费或碳排放较低的区域，应该承担较少的节能减排责任，使每一个区域获得合理的能源消费和碳排放权利是合乎公平原则的。[1] 第二，保持能源消费和碳排放的适度增长意味着地区的发展权和人的发展权。如果在经济增长与能源消费和碳排放尚未脱钩的情况下，设定较高的能源消费和碳排放限制目标意味着该区域的经济增长将会受到较大的影响，区域之间经济发展差距将进一步拉大，这有损于区域平衡发展的公平性。因此，从公平原则出发，人均经济发展水平较低的区域应该承担相对较少的节能减排责任，节能减排目标的设定要尽量减少对不发达区域经济增长的影响。[2]

（2）效率原则。效率原则也体现在两个方面。第一，节能潜力。节能减排政策的制定，能耗强度和碳排放强度下降目标的设置，短期内可以达到较好的节能减排效果，但是更重要的是激励各地区进行节能技术的投资和研发，通过提高能源效率而不是以牺牲经济增

---

[1] 史亚东：《能源消费对经济增长溢出效应的差异分析——以人均消费作为减排门限的实证检验》，《经济评论》2011年第6期。

[2] 孙永平、王磊、王成：《碳排放权交易、行业竞争力与配额分配》，《环境经济研究》2016年第1期。

长的方式来实现节能减排目标。由于不同区域之间的能源消费和碳排放下降潜力存在较大差距，一些省份的能源消费和碳排放效率较高，已经位于生产技术前沿的水平，能源消费强度或碳排放强度下降面临着更大的约束，大规模节能减排的空间变小，即使设定了更高的能源强度下降或碳排放强度下降目标，短期内实现节能减排的绝对量有限，从效率原则出发，这些区域可承担较少的节能减排责任。而一些区域能源效率和碳排放效率与生产技术前沿水平还有较大的差距，进一步节能减排的潜力较大，大规模的节能减排相对容易，其目标的完成对于全社会节能减排目标的完成具有更大的贡献，因此应该承担更多的节能减排责任。如果不考虑区域之间节能减排潜力的差异性，给予相同的节能减排约束目标，将造成全社会节能减排的低效率。[1]

第二，成本有效原则。由于区域产业结构、能源消费结构、经济发展水平、能源效率发展程度等差异，不同地区即使实现同样的节能减排目标付出的经济成本也是不同的。如经济发展模式与资源禀赋结构存在必然联系，各地区的资源禀赋和历史条件不同，产业发展道路的选择和产业的集聚具有历史的必然性，在重工业产业为主或者资源型经济主导的区域，高耗能行业或资源型产业既是支柱性产业，同时也导致了较低的能源效率和碳排放效率，在已经实施多年的去产能和技术改造措施之后，需要通过产业结构的显著调整或者降低资源型产业占比来完成较高的节能减排目标。因此在绿色低碳清洁产业的发展还不足以支撑区域经济快速发展的情况下，承担较高的节能减排责任势必需要付出较高的经济代价和社会成本。从节能减排成本有效以及保持经济、社会和生态协调可持续发展的角度出发，区域的节能减排责任承担应充分考虑成本有效原则，以不会过度伤害经济为宜。[2]

---

[1] 王茀：《我国地区节能减排潜力评估及责任分配——基于多目标决策 DEA 模型研究》，《东南学术》2017 年第 2 期。

[2] 陈诗一：《边际减排成本与中国环境税改革》，《中国社会科学》2011 年第 3 期。

因此，基于公平和效率原则，我们选择人均能源消费、人均GDP、节能潜力和节能边际成本来分析各省的节能责任承担，选择人均碳排放、人均GDP、减排潜力和减排边际成本来分析各省的减排责任承担，如图8-1所示。

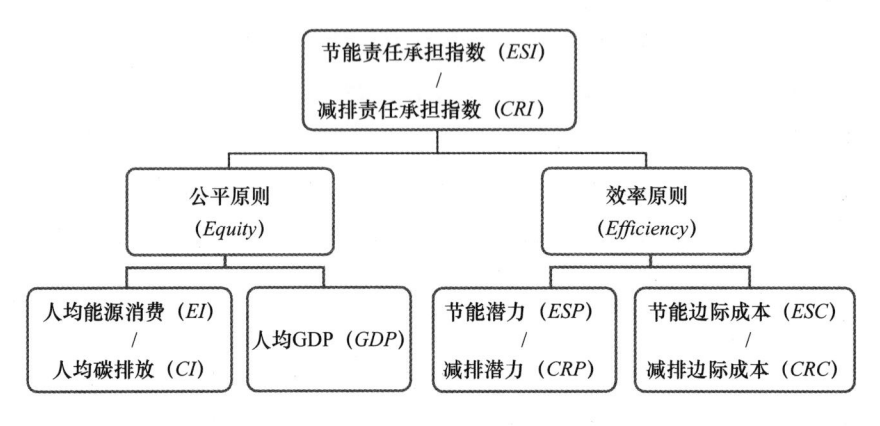

图8-1 节能减排责任承担的原则和指标

第三节 我国区域节能减排责任承担的综合评价

一 我国区域节能减排责任承担综合评价模型

1. 节能减排潜力和节能减排边际成本的测度

（1）节能减排潜力的测度。近年来，众多学者就我国节能减排潜力及边际成本方面做了大量研究，所运用的最典型的研究方法是基于全要素生产理论的数据包络分析（DEA）。如第七章所示，在DEA框架下基于松弛变量的全要素效率测度模型（Slacks-Based Measure，SBM）通过将松弛变量直接纳入目标函数，不仅弥补了径向与角度的选择差异带来的偏差缺陷，而且还可以通过该模型计算投入过剩、期望产出不足和非期望产出过剩（即冗余）。如果以我国30个省份作为基本决策单位（DMU_j，j=1，2，…，30），投入、期望产出和非期望产出分别用向量 $x \in R^m$、$y^g \in R^{s_1}$、$y^b \in R^{s_2}$ 表示。SBM-DEA模型可以表示为：

第八章 基于公平效率双重视角的我国区域节能与减排责任承担研究

$$\begin{cases} \rho^* = min \dfrac{1 - \dfrac{1}{m}\sum_{i=1}^{m}\dfrac{s_i^-}{x_{i0}}}{1 + \dfrac{1}{s_1+s_2}\left(\sum_{r=1}^{s_1}\dfrac{s_r^g}{y_{r0}^g} + \sum_{r=1}^{s_2}\dfrac{s_r^b}{y_{r0}^b}\right)} \\ s.t.\ x_0 = X\lambda + s^- \\ \quad y_0^g = Y^g\lambda + s^g \\ \quad y_0^b = Y^b\lambda + s^b \\ \quad \lambda \geq 0, s^- \geq 0, s^g \geq 0, s^b \geq 0 \end{cases} \quad (8-1)$$

在 SBM-DEA 模型下，最优效率下的投入、期望产出和非期望产出的目标为

$$\begin{aligned} \hat{x}_0 &\leftarrow x_0 - s^{-*} \\ \hat{y}_0^g &\leftarrow y_0^g - s^{g*} \\ \hat{y}_0^b &\leftarrow y_0^b - s^{b*} \end{aligned} \quad (8-2)$$

式（8-1）和式（8-2）中，向量 $s^- \in R^n$、$s^g \in R^{s_1}$ 和 $s^b \in R^{s_2}$ 就相对应地表示投入和产出冗余，当生产不是最优效率时，s^- 表示过多的投入部分，s^g 表示期望产出不足部分，s^b 表示过多的非期望产出部分。在 $\rho^* = 1$ 时，DMU_j 的效率为 1，这时投入和产出的冗余都为 0。如果 $\rho^* < 1$，可以通过降低投入和非期望产出、提高期望产出的方式提高效率。在本书中，能源为投入要素之一，碳排放为非期望产出，当 ρ^* 从低于 1 提高到 1 时，投入过多的能源就可以被节能下来，因此潜在的可以被节约的能源消费量被解释为节能潜力[①]；同时超额的碳排放也会被削减，从而潜在的可以实现的碳减排量被解释为碳减排潜力。

显然，节能潜力和减排潜力衡量的是绝对能源投入量的减少和绝对碳排放量的下降，因此可以看出节能潜力和减排潜力不仅仅取决于该地区是否位于生产技术前沿上，同时取决于经济规模的大小。距离生产技术前沿越远，全要素生产率越低，可以节约的能源和削减的碳

---

① 史丹：《中国能源效率的地区差异与节能潜力分析》，《中国工业经济》2006 年第 10 期。

排放量越大,即意味着节能潜力和减排潜力越大。另外如果区域经济规模大,能源消费量和碳排放高,即使全要素生产效率高,如果仍然没有达到最优效率,其绝对节能量和减排量仍然可能很大,同样在经济规模小、能源消费和碳排放低的地区,即使在生产效率大幅提高的情况下,带来的绝对节能量和减排量仍然可能比较小。[1]

(2)节能减排边际成本的测度。由于环境效率模型中的节能减排模型是非线性的,无法计算最值,因此用其对偶模型来计算能源节约和碳排放削减带来的经济成本:

$$\begin{cases} \max \mu^g y_{r0}^g - v x_{i0} - \mu^b y_{r0}^b \\ \text{s.t.} \quad \mu^g Y^g - vX - \mu^b Y^b \leqslant 0 \\ v \geqslant \dfrac{1}{n}\left[\dfrac{1}{x_{i0}}\right] \\ \mu^g \geqslant \dfrac{1 + \mu^g y_{r0}^g - v x_{i0} - \mu^b y_{r0}^b}{s_1 + s_2}\left[\dfrac{1}{y_{r0}^g}\right] \\ \mu^b \geqslant \dfrac{1 + \mu^g y_{r0}^g - v x_{i0} - \mu^b y_{r0}^b}{s_1 + s_2}\left[\dfrac{1}{y_{r0}^b}\right] \end{cases} \quad (8-3)$$

在式(8-3)中,对偶变量 v、μ^g 和 μ^b 分别表示投入变量、期望产出和非期望产出的虚拟价格,目标函数表示收益最大化。根据 Fare(1993)对影子价格的定义,假定为市场化价格,那么我们设定的投入要素能源和非期望产出二氧化碳排放的相对影子价格 P_x 和 P_y^b 分别可以表示为:

$$P_x = P_y^g \times \dfrac{v}{\mu^g}$$

$$P_y^b = P_y^g \times \dfrac{\mu^b}{\mu^g} \quad (8-4)$$

式(8-4)中,P_x 和 P_y^b 分别衡量了能源与期望产出经济总产值(GDP)、碳排放与期望产出经济总产值(GDP)之间的替代关系,表示为减少单位能源消费所对应的 GDP 减少量和减少单位碳排放所对

---

[1] 何融等:《中国"节能减排"效率空间差异评价与分析》,《中国统计》2014年第4期。

应的 GDP 减少量，因此 P_x 和 P_y^b 分别衡量了宏观经济意义上的边际节能成本和边际减排成本。[①]

同时为了反映面板数据特征，我们依然使用宽度为 3 期的窗口分析方法计算节能减排潜力和边际成本。

2. 节能责任承担指数和减排责任承担指数计算

为了测算各地在节能减排责任承担方面的差异性，基于公平和效率原则因地制宜地对节能减排目标进行分解，更好地实现区域经济和生态可持续发展，本部分将分别基于各区域人均能源消费、人均 GDP、节能潜力、节能成本，以及人均碳排放、人均 GDP、减排潜力、减排成本，测算各地节能减排责任承担指数，计算公式如下：

$$ESI_{it} = \omega Equity_{it} + (1-\omega)Efficientcy_{it}$$
$$= \omega[\omega_1 EI_{it} + (1-\omega_1)GDP_{it}] + (1-\omega)[\omega_2 ESP_{it} + (1-\omega_2)ESC_{it}] \quad (8-5)$$

$$CRI_{it} = \omega Equity_{it} + (1-\omega)Efficientcy_{it}$$
$$= \omega[\omega_1 CI_{it} + (1-\omega_1)GDP_{it}] + (1-\omega)[\omega_2 CRP_{it} + (1-\omega_2)CRC_{it}] \quad (8-6)$$

式（8-5）和式（8-6）中，i 表示各省、市、自治区，t 表示时间，我们的样本周期为 2001—2017 年，因此 t 的取值为（1，2，…，17）。ω 为权重值，反映了决策者在公平原则与效率原则之间的决策偏好。若 $\omega = 0.5$，表示决策者兼顾节能减排的公平性与效率性，而且两者处于相等的地位；若 $\omega > 0.5$，体现为公平优先，兼顾效率原则，节能减排责任的划分应更多地考虑省域公平性；若 $\omega < 0.5$，体现为效率优先，兼顾公平原则，节能减排责任的划分优先考虑社会节能减排效率最优。ω_1 和 ω_2 分别表示测算节能减排责任承担时对公平和效率下两个子指标的考量。

为了体现节能减排责任承担指数的历史责任，以及未来责任的承担更需要着眼于更近时期的现实，计算样本期间节能减排责任承担总

[①] 陈诗一：《边际减排成本与中国环境税改革》，《中国社会科学》2011 年第 3 期。

指数的时候采用了时间加权法，时间越久远赋予的权重越小，时间越新赋予的权重越大，具体计算公式如式（8-7）和式（8-8）所示：

$$ESI_i = \sum_{t=1}^{17} \frac{t}{T} ESI_{it} \tag{8-7}$$

$$CRI_i = \sum_{t=1}^{17} \frac{t}{T} CRI_{it} \tag{8-8}$$

式（8-7）和（8-8）中 t 的取值为（1，2，…，17），$T = \sum_{t=1}^{17} t = 153$。

3. 指标处理和数据来源

利用 SBM-DEA 和窗口方法计算节能减排潜力和节能减排的边际成本时，所使用的投入要素（劳动、资本存量、能源消费）、期望产出（GDP）和非期望产出（二氧化碳）与第七章相同。人均能源消费和人均碳排放分别以各省在各个时期的能源消费总量和碳排放总量与期末总人数相比求得。人均 GDP 以基期价格进行折算。

由于人均 GDP、节能潜力（减排潜力）、节能成本（减排成本）的单位都不相同，且人均能源消费（人均碳排放）、人均 GDP、节能潜力（减排潜力）数值越大，应该承担更大的节能减排责任，而节能成本（减排成本）越大应承担更小的节能减排责任，所以为了保证计算的科学性和合理性，将节能成本（减排成本）做正向化处理，再将各指标做标准化变化，得到映射在区间 [0,1] 中的标准化值。

我们选择使用 2001—2017 年我国 30 个省份的面板数据进行实证研究，所用数据均来自历年的《中国统计年鉴》《中国能源统计年鉴》《中国人口与就业统计年鉴》《中国劳动统计年鉴》等。

二 我国区域节能减排责任承担综合评价结果

1. 节能减排潜力分析

2001—2017 年间 30 个省份人均能源消费、人均碳排放、人均 GDP、节能潜力、减排潜力、节能成本和减排成本如表 8-1 所示。

第八章 基于公平效率双重视角的我国区域节能与减排责任承担研究

表8-1 我国30个省份节能减排责任承担综合评价指标表现

省份	人均能源消费（吨标准煤/人）	人均GDP（万元/人）	节能潜力（亿吨标准煤）	节能成本（万元/吨）	人均碳排放（吨/人）	减排潜力（亿吨）	减排成本（万元/吨）
北京	3.38	5.88	0.38	3.77	6.74	0.96	5.29
天津	4.57	5.27	2.78	4.00	12.28	11.78	10.25
河北	3.30	2.02	26.94	3.32	9.80	93.15	17.81
山西	4.44	1.80	20.50	3.76	18.69	98.42	29.36
内蒙古	5.59	3.07	16.11	4.04	21.67	74.86	19.41
辽宁	4.11	2.98	17.99	3.81	13.59	74.68	18.24
吉林	2.58	2.27	6.21	3.01	7.83	23.58	12.01
黑龙江	2.61	1.96	9.92	2.46	7.92	36.41	11.13
上海	4.48	5.88	2.97	6.85	11.39	11.00	14.17
江苏	2.86	3.92	4.90	4.19	7.77	25.90	9.69
浙江	2.84	3.88	5.12	2.99	6.84	19.61	6.74
安徽	1.48	1.57	7.13	2.07	4.68	32.30	9.76
福建	2.31	3.16	4.47	2.15	5.15	13.15	8.39
江西	1.32	1.63	3.40	4.34	3.50	12.51	7.92
山东	3.08	3.01	20.29	2.78	9.76	96.72	10.94
河南	1.93	1.71	15.96	2.63	5.34	55.83	12.21
湖北	2.26	2.05	11.95	2.32	5.25	31.90	9.43
湖南	1.83	1.80	10.24	2.56	3.83	23.26	7.99
广东	2.28	3.48	0.18	6.86	4.88	0.30	13.13
广西	1.46	1.47	5.47	2.77	3.25	12.92	7.44
海南	1.47	1.82	0.04	1.72	5.11	0.56	6.54
重庆	2.26	2.21	5.43	2.09	4.51	9.93	5.85
四川	1.90	1.53	15.44	2.59	3.57	28.46	8.56
贵州	2.14	1.11	9.20	2.54	6.13	27.79	15.81
云南	1.71	1.24	8.02	2.01	4.21	20.83	9.44
陕西	2.15	2.01	7.15	1.88	8.24	39.05	10.81
甘肃	2.18	1.13	6.30	2.45	6.28	18.59	12.97
青海	4.56	1.54	0.11	7.96	7.32	0.23	9.23

续表

省份	人均能源消费（吨标准煤/人）	人均GDP（万元/人）	节能潜力（亿吨标准煤）	节能成本（万元/吨）	人均碳排放（吨/人）	减排潜力（亿吨）	减排成本（万元/吨）
宁夏	5.71	1.81	1.45	9.00	20.50	12.35	27.36
新疆	4.16	1.79	11.60	2.71	12.92	38.75	14.26
均值	2.90	2.50	8.59	3.52	8.30	31.53	12.07

人均能源消费和人均碳排放受到能源禀赋、经济发展水平、人口总数等多个因素的影响。从2001—2017年的人均能源消费来看，宁夏、内蒙古、天津、青海、上海、山西、新疆和辽宁人均能源消费都在4吨标准煤/人以上，江西、广西、海南、安徽、云南、湖南、四川、河南人均能源消费都低于2吨标准煤/人。同时内蒙古、宁夏、山西、辽宁、新疆、天津和上海等省份2001—2017年的人均碳排放都超过9吨，而广西、江西、四川、湖南、云南、重庆、安徽和广东人均碳排放低于5吨，各省之间的差距明显。

如图8-2所示，如果各地区都能按照最有效率的状态来进行生产，那么全国2001—2017年的17年间共可以节约能源257.64亿吨标准煤，占到整个期间能源消费总量的44.3%。从各省份的情况来看，在2001—2017年间，河北省的节能潜力最大，为26.94亿吨标准煤，占到该省样本期间内能源消费总量的67.0%，其次是山西省，为20.50亿吨标准煤，占到该省样本期间内能源消费总量的77.2%，接下来山东、辽宁、内蒙古、河南和四川，节能潜力都超过15亿吨标准煤，湖北、新疆和湖南的节能潜力超过10亿吨标准煤。

由图8-3我国各省的减排潜力来看，如果各地区都能按照最有效率的状态来进行生产，那么全国2001—2017年可以减少碳排放945.78亿吨，占到整个期间能源消费二氧化碳排放总量的58.0%。2001—2017年间，山西的减排潜力最大，为98.42亿吨，占到该省样本期间内碳排放总量的88.12%，其次是山东和河北，超过90亿吨，占本省样本期间总排放的比例分别达到60.7%和78.1%。接下

第八章 基于公平效率双重视角的我国区域节能与减排责任承担研究

来是内蒙古和辽宁减排潜力超过 70 亿吨，河南超过 50 亿吨，陕西、新疆、黑龙江、安徽和湖北 5 省均超过 30 亿吨。

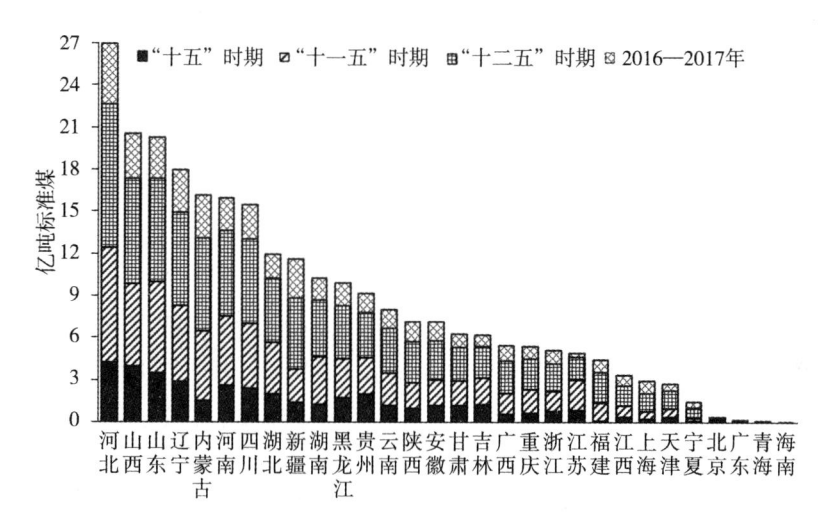

图 8-2 我国各省的节能潜力

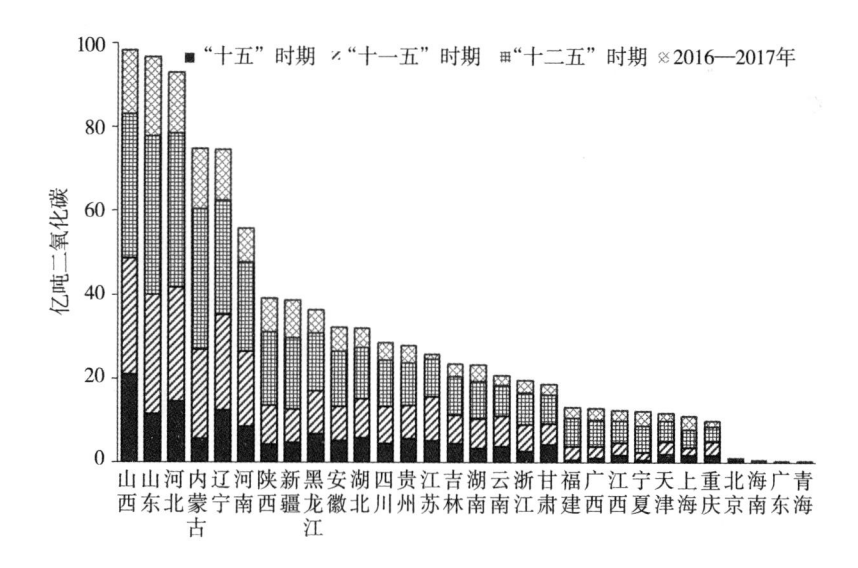

图 8-3 我国各省的减排潜力

从相对节能潜力（绝对节能潜力占能源消费总量之比）和相对减排潜力（绝对减排潜力占总碳排放之比）来看，山西、内蒙古、新疆、河北、辽宁、贵州、陕西、黑龙江、甘肃 9 个省份都是最高的。可以看到山西、新疆、陕西、内蒙古等富煤区域的绝对节能潜力和相对节能潜力都非常高，河北、辽宁、黑龙江等省份因为经济规模大、能源消费量大、能源消费效率低、能源消费结构更加高碳导致节能潜力和减排潜力较大，而贵州、甘肃等西部区域因其能源消费效率低导致节能和减排潜力较大。

2001—2017 年间，海南省的节能潜力最小，为 3.56 百万吨标准煤，仅为最高值的 0.13%。其次为青海省，节能潜力为 10.91 百万吨标准煤。广东和北京的节能潜力分别低于 20 百万吨标准煤和 40 百万吨标准煤。2001—2017 年间青海省的减排潜力总和最小，为 22.53 百万吨标准煤，仅为最高值的 0.23%。其次为广东省，总减排潜力仅约为 29.51 百万吨标准煤，相对减排潜力仅为 0.4%。海南和北京分别低于 60 百万吨标准煤和 100 百万吨标准煤。而重庆、上海、天津等都接近和达到 10 亿吨标准煤以上，和最低的几个省份差距非常大。可以看出青海和海南因其经济规模小、能源消费低，碳排量小而导致节能减排潜力不足。而广东和北京经济规模较大，能源消费相对较高，碳排放高，但是生产技术接近前沿，从而导致通过提高技术水平实现的节能减排的空间小。

另外，我国大部分省份的节能潜力和减排潜力随时间是逐步上升的。一方面，即使我国实施了越来越严格的节能减排政策，能源消费强度和碳排放强度实现了大幅下降，但是能源消费总量和碳排放总量仍呈现增长趋势。另一方面，在 2001—2017 年间，各地的全要素生产率的差距越来越大，这意味着一些区域距离技术前沿的距离在加大，从而导致节能潜力和减排潜力增加。

2. 节能减排成本分析

能源消费和碳排放的影子价格反映的是从经济视角出发节能减排的难易程度，即在一定投入和生产技术条件下各地区实施节能减排的经济成本，能源消费和碳排放的影子价格越高表明该地区降低能源消费和削减碳排放成本越大，反之亦然。

从2001—2017年样本期间的平均节能成本来看，宁夏的节能成本最高，为9.0万元/吨。其次是青海、广东、上海，节能成本均超过6万元/吨。江西、江苏和内蒙古节能成本超过4万元/吨。天津、辽宁、北京、山西、河北、吉林、浙江等省份的节能成本超过3万元/吨。从平均减排来看，山西省的减排成本最高，达到29.36万元/吨。其次是宁夏，减排成本达到27.36万元/吨。内蒙古、辽宁、河北和贵州减排成本都超过15万元/吨。新疆、上海、广东、甘肃、河南、吉林、黑龙江、山东、陕西、天津等减排成本超过10万元/吨。海南、陕西、云南、安徽和重庆的节能成本较低，而北京、重庆、海南的减排成本相对较低。

节能减排成本高的区域大致可以分为四类：第一类为青海、宁夏、贵州、甘肃，其特征是经济相对不发达，工业产业层次低，规模企业屈指可数，能源消费量低，节能潜力小，第三产业发展滞后，可吸纳就业人数极其有限，随着一批批落后产能企业的淘汰，市场呈现逐步饱和状态，失业工人的再就业压力逐步增大，进一步的节能减排将会带来较高的经济成本。第二类为上海、广东、江苏、浙江、北京等省市，其特征是都位于经济发达的东部沿海地区，产业结构合理化和高级化程度高，能源效率已经较高，节能潜力相对较小，更严格的节能减排行为付出的经济成本也相应较高。第三类是河北、辽宁、河南、吉林、黑龙江，其特征是经济发展水平中等，能源依赖度虽然不高，但是产业结构偏重，能源消费结构中煤炭占比较大，节能减排需要产业结构和能源结构同时转变，付出的经济成本也更大。第四类是山西、新疆、内蒙古、山东和陕西等省份，都属于资源禀赋较高的区域，能源依赖度高，产业结构以能源投入较高的重工业为主。高度的资源依赖以及造成的产业结构扭曲都导致了能源效率的低下以及更大的节能减排潜力，但是无论是舍弃资源依赖行业、进行产业结构调整或者大规模技术进步都面临较大困难，虽然这些区域节能减排目标的完成对全社会的节能减排目标的实现至关重要，但是对这些区域设置较高的节能减排目标使其承担更大的节能减排责任，从付出的经济成本和区域之间均衡发展的角度出发显然也是不合适的。

另外，由于本章仅计算了能源碳排放，节能潜力与减排潜力之间的相关系数达到 0.93，具有高度相关关系。但是减排不仅仅需要减少能源的使用，提高能源使用效率，同时还和能源结构密切相关，受制于能源消费和能源结构的多种限制，因此节能成本和减排成本之间的相关系数为 0.58，仅呈现中度相关关系。

另一方面，随着时间的推移，除了个别省份，大部分省份的节能成本和减排成本在逐渐下降。"十一五"和"十二五"时期我国主要是通过淘汰落后产能、关停高能耗企业等方式推动节能减排工作，虽然在短时间内实现了能源强度和碳排放强度的大幅下降，但同时也对经济造成了较大的负面影响，特别是在全球经济危机带来经济增速快速下滑的背景下，经济低速运行意味着更高的节能减排成本。总体来看，随着时间的推进，能源强度和碳排放强度已经出现了大幅下降，部分省份进一步降低能源消费和削减碳排放付出的经济成本会越来越高，而在一些省份由于节能技术的大规模应用和产业结构的升级为经济增长带来新的活力，有效地阻止了经济增速的进一步下滑，节能减排对经济的负面影响不仅在缩小，未来还将有希望成为新的经济增长点。

3. 节能减排责任承担指数分析

（1）节能责任承担指数

根据式（8-5）、式（8-6），分别设定公平与效率等权重（$\omega = 1/2$）、公平优先（$\omega = 2/3$）、效率优先（$\omega = 1/3$）三种情景，计算出各省份在各年的节能责任承担指数和减排责任承担指数。并根据式（8-7）和式（8-8），考虑历史责任和时间就近原则分别计算样本期间 30 个省份节能责任承担加权总指数和减排责任承担加权总指数。结果如表 8-2 所示。

可以看到在视公平与效率同等原则的情景设置下，节能责任承担指数高于均值的有 14 个省份，从大到小的排名依次是内蒙古（1.075）、辽宁（0.607）、山东（0.570）、河北（0.564）、天津（0.538）、山西（0.521）、上海（0.401）、新疆（0.390）、北京

(0.148)、浙江（0.094）、福建（0.066）、湖北（0.022）、黑龙江（0.017）、河南（0.016），既包括能源消费大省内蒙古、山东、河北、山西、新疆，也包括经济发达的天津、上海、北京和浙江，另外这些省份的值虽然都高于均值，但是节能责任承担指数的大小差别却很大。

表 8-2　　　　我国 30 个省份节能减排责任承担指数

省份	节能责任承担指数						减排责任承担指数					
	公平效率同等	排序	公平优先	排序	效率优先	排序	公平效率同等	排序	公平优先	排序	效率优先	排序
北京	0.148	9	0.520	5	-0.225	24	0.515	5	0.670	4	0.361	4
天津	0.538	5	0.914	2	0.161	9	0.614	3	0.864	2	0.365	3
河北	0.564	4	0.352	9	0.777	2	0.042	12	0.001	14	0.084	9
山西	0.521	6	0.434	7	0.608	5	0.083	9	0.264	10	-0.098	19
内蒙古	1.075	1	1.190	1	0.960	1	0.943	1	1.195	1	0.691	2
辽宁	0.607	2	0.606	4	0.609	4	0.371	6	0.458	6	0.285	6
吉林	-0.025	16	-0.094	14	0.045	14	-0.031	14	-0.067	15	0.005	12
黑龙江	0.017	13	-0.114	15	0.148	11	-0.085	16	-0.156	17	-0.015	14
上海	0.401	7	0.819	3	-0.017	16	0.601	4	0.849	3	0.353	5
江苏	-0.221	20	0.055	13	-0.497	27	0.182	8	0.310	7	0.055	11
浙江	0.094	10	0.225	10	-0.037	18	0.278	7	0.308	9	0.248	7
安徽	-0.265	21	-0.476	24	-0.055	20	-0.200	20	-0.364	21	-0.037	16
福建	0.066	11	0.073	12	0.059	13	0.044	11	0.030	12	0.058	10
江西	-0.503	28	-0.647	30	-0.359	26	-0.291	23	-0.456	25	-0.127	20
山东	0.570	3	0.472	6	0.667	3	0.745	2	0.625	5	0.865	1
河南	0.016	14	-0.219	19	0.251	7	-0.167	19	-0.310	20	-0.025	15
湖北	0.022	12	-0.118	16	0.163	8	-0.149	18	-0.251	19	-0.048	17
湖南	-0.190	19	-0.347	21	-0.033	17	-0.269	22	-0.407	22	-0.131	21
广东	-0.875	30	-0.549	28	-1.201	30	-0.241	21	-0.155	16	-0.326	26
广西	-0.350	25	-0.545	27	-0.155	22	-0.318	24	-0.498	27	-0.139	22
海南	-0.455	27	-0.571	29	-0.339	25	-0.321	25	-0.390	22	-0.252	24
重庆	-0.070	18	-0.148	17	0.009	15	-0.112	17	-0.224	18	0.000	13
四川	-0.069	17	-0.297	20	0.158	10	-0.333	26	-0.497	26	-0.169	23
贵州	-0.275	22	-0.454	23	-0.096	21	-0.536	30	-0.597	29	-0.475	30

续表

省份	节能责任承担指数						减排责任承担指数					
	公平效率同等	排序	公平优先	排序	效率优先	排序	公平效率同等	排序	公平优先	排序	效率优先	排序
云南	-0.281	23	-0.508	25	-0.054	19	-0.437	28	-0.594	28	-0.279	25
陕西	-0.019	15	-0.150	18	0.113	12	0.059	10	0.008	13	0.111	8
甘肃	-0.366	26	-0.522	26	-0.211	23	-0.523	29	-0.599	30	-0.446	28
青海	-0.781	29	-0.389	22	-1.172	29	-0.404	27	-0.418	24	-0.389	27
宁夏	-0.284	24	0.124	11	-0.692	28	-0.076	15	0.310	7	-0.461	29
新疆	0.390	8	0.366	8	0.415	6	0.014	13	0.093	11	-0.065	18

在公平优先的情景设置下，节能责任承担高于均值的有 13 个省份，从大到小的排名依次是内蒙古（1.190）、天津（0.914）、上海（0.819）、辽宁（0.606）、北京（0.520）、山东（0.472）、山西（0.434）、新疆（0.366）、河北（0.352）、浙江（0.225）、宁夏（0.124）、福建（0.073）、江苏（0.055），与公平和效率兼顾原则下的省份相比，增加了发达省份江苏，在公平优先原则下，黑龙江、湖北和河南的节能承担责任低于均值。另外，排序也发生了很大的变化，除了内蒙古依然位于榜首，经济发达省份如天津、上海、北京的位次都有所上升。

在效率优先的情景设置下，节能责任承担指数高于均值的有 15 个省份，从大到小的排名依次是内蒙古（0.960）、河北（0.777）、山东（0.667）、辽宁（0.609）、山西（0.608）、新疆（0.415）、河南（0.251）、湖北（0.163）、天津（0.161）、四川（0.158）、黑龙江（0.148）、陕西（0.113）、福建（0.059）、吉林（0.045）、重庆（0.009），可以看到在效率优先的原则下，包括了更多的能源消费大省如内蒙古、河北、山东、山西、新疆、陕西等，以及经济发达省份如山东、天津和福建，前两个省份都属于石油资源丰裕度较高的区域。

在公平优先的情景设置下，节能责任承担最小的 5 个省份是江西、海南、广东、广西和甘肃。在效率优先的情景设置下，节能责任承担最小的 5 个省份是广东、青海、宁夏、江苏和江西，主要是其节能潜力低而节能成本高。

决策者对于公平原则与效率原则偏好的不同会在较大程度上影响节能责任承担的结果，在三个不同情景的设置下，各省份之间的节能责任承担的总体趋势虽然是一致的，但是很多省份在三种情景下节能责任承担指数排名差别较大，从而造成节能责任分摊机制的不同。

进一步地，将公平优先原则下的节能责任承担指数作为横坐标轴，将效率优先原则下的节能责任承担指数作为纵坐标轴，根据 30 个省份的得分绘制散点图，进而将 30 个省份分为四个区域："高效较公平""高效欠公平""低效较公平""低效欠公平"。如图 8-4 所示，内蒙古、天津、辽宁、山东、山西、新疆、河北、福建 8 个省份可归为"高效较公平"区域，经济规模或能源消费量大，可以通过能源效率的提高降低能耗强度；上海、北京、浙江、江苏、宁夏 5 个省份可归为"低效较公平"区域，人均能源消费高，而且除宁夏外经济发展水平高，但是节能潜力低；吉林、黑龙江、湖北、重庆、陕西、河南、四川 7 个省市可归为"高效欠公平"区域，能源效率低，节能潜力大，但是经济发展水平相对也低；而湖南、青海、贵州、安徽、云南、甘肃、广西、广东、海南、江西 10 个省区可归为"低效欠公平"区域，人均能源消费或经济发展水平或节能潜力较低，而节能成本较高。

（2）减排责任承担指数

根据同样的方法分别计算公平与效率同等原则、公平优先原则、效率优先原则下的减排责任承担指数，如表 8-2 所示。在公平与效率同等原则的情景设置下，减排责任承担指数高于均值的有 13 个省份，从大到小的排名依次是内蒙古（0.943）、山东（0.745）、天津（0.614）、上海（0.601）、北京（0.515）、辽宁（0.371）、浙江（0.278）、江苏（0.182）、山西（0.083）、陕西（0.059）、福建（0.044）、河北（0.042）、新疆（0.014）。在公平优先的情景设置下，减排责任承担高于均值的有 14 个省份，从大到小的排名依次是

◆ 新型城镇化进程中的能源消费及其利用效率研究

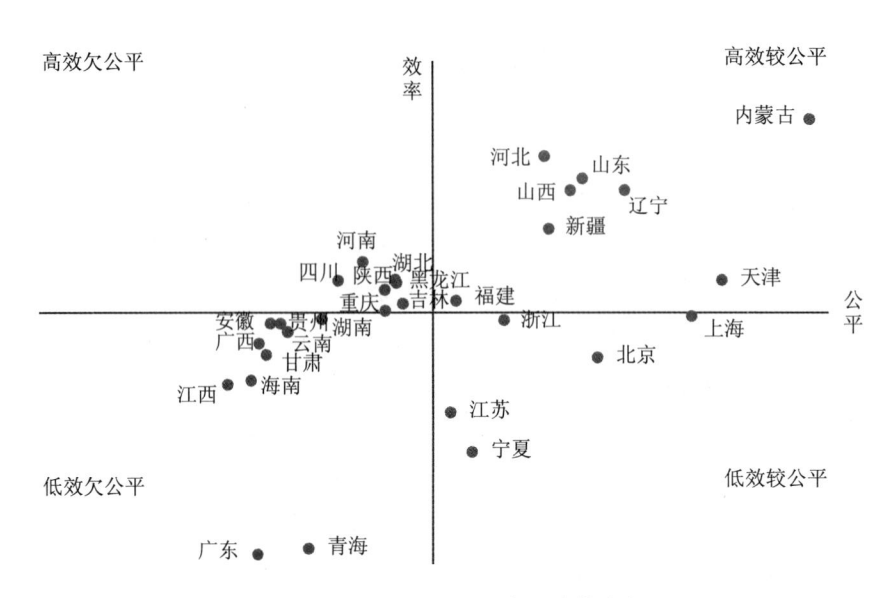

图 8-4 公平和效率原则下各省份的节能责任承担

内蒙古（1.195）、天津（0.864）、上海（0.849）、北京（0.670）、山东（0.625）、辽宁（0.458）、江苏（0.310）、宁夏（0.310）、浙江（0.308）、山西（0.264）、新疆（0.093）、福建（0.030）、陕西（0.008）、河北（0.001），增加了宁夏。在效率优先的情景设置下，减排责任承担指数高于均值的有13个省份，从大到小的排名依次是山东（0.865）、内蒙古（0.691）、天津（0.365）、北京（0.361）、上海（0.353）、辽宁（0.285）、浙江（0.248）、陕西（0.111）、河北（0.084）、福建（0.058）、江苏（0.055）、吉林（0.005）、重庆（0.000）。和公平优先原则相比，增加了吉林和重庆，而减少了山西、新疆和宁夏。山西和新疆的减排潜力虽然非常大，但是减排成本也非常高，综合来看，减排的效率并不高。

在公平优先的情景设置下，减排责任承担最小的5个省份是甘肃、贵州、云南、广西和四川，都属于西部省份。在效率优先的情景设置下，减排责任承担最小的5个省份包括贵州、宁夏、甘肃、青海和广东，主要是其减排潜力低而减排成本高。在三个不同情景的设置下，很多省份在三种情景下减排责任承担指数排名也存在很大的差

— 190 —

第八章 基于公平效率双重视角的我国区域节能与减排责任承担研究

别,但是总体而言,比三种情景下节能承担指数下的排名一致性要高。

同样,也根据公平优先和效率优先原则将 30 个省份分为四个区域,如图 8-5 所示,内蒙古、天津、上海、北京、山东、辽宁、江苏、浙江、福建、陕西、河北 11 个省份可归为减排"高效较公平"区域;山西、新疆、宁夏 3 个省份可归为"低效较公平"区域,主要是虽然经济发展水平相对不高,但是人均碳排放较高,减排潜力大,同时由于产业结构和能源结构的较为固化,减排难度大,成本高;吉林和重庆 2 个省市勉强可归为"高效欠公平"区域,而广东、黑龙江、湖北、河南、安徽、海南、湖南、青海、江西、四川、广西、云南、贵州、甘肃 14 个省份可归为"低效欠公平"区域。

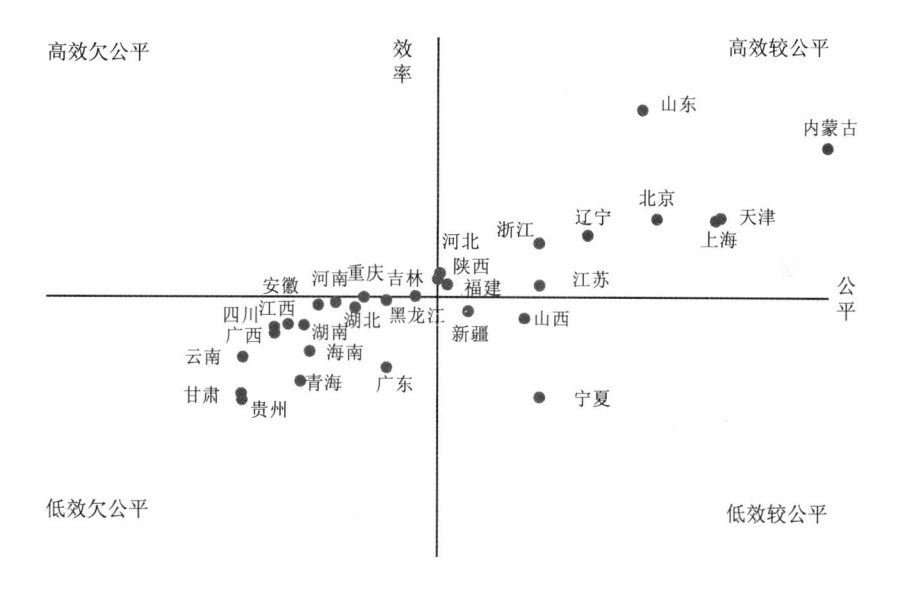

图 8-5　公平和效率原则下各省份的减排责任承担

由图 8-4 和图 8-5 来看,虽然 30 个省份被分为四个区域,但是从各省在公平优先和效率优先的责任承担指数来看,很多省份都集聚在一起。如从节能责任承担指数来看,在"高效较公平"区域的省份还可以进一步被分为四类,内蒙古最能体现节能的公平和高效原则，而天津偏向于公平优先的原则，河北、山东、山西、辽宁和新疆也体现了节能责任承担公平和高效的原则，但是程度较内蒙古大幅降低，福建在两个维度上都接近于均值。

"低效较公平"区域也可以进一步被分为两类，第一类是经济发展水平高、人均能源消费和碳排放水平相对较高，但是逐步进入后工业化阶段，位于生产技术前沿，节能减排潜力小的省份，如北京、上海、浙江、江苏等。第二类是宁夏、新疆、山西，具有较大的节能减排潜力，但是产业结构转型和能源结构转型都面临更大的困难，付出的经济代价和社会成本也更高，因此从这个角度来看，这些省份的节能减排效率比较低。从节能减排责任承担指数的具体数值而言，这些省份和"高效欠公平"区域表现更为一致，多位于能源禀赋高和欠发达地区，经济发展相对落后。能源产业和重工业是这些省份经济的核心，是经济增长的重要支撑，但同时也是节能减排目标得以实现的重点行业和转型发展的关键行业。这些产业多属于上游产业，处于技术链条的末梢，产业发育、技术升级步伐严重滞后于发达地区，在引进技术、吸纳人才方面都面临更大的难度，在国家产业和环保政策的刚性约束下，企业经营和经济发展受到的负面影响更大（张帆、李佐军，2012）。

在"低效欠公平"区域，第一类是广东省，经济发展水平高，但是人均能源消费和人均碳排放水平相对不高，技术、资金和具有知识创新能力的劳动力对经济增长的贡献加大，而自然资源对经济增长的贡献逐渐降低，因此节能减排潜力小、成本高。第二类是经济规模大、人口密度大、交通便利、经济发展水平处于中等但是相对缺乏快速增长点的一些省份，这些省份在中部、西部和东北都有分布。第三类是经济发展水平较低、区位优势不明显，能源禀赋不高、工业程度相对不发达，城镇化水平不高，节能潜力小成本高的省份，主要分布在西部地区。

从图8-4看，广东和青海承担最小的节能责任既符合效率原则也符合公平原则，而"低效欠公平"区域中的其他8个省份更接近于效率优先原则下的选择标准，并且和"高效欠公平"区域的7个省份基本集聚在一起。从图 8-5 可以看到在减排责任承担的两个原则下，各省份呈现集聚效应。因此虽然本章根据公平优先和效率优先原则下的节能减排责任承担指数，把各省份划分为四类，但同一类别下各省份节能减排责任承担指数之间的差距可能还高于不同类别之间的差距，所以，我们建议应根据节能和减排责任承担指数的大小对各省份能源消费和削减碳排放工作进行统筹安排，这样更加能体现公平和效率的原则。

第四节　研究结论和政策启示

一　研究结论

在构建含有期望产出与非期望产出的经济核算框架的基础上，利用 SBM-DEA 模型和窗口分析方法，我们估算了 2001—2017 年我国 30 个省份的能源消费和碳排放的冗余值和影子价格，从而对各省份节能减排的潜力和边际成本进行了分析。进一步地基于公平与效率双重视角，在公平和效率同等、公平优先、效率优先三个情景下，综合考虑人均能源消费水平、人均碳排放水平、经济发展水平、节能减排的潜力和经济成本等多个指标，并充分考虑历史责任和对未来政策的参考价值，利用时间加权方式构建我国节能减排责任承担指数，对我国 30 个省份的节能责任承担和减排责任承担进行了综合评估，进而根据公平优先和效率优先指数得分情况，将我国 30 个省份分为"高效较公平""高效欠公平""低效较公平""低效欠公平"四个区域，进行全面的分析。研究发现：

（1）2001—2017 年，我国多个省份与生产技术前沿差距较大，节能和减排的潜力巨大，主要集中于能源禀赋高或者经济规模大、能源消费高的中西部地区。这些地区的产业结构偏重，经济对工业的依赖度高，能源效率较低，节能减排的成本较高，自主节能动力不足，理论的节能和减排潜力转换成可实现能源节约量和碳排放削减量需要一个长期的过程。因此中西部地区在经济增长与节能减排之间存在着"两难抉择"，如果承担较高的节能减排目标必然会对经济和社会发展造成较大的负面影响，有损其经济发展的公平性，加剧发展的不均衡。而如果给予过低的节能减排责任，也会导致降低地方政府和企业的节能减排动力，降低环境效益（陈阳，2012）。

（2）经济发达的省份如北京、上海等，第三产业较为发达、生产技术位于前沿，和其他省份相比，节能的潜力已经非常有限，继续承担更高的能源强度下降责任，也会带来较高经济成本。但是由于在能源消费结构上还有很高的提升余地，因此减排成本相对并不高，可以承担较高的减排责任。

（3）基于公平效率同等、公平优先和效率优先原则下的节能减排责任承担是不同的。决策者对于公平原则与效率原则的不同偏好会导致各省份节能减排能力水平的差异，从而造成节能减排责任分摊机制的不同。在公平优先的原则下，内蒙古、辽宁、天津、上海、北京等人均能源消费高和经济发达地区需要承担更高的节能责任，而在效率优先原则下山东、河北和山西等节能潜力巨大的省份则需要承担更高的节能责任。

（4）虽然根据公平优先和效率优先原则下的节能减排责任承担指数，可以对各省份节能减排责任承担进行定性分类，但是节能减排责任承担指数的大小对各省份能源消费总量和碳排放总量进行统筹安排不仅更能体现公平和效率的原则，同时也能更准确地区分各省份之间应该承担的节能和减排责任，从而在更低的经济成本下实现更有效的节能减排，有利于更大限度地实现节能减排目标的同时实现区域间的均衡发展。

二　政策启示

我国从"十一五"开始制定了能源强度下降分解目标，在"十三五"时期制定了碳排放强度下降分解目标，取得了较好的效果，但是同时也存在一定的节能减排激励问题，能源禀赋较高以及经济对能源依赖较为严重的区域尽管完成了能源强度下降的目标，但是也付出了较大的经济代价，在全国经济由高增长向稳增长转型的过程中，这些区域的经济增长率相对更低。在能源和环境约束下，"十四五"乃

第八章　基于公平效率双重视角的我国区域节能与减排责任承担研究

至更长时间内，我国节能减排工作仍将继续，各地区仍需要承担相应的节能减排责任。相对太过严格的能源节约和碳排放控制路径不仅会造成较大的经济增长损失，也有损各地均衡发展的公平性。相对宽松的环境规制目标造成的经济增长损失相对较小，但是这也并不意味着要再度回到高增长高排放的老路上去，长期来看，一味地追求增长而置资源浪费和环境破坏于不顾会进一步阻碍经济的高质量发展。基于研究结论，我们可以得到如下政策启示：

（1）中央政府和省级政府在节能减排目标的分解上应基于节能减排公平性与效率性的差异，考虑能源消费和经济发展的阶段性特征，考量经济代价、失业率水平、财政损失状况以及整个经济系统的容忍度，从经济发展和环境保护双赢的角度，以及公平和效率的视角来看，要给予适当的节能减排责任和经济增长目标。

（2）明确区分节能降耗和控制碳排放的不同经济性质，认真对待政府、企业和居民之间在节能降耗和控制碳排放方面的不同利益追求，因地制宜地制定产业政策和环境政策，最大限度地使政策的目标与各自利益相一致，从而实现政策效应的最大化。

在"高效较公平"区域，节能减排空间较大、对经济的负面影响较小，其减排重点在于采取有效措施控制能源消费总量和碳排放总量。

在"低效较公平"区域，对于经济发展水平高、人均能源消费和碳排放水平相对较高，位于生产技术前沿，节能减排潜力小的北京、上海、浙江、江苏等省市，其主要任务应该是摒弃"资源投入式工业化道路"，加快工业现代化步伐，着眼于发达国家和地区的先进节能减排技术的应用，向世界生产技术前沿靠拢，提高能源效率和可再生能源消费比例，进一步挖掘节能减排的潜力。其次，经济发达地区的人均收入较高、第三产业占比较大，工业能源消费和碳排放的占比逐渐降低，而第三产业尤其是生产性服务业、建筑业以及居民生活的用能和碳排放快速增长，对发达地区的节能减排工作构成了很大的压力，因此政府应重点关注生产性服务业、建筑业以及居民生活等非工业领域的能源消费和碳排放，把节能减排的思想扩展到所有生产和消费环节，强调生产者和消费者的责任是对产品的整个生命周期负责，尽量节省资源、能源，引导低碳发展和倡导低碳生活。

对于新疆、山西等具有较大的节能减排潜力，但是产业结构转型和能源结构转型都面临更大的困难，付出的经济代价和社会成本也更高的省份，不能过度地强调去产能以及过度发展第三产业而摒弃目前的优势产业和支柱性产业，而是着重加强能源产业和重工业的技术创新，打造高能耗高排放产业的节能低碳发展之路。

第一，更多地利用市场机制淘汰清理落后产能。我国能源消耗和污染排放重点领域的产业组织结构还很分散，大量技术落后的小企业充当着行业的主体，不改变这种状况，节能环保任务难以完成。但是为了避免"淘汰过剩产能"和"限制新项目"等为主导的行政指令性政策导致竞争不充分，以及延缓落后产能的淘汰速度和利用行政性关停并转带来社会的不稳定，应该在控制环境总容量的基础上，更多地利用市场机制淘汰清理落后产能。如利用能源税、碳市场等市场手段，通过价格机制和市场的充分竞争，淘汰落后产能，最后逐渐形成具有竞争力和环境友好型的产业结构组织，从而取得经济增长和实现节能减排目标的双赢。

第二，坚持轻工业和重工业并重发展的战略，充分利用市场手段推动工业内部结构的调整。继续加大更新改造和兼并重组传统高能耗重化工业的力度，发展和引进节能减排技术，利用高新技术和先进适用技术改造提升传统产业，实现传统产业的优化升级。另外，企业追求的是利益最大化，在严厉的环境规制下，短期内企业利润受到一定的影响是可以接受的，但是如果节能减排的措施不能实现长期利润的增加，企业就没有节能减排的内在动力。因此要加强产业创新链的凝练和部署，同时围绕能源产业和重工业的重点发展方向，加大资金投入，以关键技术为核心，构建技术标准体系和人才平台建设体系，结合新兴技术、节能减排技术及先进材料、装备的发展趋势，针对能源产业和重工业存在的关键性技术需求，遵循产业链、技术需求和市场需求三位一体的产业创新链技术发展路径，让企业能够在节能减排中获取更大的利润，从而实现节能减排和经济发展的协同发展。

第八章　基于公平效率双重视角的我国区域节能与减排责任承担研究

第三，即使传统优势产业能够支持经济的继续发展，但是产业多元化发展依然是区域降低对单一产业过度依赖的途径，各地应依靠区域特点，整合资源优势，精心谋划，大力培育壮大新兴产业，实质性地调整经济结构和能源消费结构，这既是实现节能减排和经济增长的当务之急，也是长远发展之计。

在"低效欠公平"区域，对于广东省，政府应着力于提高社会环保意识、使用环境规制组合手段进一步引导企业减少对初级自然资源投入的依赖，加大清洁能源在能源消费中的比重，大力发展循环经济提升生产残余物的回收利用水平，打造清洁循环社会。在产业结构上要从低端加工制造业转向技术含量较高的高新技术制造业、大数据产业、人工智能等高端产业，减少对能源的使用和二氧化碳的排放，同时实现经济由高速增长向高质量发展的转变。

对于经济规模大、人口密度大、交通便利、经济发展水平处于中等但是相对缺乏快速增长点的一些省份，首先根据市场需求积极应对重型国有企业转型升级，在降低能耗的同时保持经济稳定增长和充分就业。其次合理布局战略性新兴产业，激活第三产业的发展动力，利用全国密集的高速公路网建设国家级现代物流新枢纽体系，努力打造清洁能源利用和绿色发展的示范区，实现产业协调发展。

地域经济发展水平较低、城镇化水平低、能源禀赋低、工业发展程度低，节能潜力小且成本高的西部省份，注重在经济发展过程中避免走"先污染再治理"的老路。首先用环境标准和技术标准替代审批制以控制企业的市场准入，特别是在通过承接东部产业转移寻找经济新增长点时，应强化投资项目评估和审查，设立节能减排门槛，严防超标的高耗能高排放企业进入。其次是以创新发展为重点，充分发挥技术进步对第二产业能源消费的抑制效应，维持第二产业在国民经济中的比重不显著降低，保证经济平稳增长。最后是积极对接"一带一路"建设，找准在"一带一路"建设中的定位，发挥自身优势，制定切实可行的向西开放发展战略。而且一些条件成熟的省份可以直接跨越工业期，打造高新产业和绿色产业，如贵州的大数据产业，向第三产业为主的高级产业结构迈进。

（3）节能减排要有清晰的路径设计。节能减排不仅仅需要因地制宜地设置目标，更要有清晰的路径，结合国家战略，分阶段、分轻重缓急地对节能减排工作进行安排。从产业发展来看，首先，着重于根据环保、能耗、安全等法律和规定依法依规有序淘汰产能，合理安排现役设备的节能和超低排放改造工期，加强高能耗行业能耗管控，从而有效、快速地遏制能源消费、环境污染的继续恶化以及碳排放的快速上升。其次，促进传统产业转型升级，实施工业能效赶超行动，深化制造业与互联网融合发展，促进制造业高端化、智能化、绿色化、服务化；强化建筑、交通运输、商贸流通等各领域节能减排，扩大利用绿色低碳清洁能源，引导和促进清洁能源产业持续健康发展，保障经济稳定增长、社会稳定发展以及经济社会的合理用能需求。最后，加快发展壮大战略性新兴产业，打造经济增长的新支点；同时推行绿色消费，倡导绿色生活，推进农业农村、居民、公共机构的节能减排。

从区域统筹来看，根据空间布局、产业结构、产业链接、资源利用、污染治理、基础设施等各方面的要求，加快互联网与资源循环利用融合发展，推动循环企业、循环园区、循环城市以及循环社会的建设和发展，从而全面推动社会的节能减排和经济发展。

第九章 我国居民家庭间接能源消费与结构分解研究

随着对节能减排和气候变化认识的日益深刻，大多数国家都致力于采取各种措施实施节能减排，但2017年和2018年，在全球经济增速放缓以及能源价格持续走强的情势下，全球一次能源消费分别增长了2.2%和2.9%，几乎是过去十年平均增速的两倍，也是2010年以来的最高增速。较长的时间内，学者的研究主要集中于工业部门的节能减排，在能源消费快速反弹的背景下，必须重新思考能源消费再度快速增长背后的原因，寻找有效的节能途径。

根据各部门的能源消费来看，随着经济水平的提高和城镇化的快速推进，我国城镇家庭对电力、天然气、汽油和液化气等能源的需求量逐渐增加，居民部门消费所产生的能源消耗在我国能源消费中所占比重越来越大，我国家庭能源消费需求是推动我国能源消费总量快速增长的重要原因之一（刘业炜，2019）。居民除了直接消耗能源，衣、食、住、行等生活消费品的生产和服务都需要间接消耗能源产品。我国城镇化的发展仍需相当长的一段时间，经济发展和经济结构的转型将继续刺激国内消费需求以拉动经济增长，随着居民收入的提高和生活方式的改善，家庭消费规模还将继续快速增长，家用电器、住房和私人交通工具的拥有量和使用频率不断上升，对能源消费的拉动作用不断增强。事实上，由于生产部门生产产品的最终目的正是为了满足人民日益增长的美好生活需要和消费需求，居民生活消费对工业部门生产活动的影响也越来越显著，从居民部门的消费视角去研究能源消费具有根本性的意义。

在城镇化发展的进程中，家庭聚集空间由农村向城镇转移，居民所从事的职业逐渐由农业向非农业转变，居民收入和消费水平随之提高，家庭生活方式逐渐由农村型转变为城镇型。由于能源是生活的必需品，因此生活方式的改变会直接或间接地影响家庭能源消费的总量和结构。生活方式的改变不仅直接影响着家庭生活能源商品需求的数量和结构，而且会通过影响其他非能源商品和服务需求，进而间接地影响能源要素需求。生产方式的改变直接影响能源要素需求，能源要素需求数量和结构的变化，会通过影响生产部门的能源消费，进而影响城乡家庭生活的间接能源消费。

在我国快速城镇化和向消费型社会逐渐转变时，研究城乡居民家庭的直接和间接能源消费趋势、能源消费结构、技术发展、人口增长和迁徙以及消费规模和结构等因素对家庭能源消费的影响，从家庭消费需求侧与行业供给侧在消费模式、产业结构、技术创新等方面提出政策工具和经济激励措施，不仅是我国经济发展新常态背景下保持可持续发展的战略要求，还是实现我国家庭节能、绿色、科学消费的客观要求。

本章利用投入产出表方法计算2002—2017年中相应年份的城乡居民间接能源消费，并利用结构分解模型，对引起居民间接能源消费变动的节能技术、中间生产技术、人口增长、城镇化发展、人均消费规模和消费结构6个因素进行分解，分析各因素对于居民间接能源消费变动中的贡献和发展趋势，这对于在经济发展和城镇化建设中不降低居民生活质量的前提下，科学地制定居民能源消费政策提供相关的理论支撑和保障，并采取相应的行动措施来引导居民的绿色消费结构，进而引导产品结构的改变，从而推动全社会节能减排目标的实现，都是非常重要的（余利娥，2018）。

第一节　我国居民家庭间接能源
消费测算和分解模型

一　居民家庭间接能源消费的内涵和测算模型

居民家庭间接能源消费是指居民消费商品和服务时，生产部门为提供这些产品和服务所需要消耗的能源。如居民家庭驾驶过程消费的汽油是对能源的直接消费，而为了满足家庭购买汽车的消费需求，需要钢材、轮胎等多种产品，钢材、轮胎的生产需要铁矿石和橡胶等材料，汽车以及所有中间产品或服务的生产过程必然会有相应的能源消耗，因此为了生产居民家庭所需要的商品和服务所消耗的所有能源称为居民家庭间接能源消费。

对居民家庭间接能源消费的分析，现有研究主要使用生命周期方法（Cycle Life Assessment，CLA）和投入产出分析方法（Input-Output Model，IOM）（Bin & Dowlatabadi，2005）。生命周期分析需要详细测算每种产品生产过程中的直接和间接能源消费量，对数据的要求极高。而投入产出模型可以不考虑生产过程的复杂性，使用 Leontief 逆矩阵直接测算居民最终消费所导致的能源消耗，在该领域中得到广泛的应用。Lenzen（1998）首次利用投入产出法计算家庭间接能源消费，Munksgaard 等人（2000）利用投入产出表和家庭支出数据测算了丹麦的家庭能源消费特点，发现居民部门能源消费量的增长是社会能源消费总量增长的重要原因。国内学者对这个领域的研究相对较晚，研究方法也大多是借鉴国外学者较为成熟的体系框架。刘兰翠等（2007）利用投入产出法计算了1992—2007年我国城镇与农村家庭的能源消费行为，并分别对直接能源消费和间接能源消费进行了测算研究，发现间接能源消费所占比重较大，且城乡之间的家庭能源消费特点差异显著。李艳梅和张雷（2008）对1987—2002年的我国居民能源消费数据进行了分析，表明居民家庭能源消费以间接能源消费为主。陈婧和陈红敏（2013）运用投入产出法对上海2005—2008年生活完全能耗进行分析，发现收入增多显著提高了生活用能。

居民家庭间接能源消费的计算公式如下所示：

$$lndE_t = D_t(I-A)_t^{-1}C_t \qquad (9-1)$$

式（9-1）中，D_t 表示第 t 年的直接能源消耗系数矩阵，由 $1 \times n$ 个 d_{jt} 组成，$d_{jt} = E_{jt}/X_{jt}$ 表示第 j 个部门在时间 t 的单位产值的能源消耗量，即能源消费强度，E_{jt} 表示第 j 个部门在时间 t 的能源消耗量，X_{jt} 表示第 j 个部门在时间 t 的总产值。$(I-A)_t^{-1}$ 为时间 t 的列昂惕夫逆矩阵，也称完全需求系数矩阵。C_t 为居民消费列向量。

二 居民家庭间接能源消费总量变化结构分解模型

结构分解模型是利用投入产出技术发展起来的一种较为成熟的分析方法，其核心思想是将经济系统中某核心变量的变动分解为有关影响变量积与和，可以观察各影响变量对核心变量变动的相对影响和绝对影响以及贡献度的大小，在能源研究领域中得到了广泛的应用（Pablo & Klaus Hubacek, 2008）。

根据结构分解模型，将式（9-1）中的居民消费列向量 C_t 进一步展开，可得到：

$$lndE_t = D_t(I-A)_t^{-1} \times (P_t \times \frac{C_t}{P_t} \times \frac{C_{jt}}{\sum C_{jt}})$$

$$= D_t \times T_t \times P_t \times CI_t \times CS_t \qquad (9-2)$$

式（9-2）中，D_t 反应节能技术的进步。$T_t = (I-A)_t^{-1}$，表示投入产出结构，反映中间生产技术，这两者表征了技术进步对居民家庭间接能源消费总量的作用。P_t 代表总人口规模。$CI_t = C_t/P_t$，表示人均消费规模。$CS_t = C_{jt}/\sum C_{jt}$，反映了居民家庭的消费结构。

进一步地，继续在分解公式中引入城镇化率，那么城乡居民家庭间接能源消费总量可以表示为：

$$lndE_{ut} = D_t(I-A)_t^{-1} \times (P_t \times U_t \times \frac{C_{ut}}{P_{ut}} \times \frac{C_{ujt}}{\sum C_{ujt}})$$

$$= D_t \times T_t \times P_t \times U_t \times CI_{ut} \times CS_{ut} \qquad (9-3)$$

$$lndE_{rt} = D_t(I-A)_t^{-1} \times [P_t \times (1-U_t) \times \frac{C_{rt}}{P_{rt}} \times \frac{C_{rjt}}{\sum C_{rjt}}]$$

$$= D_t \times T_t \times P_t \times (1-U_t) \times CI_{rt} \times CS_{rt} \quad (9-4)$$

式（9-3）和式（9-4）中，$lndE_{ut}$ 和 $lndE_{rt}$ 分别代表城乡居民间接能源消费总量，U_t 表示城镇化率。

进一步，运用结构分解分析方法对间接生活能源消费量变动 $lndE_t$ 进行结构分解，用下标 1 和 0 分别表示报告期和基期。以城镇居民间接能源消费总量为例，首先从相对变化即城市居民家庭间接能源消费总量指数来看，如果以拉氏的方式进行分解，则有：

$$EI_L = \frac{lndE_{u1}}{lndE_{u0}} = \frac{D_1 \times T_1 \times P_1 \times U_1 \times CI_{u1} \times CS_{u1}}{D_0 \times T_0 \times P_0 \times U_0 \times C_{u0} \times CS_{u0}}$$

$$= \frac{D_1 \times T_0 \times P_0 \times U_0 \times C_{u0} \times CS_{u0}}{D_0 \times T_0 \times P_0 \times U_0 \times C_{u0} \times CS_{u0}} \times \frac{D_1 \times T_1 \times P_0 \times U_0 \times C_{u0} \times CS_{u0}}{D_1 \times T_0 \times P_0 \times U_0 \times C_{u0} \times CS_{u0}}$$

$$\times \frac{D_1 \times T_1 \times P_1 \times U_0 \times C_{u0} \times CS_{u0}}{D_1 \times T_1 \times P_0 \times U_0 \times C_{u0} \times CS_{u0}} \times \frac{D_1 \times T_1 \times P_1 \times U_1 \times C_{u0} \times CS_{u0}}{D_1 \times T_1 \times P_1 \times U_0 \times C_{u0} \times CS_{u0}}$$

$$\times \frac{D_1 \times T_1 \times P_1 \times U_1 \times C_{u1} \times CS_{u0}}{D_1 \times T_1 \times P_1 \times U_1 \times C_{u0} \times CS_{u0}} \times \frac{D_1 \times T_1 \times P_1 \times U_1 \times C_{u1} \times CS_{u1}}{D_1 \times T_1 \times P_1 \times U_1 \times C_{u1} \times CS_{u0}}$$

$$= DI_L \times TI_L \times PI_L \times UI_L \times CII_L \times CSI_L \quad (9-5)$$

如果以派氏的方式进行分解，则有：

$$EI_P = \frac{lndE_{u1}}{lndE_{u0}} = \frac{D_1 \times T_1 \times P_1 \times U_1 \times CI_{u1} \times CS_{u1}}{D_0 \times T_0 \times P_0 \times U_0 \times C_{u0} \times CS_{u0}}$$

$$= \frac{D_1 \times T_1 \times P_1 \times U_1 \times CI_{u1} \times CS_{u1}}{D_0 \times T_1 \times P_1 \times U_1 \times CI_{u1} \times CS_{u1}} \times \frac{D_0 \times T_1 \times P_1 \times U_1 \times CI_{u1} \times CS_{u1}}{D_0 \times T_0 \times P_1 \times U_1 \times CI_{u1} \times CS_{u1}}$$

$$\times \frac{D_0 \times T_0 \times P_1 \times U_1 \times CI_{u1} \times CS_{u1}}{D_0 \times T_0 \times P_0 \times U_1 \times CI_{u1} \times CS_{u1}} \times \frac{D_0 \times T_0 \times P_0 \times U_1 \times CI_{u1} \times CS_{u1}}{D_0 \times T_0 \times P_0 \times U_0 \times CI_{u1} \times CS_{u1}}$$

$$\times \frac{D_0 \times T_0 \times P_0 \times U_0 \times CI_{u1} \times CS_{u1}}{D_0 \times T_0 \times P_0 \times U_0 \times CI_{u0} \times CS_{u1}} \times \frac{D_0 \times T_0 \times P_0 \times U_0 \times CI_{u0} \times CS_{u1}}{D_0 \times T_0 \times P_0 \times U_0 \times CI_{u0} \times CS_{u0}}$$

$$= DI_P \times TI_P \times PI_P \times UI_P \times CII_P \times CSI_P \quad (9-6)$$

取式（9-5）和式（9-6）的几何平均值，可得到本章所计算得到的城镇居民家庭间接能源消费的相对变化综合指数及其分解指数：

$$\begin{aligned}
EI &= \sqrt{EI_L \times EI_P} \\
&= \sqrt{DI_L \times DI_P} \times \sqrt{TI_L \times TI_P} \times \sqrt{PI_L \times PI_P} \times \sqrt{UI_L \times UI_P} \times \\
&\quad \sqrt{CII_L \times CII_P} \times \sqrt{CSI_L \times CSI_P} \\
&= DI \times TI \times PI \times UI \times CII \times CSI
\end{aligned} \quad (9-7)$$

式（9-7）中，EI 表示报告期城镇居民家庭间接能源消费总量相对于基期的相对变化，而 DI、TI、PI、UI、CII 和 CSI 分别是以指数形式表示的各影响因素引起的城镇居民家庭间接能源消费总量的相对变化情况。

将式（9-5）和式（9-6）每个指数的分子分母相减，则可以得到拉氏形式下和派氏形式下城镇居民家庭间接能源消费的绝对变化量，再对每一个绝对变化量求算术平均值，就可以求得本章所求的城镇居民家庭间接能源消费的绝对变化量 ΔE 以及每个因素变动导致间接能源消费绝对量的变化 ΔD、ΔT、ΔP、ΔU、ΔCI 和 ΔCS，如式（9-8）所示：

$$\begin{aligned}
\Delta E &= \frac{\Delta E_L + \Delta E_P}{2} \\
&= \frac{\Delta D_L + \Delta D_P}{2} + \frac{\Delta T_L + \Delta T_P}{2} + \frac{\Delta P_L + \Delta P_P}{2} + \frac{\Delta U_L + \Delta U_P}{2} + \\
&\quad \frac{\Delta CI_L + \Delta CI_P}{2} + \frac{\Delta CS_L + \Delta CS_P}{2} \\
&= \Delta D + \Delta T + \Delta P + \Delta U + \Delta CI + \Delta CS
\end{aligned} \quad (9-8)$$

将 ΔD、ΔT、ΔP、ΔU、ΔCI 和 ΔCS 分别与 ΔE 相比，则可以得到各因素对间接能源消费绝对变化量的贡献度。

同理，可以计算农村居民家庭间接能源消费总量的相对变化、绝对变化以及各因素对绝对值变化的贡献。

三　数据来源和数据处理

根据我国投入产出表公布的时期和数据一致性的原则，本章选择 2002 年、2005 年、2007 年、2010 年、2012 年、2015 年和 2017 年的数据作为分析的对象，各部门的能源消耗系数 D_t 以各部门的能源消耗比上各部门的总产值求得，数据来源于各年能源统计年鉴和投入产出表，列昂惕夫逆矩阵 $(I-A)_t^{-1}$ 根据当年投入产出表计算，城乡居民对各部门的最终消费由当年投入产出表获得，人口总数、城镇化率由当年统计年鉴获得。各年各部门的总产值和城乡居民家庭对各部门的最终消费以2002年不变价格进行折算以消除价格因素影响。

第二节 我国居民家庭间接能源消费测算和分解结果

一 我国城乡居民家庭间接能源消费的测算结果

根据式（9-1），计算城乡居民家庭的间接能源消费，如图9-1所示，我国2002年城镇居民家庭间接能源消费为3.51亿吨标准煤，是当期直接能源消费的4.46倍，在总能源消费中占比为82.3%。到2017年城镇居民家庭间接能源消费上升至9.30亿吨标准煤，是2002年的2.64倍，是当期直接能源消费的4.32倍，在总能源消费中占比为79.2%。2002年农村居民家庭间接能源消费为1.44亿吨标准煤，是直接能源消费的2.24倍，在总能源消费中占比为69.2%。到2017年农村居民家庭间接能源消费上升至2.15亿吨，是2002年的1.49倍，是当期直接能源消费的1.27倍，在总能源消费中占比为55.9%。可见无论是城镇还是农村居民家庭的间接能源消费都大幅增长，但是城镇居民家庭的间接能源消费要远高于直接能源消费，相对比而言农村居民家庭的直接能源消费增长得更快。

另外，从图9-1可以看到，2017年城镇居民家庭间接能源消费仅比2015年增长了3.8%，而2017年农村居民家庭间接能源消费相比2015年下降了10.7%，城乡差异逐渐扩大。从2002—2017年间的7个年份来看，城镇居民家庭间接生活能源消费量持续提高，而农村居民家庭间接生活能源消费量在2007年和2017年相比前一个时点有所下降。

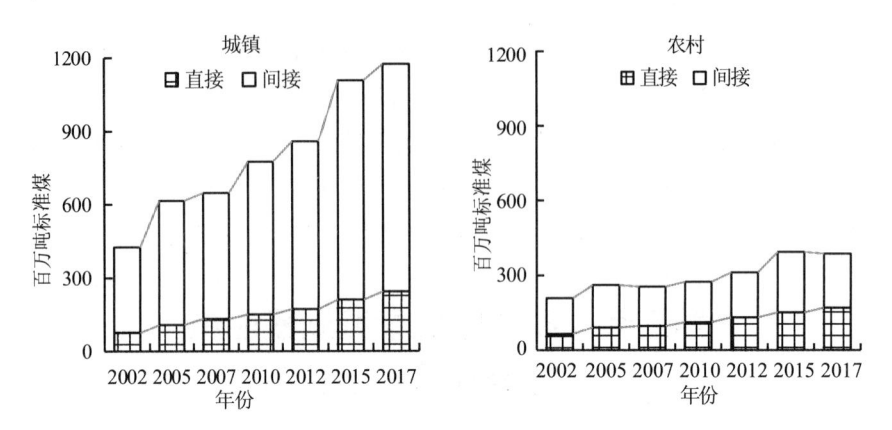

图 9-1 我国城乡居民家庭直接和间接能源消费量对比

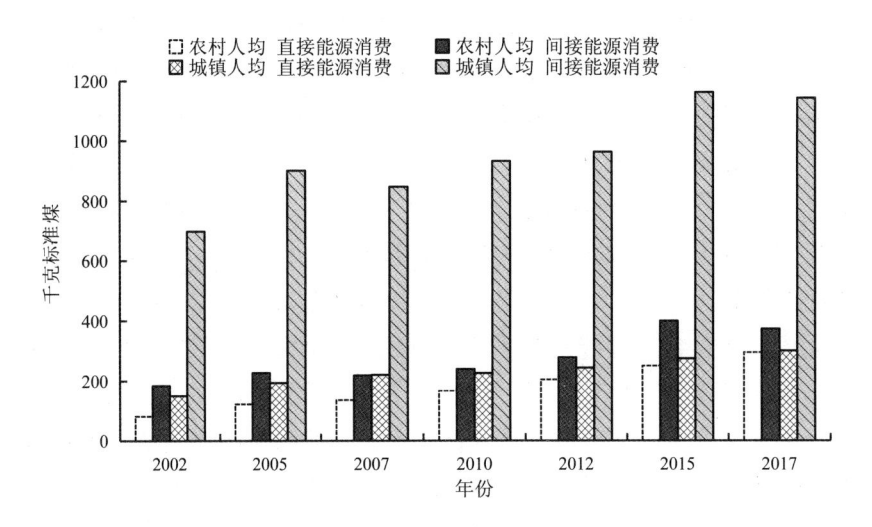

图 9-2 我国城乡居民家庭人均直接和间接能源消费量对比

从居民家庭人均间接能源消费的情况来看，如图 9-2 所示，2002 年城镇居民家庭人均间接能源消费为 698.73 千克标准煤，到 2017 年上升至 1142.77 千克标准煤。2002 年农村居民家庭人均间接能源消费为 184.14 千克标准煤，到 2017 年上升至 373 千克标准煤。2002 年城镇与农村居民家庭人均间接能源消费之比为 3.79，2017 年下降至 3.06，城乡之间的差距进一步缩小。

第九章 我国居民家庭间接能源消费与结构分解研究

二 我国城乡居民家庭间接能源消费变动的分解

根据式（9-7）和式（9-8）构建的 SDA 模型，分别对 2002—2005 年、2005—2007 年、2007—2010 年、2010—2012 年、2012—2015 年和 2015—2017 年 6 个时期的城镇和农村居民家庭间接生活能源消费相对变化量和绝对变化量进行结构分解，结果如表 9-1、图 9-3、表 9-2 和图 9-4 所示。

1. 城镇居民家庭间接能源消费变动的分解

由表 9-1 和图 9-3 可以看到，在 2002—2017 年间城镇居民家庭间接能源消费增加了 57875.90 万吨标准煤，其中节能技术变动、中间生产技术变动、人口规模变动、城镇化发展、人均消费规模和居民消费结构变化分别导致总量变动了 -23504.42 万吨标准煤、-11668.19 万吨标准煤、5378.78 万吨标准煤、26315.68 万吨标准煤、65777.89 万吨标准煤和 -4423.84 万吨标准煤，对总量变动的贡献率分别为 -40.61%、-20.16%、9.29%、45.47%、113.65% 和 -7.64%，继续将 6 个因素归为 3 个重要因素，即：技术进步、人口变动和消费变动，可以发现，三者的贡献率分别是 -60.77%、54.76% 和 106.01%。可以看到，居民消费规模的增长是导致城镇居民家庭间接能源消费增长的最重要的原因。其次是城镇化导致的人口规模的增加，接下来是人口的自然增长。节能技术导致的部门能源消耗强度下降以及中间生产技术的进步导致城镇居民家庭间接能源消费出现显著的下降，而居民消费结构的改善已经开始降低了城镇居民家庭间接能源消费。

从时间来看，部门节能技术在 2002—2005 年、2005—2007 年、2007—2010 年、2010—2012 年间对城镇居民家庭间接能源消费变动的贡献率都为负，但是在 2012—2015 年、2015—2017 年间的贡献率为正，表明在这两个阶段部门的综合能源消费强度是有所上升的。这个结果和我们在第五章分析的结论是一致的，从 2009 年起，为了刺激经济，钢铁、水泥等高能耗行业的基础建设投资加大，这些行业的能源消耗增长较快，因此带动体现在城镇居民购房、购车、出游等消

表9—1　我国城镇居民家庭间接能源消费量变动分解

（%、万吨标准煤）

城镇居民家庭		2002—2005年	2005—2007年	2007—2010年	2010—2012年	2012—2015年	2015—2017年	贡献度（%）
节能技术	相对变化	84.32	80.21	84.97	94.65	106.37	104.15	-40.61
	绝对变化	-7515.87	-11432.26	-9450.23	-3644.12	4810.80	3727.26	
中间生产技术	相对变化	125.54	99.85	99.59	92.33	94.59	87.86	-20.16
	绝对变化	9972.90	14.42	-172.09	-5268.52	-4343.75	-11871.14	
总人口变动	相对变化	101.79	101.05	101.48	100.98	101.52	101.51	9.29
	绝对变化	750.28	545.87	862.35	649.28	1192.91	1378.09	
城镇化发展	相对变化	109.98	106.74	108.85	105.25	106.71	106.20	45.47
	绝对变化	3996.87	3385.13	4905.67	3390.83	5119.54	5517.66	
人均消费规模	相对变化	120.81	121.44	130.13	118.96	117.12	110.43	113.65
	绝对变化	7964.87	9934.65	14961.59	11409.46	12426.73	9080.59	
居民消费结构	相对变化	100.83	96.67	99.94	99.33	102.38	95.26	-7.64
	绝对变化	395.20	-1728.74	-30.72	-448.59	1839.40	-4450.38	
技术进步	相对变化	105.86	80.09	84.62	87.39	100.62	91.51	-60.77
	绝对变化	2457.03	-11417.84	-9622.33	-8912.63	467.04	-8143.88	
人口变动	相对变化	111.95	107.86	110.46	106.28	108.34	107.81	54.76
	绝对变化	4747.15	3931.00	5768.02	4040.11	6312.44	6895.75	
居民消费	相对变化	121.82	117.39	130.05	118.16	119.91	105.20	106.01
	绝对变化	8360.07	8205.90	14930.87	10960.87	14266.13	4630.21	
总变动	相对变化	144.36	101.42	121.56	109.75	130.71	103.78	100.00
	绝对变化	15564.25	719.06	11076.56	6088.34	21045.62	3382.08	

费中的间接能源消费的增长，从而也带动了城镇居民家庭总体间接能源消费的增长。高耗能行业产出的增加意味着其他商品对这些行业的消费也会相应增加，这相当于间接带动了中间生产环节对能源消费的增加。因此，虽然我国在降低能源强度和促进技术进步方面已经取得了巨大的进步，但是经济对投资的依赖导致高耗能企业产出的占比阶段性地反弹，不仅导致能源消费快速增长，最终也内嵌于城镇居民消费的商品和服务中，体现为城镇居民家庭间接能源消费的增加。

从中间生产技术的贡献来看，在2002—2005年，中间生产技术的变动导致城镇居民家庭间接能源消费变动增长了25.54%，但是在此后的两个时期对城镇居民家庭间接能源消费变动贡献变小，并变为负值，到2015—2017年间，中间生产技术的改进已经导致城镇居民家庭间接能源消费下降了12.14%。

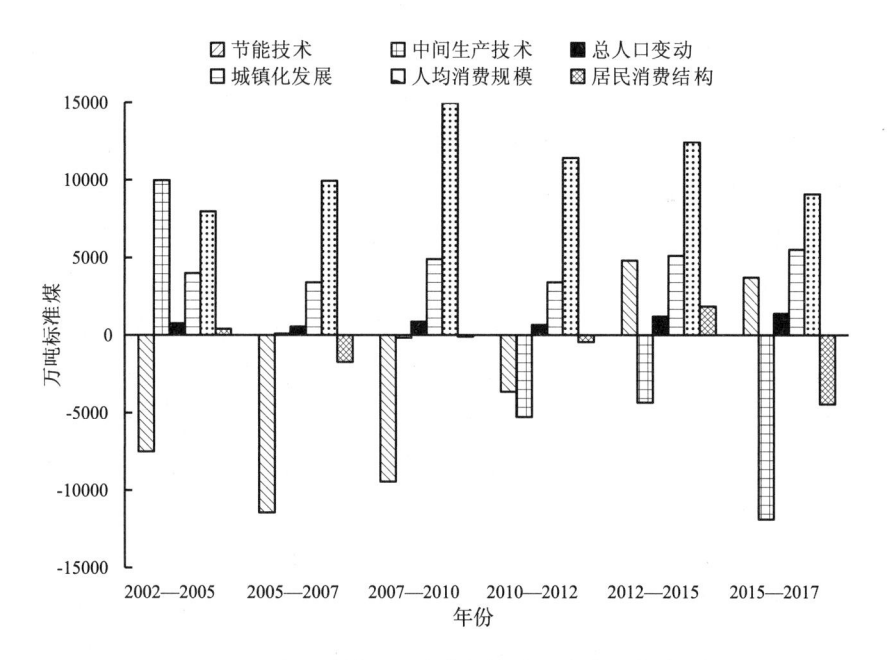

图9-3 我国城镇居民家庭间接能源消费量变动分解

人口的自然增长会拉动城镇居民家庭的间接能源消费增长在2%

以内，贡献程度较小，而且保持稳定，而城镇化会拉动城镇居民家庭的间接能源消费增长5%—10%。

居民消费规模的扩大一直都是促进城镇居民家庭间接能源消费增长的最主要的因素，会拉动城镇居民家庭间接能源消费增长11%—30%。而居民消费结构在2002—2005年和2012—2015年间对城镇居民家庭间接能源消费变动的贡献率始终为正，其他四个时期为负，虽然贡献率不高，但是也表明城镇居民消费结构节能化转变的趋势。

2. 农村居民家庭间接能源消费变动的分解

由表9-2和图9-4可以看到，在2002—2017年间，农村居民家庭间接能源消费增加了7100.09万吨标准煤，其中节能技术变动、中间生产技术变动、人口规模变动、城镇化发展、人均消费规模和居民消费结构变化分别导致总量变动了-7872.35万吨标准煤、-1959.80万吨标准煤、1512.24万吨标准煤、-7605.73万吨标准煤、23164.88万吨标准煤和-139.15万吨标准煤，对总量变动的贡献率分别为-110.88%、-27.60%、21.30%、-107.12%、326.26%和-1.96%。技术进步、人口变动和消费变动的贡献率分别为-138.48%、-85.82%和324.30%。可以看到，同城镇居民家庭间接能源消费变动的分解相似，居民消费规模的增长是导致农村居民家庭间接能源消费增长的最重要的原因，人口的自然增长增加了农村居民家庭间接能源消费；而节能技术导致的部门能源消耗强度下降、城镇化导致的农村人口规模减小都大幅降低了农村居民家庭间接能源消费总量，中间生产技术的进步也降低了农村居民家庭间接能源消费，而居民消费结构虽然也导致农村居民家庭间接能源消费下降，但是贡献度很低。

从时间的发展来看，和城镇居民家庭间接能源消费变动的分解结果也类似，部门节能技术在2002—2005年、2005—2007年、2007—2010年、2010—2012年间对农村居民家庭间接能源消费变动的贡献率都为负，但是在2012—2015年和2015—2017年间的贡献率为正。从中间生产技术的贡献来看，在2002—2005年，中间生产技术的变化导致农村居民家庭间接能源消费增长了24.41%，在2005—2007年

第九章 我国居民家庭间接能源消费与结构分解研究

表9-2 我国农村居民家庭间接能源消费量变动分解

（%，万吨标准煤）

农村居民家庭		2002—2005年	2005—2007年	2007—2010年	2010—2012年	2012—2015年	2015—2017年	贡献度（%）
节能技术	相对变化	83.79	80.59	84.41	94.34	106.18	104.21	
	绝对变化	-2818.03	-3538.87	-2716.44	-999.36	1237.67	962.67	-110.88
中间生产技术	相对变化	124.41	99.50	99.96	92.19	94.78	88.19	
	绝对变化	3470.07	-63.30	10.62	-1390.28	-1100.44	-2886.47	-27.60
总人口变动	相对变化	101.79	101.05	101.48	100.98	101.52	101.51	
	绝对变化	276.97	172.23	237.09	168.34	315.68	341.93	21.30
城镇化发展	相对变化	93.60	94.91	92.50	94.76	92.56	92.07	
	绝对变化	-1032.66	-863.95	-1262.55	-933.17	-1626.39	-1887.02	-107.12
人均消费规模	相对变化	113.98	123.25	129.73	133.78	131.29	113.46	
	绝对变化	2040.26	3424.64	4162.18	4978.35	5676.35	2883.09	326.26
居民消费结构	相对变化	103.83	97.33	100.16	99.83	108.58	91.58	
	绝对变化	590.00	-440.20	26.21	-30.46	1719.91	-2004.60	-1.96
技术进步	相对变化	104.24	80.19	84.38	86.98	100.64	91.90	
	绝对变化	652.05	-3602.17	-2705.82	-2389.64	137.24	-1923.79	-138.48
人口变动	相对变化	95.27	95.91	93.87	95.69	93.96	93.46	
	绝对变化	-755.69	-691.73	-1025.46	-764.83	-1310.70	-1545.09	-85.82
居民消费	相对变化	118.34	119.97	129.94	133.55	142.55	103.90	
	绝对变化	2630.26	2984.44	4188.39	4947.89	7396.26	878.49	324.30
总变动	相对变化	117.54	92.27	102.93	111.15	134.81	89.25	
	绝对变化	2526.62	-1309.46	457.10	1793.42	6222.79	-2590.39	100.00

和2007—2010年间，中间生产技术变动对农村居民家庭间接能源消费的变动影响很小，在2010年之后，中间生产技术的进步导致农村居民家庭的间接能源消费大幅降低。人口的自然增长拉动农村居民家庭的间接能源消费增长在2%以内，城镇化发展造成农村人口减少导致农村居民家庭间接能源消费下降了5%—8%。居民消费规模的扩大拉动农村居民家庭间接能源消费增长13%—34%。居民消费结构在2002—2005年、2007—2010年、2012—2015年导致农村居民家庭间接能源消费上升，在其他研究时期导致农村居民家庭间接能源消费降低。

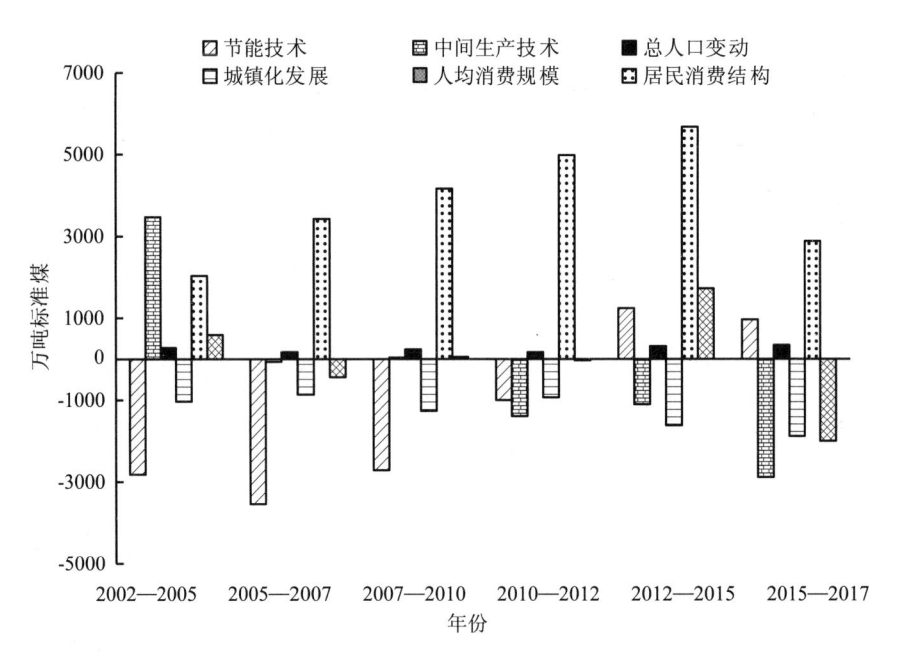

图9-4 我国农村居民家庭间接能源消费量变动分解

通过对比表9-1和表9-2可以看到，技术进步和居民消费结构的改善对于农村居民家庭间接能源消费变动的贡献度要超过对城镇居民家庭的贡献，但是由于城镇居民家庭消费规模要远高于农村，其居民家庭间接能源消费也远高于农村，因此无论是技术进步、消费规模和结构的变化对城镇居民家庭间接能源消费变动影响的绝对值都更大。而且值得注意的是城镇化的发展导致城镇居民家庭间接能源消费提高了26315.7万吨,但是仅仅导致农村居民家庭间接能源消费下降了7605.74万吨。由于农村居民消费规模远低于城镇居民,其消费结构也与城镇居民家庭不同,而在农村居民迁移到城镇的过程中,其生活方式和消费模式都发生了很大的变化,收入增加带来了消费规模的增加,而居住、交通、通信等生活方式的变化也增加了对高耗能产品的需求。因此要降低我国居民家庭的间接能源消费,农村消费规模和消费结构的作用不容忽视,但是降低城镇居民家庭间接能源消费仍是完成任务、达到目标的关键。

第三节 研究结论和政策建议

一 研究结论

本章利用投入产出表方法计算了2002—2017年中相应年份的城乡居民家庭间接能源消费,并使用结构分解模型,对引起居民家庭间接能源消费变动的节能技术、中间生产技术、人口增长、城镇化发展、人均消费规模和消费结构6个因素进行了分解,分析了各因素对于居民家庭间接能源消费变动中的贡献和发展趋势。研究发现以下结论:

(1) 根据投入产出模型计算我国城乡居民家庭的间接能源消费,可以发现无论是城镇还是农村,居民家庭的间接能源消费都大幅增长,尤其是城镇居民家庭的间接能源消费要远高于直接能源消费。相对于人均直接能源消费,城乡居民家庭人均间接能源消费之间的差距要更大。

(2) 根据结构分解模型对城乡居民家庭间接能源消费的变动进行分解的结果,居民消费规模的增长是导致居民家庭间接能源消费增长的最重要的原因,尤其是在农村。节能技术导致居民家庭间接能源消费出现显著的下降。与此同时节能技术对间接能源变动贡献度的波动也说明虽然我国在降低能源强度方面取得了巨大的进步,但是经济对投资的依赖导致高耗能企业产出的占比阶段性地反弹,不仅导致能源消费快速增长,最终也内嵌于居民消费的商品和服务中,体现为居民家庭间接能源消费的增加。而中间生产技术的进步能够持续降低居民家庭的间接能源消费。居民消费规模的扩大是导致居民家庭间接能源消费增长的主要因素,居民在居住、电器、交通工具方面的支出增加,在教育、文化和娱乐以及医疗保健和生活服务方面的支出占比也有大幅增加,总体来看,居民消费结构有节能化趋势,但是并不显著。

二 政策建议

在经济发展和城镇化建设中不降低居民生活质量水平的前提下,科学地制定居民能源消费政策,对提供相关的理论支撑和保障,并采取相应的行动措施来引导居民的绿色消费结构,进而引导产品结构的改变,从而实现全社会节能减排目标都是非常重要的。

第一,政府部门应高度重视快速增长的居民家庭生活用能。首先应提高能源供给能力,让居民能够获得优质能源,这是改善民生、提高居民生活质量以及能源可持续发展能力的重要方面(罗光华等,2012)。积极推进以气代煤、以气代油,提高天然气消费比重,继续加大城市天然气管网建设和改造进度,保障城市燃气供给能力(孟亚东、孙洪磊,2012);采取液化天然气运输等方式,扩大对偏远城镇和农村电气使用的覆盖率。同时,鉴于在未来很长一段时间煤炭仍是农村家庭重要的能源来源,因此要根据我国国情,加大煤炭清洁开发利用,使得居民可以更加清洁高效地利用煤炭。同时加大农村电网改造建设,提高乡村配电网供电能力和质量,这不仅可以有效减少居民散煤的消耗,更加重要的是通过电力企业燃煤发电技术的提高来调节居民能源消费结构、改进居民能源消费的效率(陈向国,2019)。其次要通过提高能源输送设施的效率、提高家庭用能设备的效率、提高汽车燃油经济性标准、建筑节能改造、普及清洁炉灶以及发展分布式能源等方式,在满足能源使用的同时实现节能。最后是利用消费税、税收优惠、加大补贴、节能标识等多种方式大力推广节能家电、新能源汽车等设施的使用，鼓励居民提高对能源利用效率较高的产品和服务消费比重，引导居民合理消费（岳婷、龙如银，2013）。

第二，居民消费作为能源消耗的终端环节应该得到足够的重视。政府应高度重视居民消费环节对能源的最终消耗问题，积极遵循节能减排经济发展模式，在制定"节能减排"以及刺激居民消费等相关政策时，应着重考虑居民消费环节对社会能源间接消耗的重要性，通过设立绿色标识和碳足迹标识等方式倡导居民对全部物品和服务的消费向节能化、绿色化、低碳化方向转变（刘满芝、刘贤贤，2016）。

第三，促进新型城镇化与居民家庭能源消费的高水平耦合发展。我国正处在城镇化快速发展的中期阶段，农村人口在城镇集聚、消费规模扩大以及生活方式高能化发展仍是不可逆转的，城镇居民家庭总体上消费水平较高、消费结构相较于农村居民家庭更偏向高能耗化，要积极引导城镇居民生活方式的转变。

第四，促进节能和生产技术创新，降低产业的直接能源消费强度和最终能源消耗。技术因素始终是同时满足居民需求和解决能源需求的关键，要加快技术创新、体制机制创新和产业模式创新，政府部门应在核心技术创新方面进一步给予政策倾斜，加大资金支持，加快推进关键领域的技术装备研发和示范。

第五，合理规划产业结构调整步伐，积极推进经济发展方式向集约型转变。经济结构对于居民消费的能源消耗具有较大的影响。尤其是在能源强度已经出现明显下降后，更严厉的能耗下降目标带来的边际节能效应递减，而经济成本越来越高。因此，从终端消费调整对产业结构改善进行引导，循序渐进地进行产业结构调整，产业布局上要提高服务业的比重和水平，产业内部结构调整上要坚持信息化发展，这是我国经济平稳跨越经济结构深入调整期和可持续发展的关键所在。

第十章　我国居民家庭能源消费影响因素的微观分析

——基于 CFPS 家庭调查数据和无条件分位数回归模型

前文分析了城乡居民家庭的直接能源消费和间接能源消费，并对间接能源消费的变动进行了分解。研究发现，居民家庭消费规模的扩大是导致居民家庭能源消费上升的重要原因。居民家庭对物品、服务和能源的消费不仅是追求高质量生活的基本要求，也是促进经济增长的重要途径，因此，引导居民家庭绿色节能消费是实现居民福利水平提升和节能双赢的重要方式，但在采取措施之前，必须充分了解我国居民家庭能源快速增长的驱动因素。

国内外学者对家庭能源消费及其相关影响因素进行了大量的研究，这些研究多集中在利用宏观数据，在宏观层面分析影响居民家庭能源消费的因素，如城镇化、人口规模变动、经济发展的变化等，但居民家庭对能源消费的影响并不完全由宏观因素决定。家庭特征的异质性——如家庭收入、家庭规模、城乡属性、户主的年龄、受教育程度等，都会对居民家庭消费水平和结构产生重要的影响，从而作用于能源消费。家庭特征对家庭能源消费增长和消费结构改变的影响不容忽视，从家庭特征理解并改变消费者行为，是降低能源消费的重要途径。但是目前较少研究用家庭调查数据来估算居民的直接能源和间接能源消费，并从家庭异质性的微观角度分析家庭能源消费的影响因素，而基于宏观数据的综合分析得出的结论可能无法为政策设计提供足够的证据。

鉴于此，本章基于家庭微观调查数据，利用价值折算法和投入产出模型计算了2016年我国12865个城乡家庭样本的直接能源消费和间接能源消费，并进一步利用无条件分位数回归方法（UQR）分析了家庭收入水平、家庭规模、城乡属性、户主年龄、受教育程度等家庭异质性特征如何影响居民家庭能源消费，此外，我们观察了这些因素对家庭能源消费不同分位数上微小变化的边际影响。这有利于决策者更加深入地了解我国城乡微观家庭直接、间接能源消费的基本特征，进一步剖析城镇化进程中家庭能源消费的城乡差异和家庭特征异质性的影响，为准确地预测家庭能源消费、挖掘家庭消费领域的节能潜力，提升节能政策的针对性，从而引导家庭用能习惯、改善消费模式，构建宏观经济与微观家庭相结合的节能路径提供政策参考。

第一节 居民家庭能源消费行为影响因素分析

综合居民家庭能源消费领域的文献来看，影响居民家庭能源消费行为的因素主要包括两大方面：内部因素和外部因素。其中：外部因素主要有收入因素和地区因素（包括城乡因素），内部因素主要包括家庭特征因素和心理因素。

（1）收入因素。影响家庭能源消费的因素很多，但是学者普遍认为收入是家庭能源消费的主要决定因素之一。Petrick等人（2011）通过1970—2002年157个国家的面板数据发现，在全球变暖的大背景下，全球各个国家的居民家庭能源消费与收入存在较大的相关性，就收入较高的家庭而言，其在气温升高环境下能源消费的变化更为强烈。在我国，收入较高的家庭其能源消费也往往较高。陈讯和袁海蔚（2008）使用协整分析证明了居民家庭能源消费是生活必需品，同时利用消费者需求理论分析了影响我国居民家庭能源消费的主要因素，同样发现家庭收入是影响家庭能源消费最为重要的因素。秦翔和侯莉（2013）发现影响城镇居民家庭能源消费最重要的是居民可支配收入，城镇居民间接能耗的收入弹性是一般消费收入弹性的三倍。李玲玲和张耀辉（2013）、王文蝶等（2014）发现人均生活用能与收入之间存在长期均衡关系。刘业炜（2019）发现收入水平和气温差异是造成东、中、西部地区和南北方地区家庭能源消费差异的主要因素；经济发展水平的提高和收入的增加是家庭能源消费产生时间效应的主要影响因素。

然而，收入与能源消费之间的关系并非总是线性的，收入群体之间消费者偏好和消费模式的异质性更可能是非线性的根源。实证研究表明，随着收入的增加，家庭能源消费的收入弹性和边际排放下降倾向以及倒"U"形环境库兹涅茨曲线（EKC）假设都是有效的。在我国，家庭收入和能源消费之间也存在倒"U"形关系。

（2）地区因素和城乡因素。Martiskainen & Waston（2007）认为不同区域居民家庭的生活方式和习惯影响了居民家庭的节能行为和能源消费的偏好，是影响居民家庭能源消费的重要因素。吴良等（2007）通过研究发现，我国城乡居民的家庭能源消费行为存在着较大的差异，对于农村家庭而言，更多使用的是传统的非商品化能源，如稻草和秸秆等，而对城市家庭而言，绝大多数使用的是商品化能源，如电、燃气等。王文蝶等（2014）发现不同区域人均生活用能受收入的影响是不同的，在农村地区二者的关联性普遍比城镇地区大。魏楚等（2017）认为气候差异、资源禀赋、收入水平等因素对不同地区的农村居民家庭煤炭需求构成不同的影响。

（3）家庭特征因素。家庭特征主要是指一个家庭所具有的基本特征，包括家庭规模的大小、家庭成员的受教育程度、家庭结构、婚姻状态、性别等。娄博杰（2008）根据对我国农村居民家庭生活能源消费行为的研究发现，影响农村居民家庭能源消费最为重要的因素是家庭规模和家庭受教育程度，并且家庭规模越大越倾向于使用非商品能源，而其他的家庭特征因素对家庭能源消费的影响不显著。姜璐等（2019）认为家庭非商品能源消费模式受能源价格、家庭规模、能源可得性、家庭收入以及受教育程度影响。左玲（2019）发现除了家庭收入外，家庭年龄结构、家庭受教育程度与城镇家庭能源消费也呈现显著相关关系。

（4）心理因素。心理因素同样是影响居民家庭能源消费特征的一个重要影响因素,如价值观、责任感、认知等。郭琪和樊丽明(2007)认为心理因素对社会公众的节能减排行为有着重要的影响。刘毅(2009)则通过研究发现节能因素的强弱能够直接影响甚至改变居民的家庭能源消费行为。邢竞文(2013)认为宣传教育、节能产品和潜意识习惯对建筑节能态度有直接作用。Chen(2018)发现节能知识、能源问题关注度、主观规范、自我效能感、个人规范、行为控制感知等节能意识的构成因素,会对节能行为产生影响。

第二节 微观居民家庭能源消费计算方法和影响分析模型

一 微观居民家庭能源消费的计算方法

和宏观层次的分析相似,微观居民家庭能源消费同样由直接能源消费与间接能源消费两部分构成。

宏观层面的家庭消费可以由对应年份的能源统计年鉴直接获得,但是CFPS调查以及多数关于家庭消费的调查中,给出的都是居民家庭能源消费的支出额,而非直接给出能源消费量,因此,本章根据通行的做法,由居民家庭在每一类能源上的消费支出额除以当年相应类别的能源价格求得直接能源消费量。

居民家庭间接能源消费的计算方法同宏观层次的计算方法一致,采用投入产出分析模型法(Input-Output Model),具体如式(10-1)所示:

$$lndE_k = D(I-A)^{-1}C_k \qquad (10-1)$$

式(10-1)中:$lndE_k$为居民家庭k的间接能源消费量;D表示行业直接能源消耗系数向量,由各行业的能源强度构成;A为各行业生产的直接消费系数矩阵,因而$(I-A)^{-1}$表示选定年份的列昂惕夫逆矩阵;C_k为居民家庭消费列向量,是家庭k分行业产品和服务上的消费支出额。因此微观层次上的居民家庭间接能源消费核算过程分以下三步进行:

(1)计算各行业的能源强度(D)。为估算居民家庭能源消耗,首先需要确定各生产行业的能源消耗强度，这可以通过各行业的能源消耗量与各行业的国内生产总值相比得出。

（2）计算列昂惕夫逆矩阵 $(I-A)^{-1}$。这可以在计算直接消耗系数矩阵 A 的基础上，进一步计算求得。

（3）计算家庭分行业的消费支出额（C_k）。居民家庭分行业的消费支出额来源于将微观数据中的居民家庭消费支出项目按适当的原则进行归类并将其与生产行业进行相应的匹配。

二 无条件分位数回归

在对居民家庭能源消费的影响因素进行分析时，研究者多数采用了多元线性回归分析法（OLS）。然而，多元线性回归分析法仅是一种均值回归法，其将各影响因素对被解释变量的效应视为相同，忽略了其在被解释变量的不同分布点上影响的差异性，导致回归系数的结果解释不准确。此外，虽然有部分类似的分析在回归中采用了条件分位数回归（Conditional Quantile Regression，CQR）分析方法，但由于条件分位数回归的系数解释仍然存在一定的局限性，使得回归分析结果在政策分析或总量含义上无法一般化应用或解释。有鉴于此，采用无条件分位数回归（Unconditional Quantile Regression，UQR）进行分析，以给出解释力更强和更具政策指导意义的分析结果。

分位数回归（条件分位数）由 Koenker & Bassett（1978）提出，该方法主要目的在于理解处于因变量分布的不同点上解释变量对被解释变量影响的差异性。为对条件分位数回归系数进行估计，可假定随机变量 Y（例如，居民家庭能源消费量）的第 τ 位的条件分位数是随机外生变量（例如，收入、年龄、受教育程度等）的线性函数，即：

$$q_{Y|X}(\tau)[Y] = X\beta_\tau \qquad (10-2)$$

式（10-2）中，$0 < \tau < 1$。以居民家庭能源消费为例，式（10-2）意味着当 $\tau = \tau_i$ 时居民家庭 i 的能源消费 y_i 正好等于 $x_i\beta_{\tau_i}$，x_i 是居民家庭 i 的能源消费的影响因素。与普通最小二乘回归相类似，参数 β_τ 通过最小化下面的式（10-3）求得：

第十章　我国居民家庭能源消费影响因素的微观分析

$$\mathop{\mathrm{argmin}}_{\beta_\tau} \sum_i \rho_\tau(y_i - x_i\beta_\tau) \tag{10-3}$$

满足条件 $\begin{cases} \rho_\tau(y_i - x_i\beta_\tau) = (y_i - x_i\beta_\tau)(\tau-1), \text{当} y_i \leq x_i\beta_\tau \\ \rho_\tau(y_i - x_i\beta_\tau) = (y_i - x_i\beta_\tau)\tau, \text{当} y_i > x_i\beta_\tau \end{cases}$

在被解释变量的不同的分位数上，CQR 允许 β_τ 的参数估计值存在差异，然而，对参数估计值的解释是有条件的，即其系数效应的发生要求该家庭在解释变量发生变化时其在整体样本中的排序不会发生变化，而这一条件在现实生活中是很难满足的，这也使得 CQR 的政策参考价值降低。与此相比较，因 UQR 方法的目的在于关注解释变量 X 在被解释变量某一分位数上的微小变化的边际影响，因而其提供了更具解释力的回归结果：

$$\beta(t) = \lim_{t \to 0} \frac{q_{Y_\tau}[h(X+t, \varepsilon)] - q_{Y_\tau}[h(X, \varepsilon)]}{t} \tag{10-4}$$

式（10-4）中，居民家庭能源消费 Y 是观察的特征 X 和未观察特征 ε 的函数，即 $h(X, \varepsilon)$；$q_{Y_\tau}[Y]$ 是 Y 的无条件分布的 τ 分位数。无条件分位数的优点在于其不仅可以估计特定分位数上解释变量对被解释变量的效应大小，同时，还可以用于估计其他被解释变量的函数的估计值的回归方程（如均值、方差、基尼系数等）。此外，无条件分位数回归的参数对离散值的估计也比较稳健，这个特征使得其更适用于易受测量误差影响的家庭调查的微观数据。

如同 Firpo 等人（2009）所指出的，无条件分位数回归的效应通常可以通过以下两步求得：首先，需要对每一个体估计再中心化影响函数（Re-centered Influence Function，RIF）：

$$\begin{cases} RIF = q_{Y_\tau} + \dfrac{\tau - 1}{f_Y(q_{Y_\tau})}, \text{当} Y \leq q_{Y_\tau} \\ RIF = q_{Y_\tau} + \dfrac{\tau}{f_Y(q_{Y_\tau})}, \text{当} Y > q_{Y_\tau} \end{cases} \tag{10-5}$$

式（10-5）中，居民家庭能源消费的密度函数 f_Y 采用高斯核密度估计。其次，将 RIF 当作被解释变量并使用 OLS 对解释变量 X 进行回归，这使得某一居民家庭的能源消费量正好高于某一分位数的概率是可观察解释变量的线性函数。由于 RIF 只取两个不同的值，因而在第二阶段时采用 logistic 回归进行分析。

三 数据来源与处理

我们使用的数据及其相应处理主要有：

1. 分行业的能源消费数据与投入产出表数据

行业的能源消费数据以及投入产出表数据均来自于世界投入产出表（World Input-Output Database，WIOD）①，WIOD 给出了 1996—2009 年我国 35 个行业的能源消费数据和投入产出表数据，这大大降低了能源消费数据和投入产出表中行业匹配的误差。另外在两个数据中将三个批发零售类的类别合并，并将数值全部为 0 的 1 个类别删除，最后得到 32 个行业的能源消费和投入产出表数据。通过使用该数据，得以计算行业的能源消费强度（D）和列昂惕夫逆矩阵 $(I-A)^{-1}$。

2. 居民家庭的消费支出、收入及家庭特征数据

为核算居民家庭间接能源消费支出，需要知道居民家庭在各细分类别上的具体生活消费支出。通过与其他微观数据库进行比较，我们选择使用中国家庭动态跟踪调查（Chinese Family Panel Studies，CFPS）的数据进行分析。CFPS 于 2008 年和 2009 年在北京、上海、广东三地分别开展了初访与追访的测试调查，并于 2010 年正式开展访问，至今已进行了多次正式的追踪调查，我们选择较新的 2016 年作为分析的样本。从具体数据来看，CFPS 给出了居民家庭在衣食住行、教育医疗等八大类 26 小类月度和年度消费性支出，将月度消费支出转化为年度支出，并将社会捐赠等转移性支出扣除；另外由于 CFPS 将"抵押贷款"和"商业保险"类的支出视为投资而不是消费，但是为了和投入产出表及能源消费强度的行业相对应，本章并没有将这

---

① Marcel P. Timmer, Erik Dietzenbacher, Bart Los, Robert Stehrer and Gaaitzen J. De Vries, "An Illustrated User Guide To the World Input-Output Database: the Case of Global Automotive Production", *Review of International Economics*, Vol. 23, No. 3, May 2015.

第十章　我国居民家庭能源消费影响因素的微观分析

两个类别剔除，而是将每个家庭在这两类的支出额设置为零，这样本章就得到每个居民家庭 22 类的年度消费性支出。

除了消费支出，CFPS 同时还提供了家庭的经营性收入、财产性收入、工资性收入、转移性收入、其他收入等收入数据，根据该数据，可以计算每个家庭的年度纯收入；此外，CFPS 也提供了家庭规模以及户主年龄、教育、婚姻、居住地等家庭特征的情况，其中多数变量可当作居民家庭能源消费支出的解释变量。

3. 消费数据分类和 WIOD 行业分类的匹配

CFPS 的 22 大类消费数据和 WIOD 的 35 个行业分类数据不仅数目不等，而且分类也不尽相同，而计算居民家庭能源消费的关键之处就在于将家庭消费支出分类微观数据与 WIOD 中的行业分类进行匹配。我们根据国家统计局对四位数行业部门的详细说明以及 2007 年投入产出表（135 部门）城乡居民家庭消费的比重计算权重，将家庭消费数据拆分，使得可以和 WIOD 的行业分类相匹配，最终得到每一居民家庭在 32 个行业的详细消费数据。

4. 直接能源的价格及汇率

计算居民家庭的直接能源消费时，根据城乡居民家庭细分类别的直接能源消费支出类别，收集相应省份的煤炭、电力、天然气的价格，并在此基础上计算求得直接能源消费支出数据。

另外，由于 WIOD 给出的投入产出表数据是以美元计价的，因此还需将 2007 年以美元计价投入产出表数据根据汇率换算为以人民币计价的数据。

5. 权重的处理

微观数据使用中不可避免的因素之一是样本的权重，我们使用的权重数据来自于 CFPS，由于 CFPS 给出的权重过大，很易造成计算的不便，因此用 CFPS 调查全国总样本家庭横截面权数和最小权数相比并向上取整，得到相对权重作为最终的权重。

6. 数据处理中的其他说明

由于我们使用的是我国行业能源消费数据、投入产出表数据，因此这也假定了无论我国家庭消费的是国内产品还是进口产品，其技术水平或者能源消费强度是相同的，如此一来，将消除贸易结构对家庭能源消费的影响，家庭能源消费的变化将全部源于消费数量和消费结构的变化。

最后，为了减少异常值造成的偏差，排除了居民家庭能源消费、收入最高和最低的 1% 的家庭，最终得到 12865 个家庭样本，其中 6493 个城镇家庭样本，6372 个农村家庭样本。

第三节　家庭特征对城乡居民家庭能源消费影响的实证结果

一　数据的描述性分析

在第一节的理论分析和第二节对数据处理与研究方法进行详细介绍的基础上，根据 WIOD 及 CFPS 的数据进行相应的处理，最终得到表 10 - 1 所述的相关变量及其具体的描述；表 10 - 2 给出了相关变量的描述性统计值；进一步地，图 10 - 1 给出了全国及分城乡的对数居民能源消费的核密度函数。

表 10 - 1　　我国城乡家庭能源消费影响因素研究的主要变量描述

变量名称	描述的内容
energy	居民家庭人均能源消费（吨标准煤）
lnenergy	对数居民家庭人均能源消费
income	居民家庭人均收入（万元）
lnincome	对数居民家庭人均收入
age	户主年龄
edu_ 1	户主受教育程度为文盲半文盲
edu_ 2	户主受教育程度为小学（edu_ 1 = 1）
edu_ 0	户主受教育程度为初中（edu_ 2 = 1）
edu_ 3	户主受教育程度为高中（edu_ 3 = 1）
edu_ 4	户主受教育程度为大学（edu_ 4 = 1）
marry	户主婚姻状态（marry = 1 表示已婚）

第十章 我国居民家庭能源消费影响因素的微观分析

续表

变量名称	描述的内容
urban	家庭户籍（urban=1 表示城市）
fasize	家庭人口数
east	东部地区（east=1）
mid	中部地区（mid=1）
west	西部地区（west=1）
northeast	东北地区

由表 10-2 可知，2016 年我国居民家庭的人均能源消费为 1.773 吨标准煤，其中城市和农村居民家庭的人均能源消费分别为 2.281 吨标准煤和 1.171 吨标准煤。从收入来看，以 2007 年的不变价格计算，2016 年我国居民家庭的人均收入为 1.403 万元，对应的城市和农村的人均收入分别为 1.843 万元和 0.880 万元，城乡人均收入比为 2.09。从户主年龄来看，农村居民家庭户主的平均年龄为 50.761 岁，略高于城市户主的平均年龄 48.010 岁。从户主的平均受教育水平来看，我国居民整体受教育水平仍然较低，约 1/3 的人群为初中受教育程度，而受大学及以上教育程度居民占比为 9.6%，在城市和农村这一比重分别为 15.6% 和 2.5%。由样本计算的城镇化水平为 54.2%，略低于国家统计局公布的全国城镇化水平 57.35%。此外，由表 10-2 还可看出，2016 年，我国居民家庭的人均人口数为 3.712 人，对应城市和农村的家庭人口数分别为 3.472 人与 3.996 人。在人口的分布上，整体上呈现的是东部人口占比最高，西部次之，然后是中部和东北地区。

表 10-2　**我国城乡家庭能源消费影响因素数据描述性分析**

变量	全国 Mean	全国 Std. Dev.	城市 Mean	城市 Std. Dev.	农村 Mean	农村 Std. Dev.
energy	1.773	1.523	2.281	1.713	1.171	0.962
lnenergy	0.271	0.777	0.580	0.703	-0.096	0.697
income	1.403	1.360	1.843	1.562	0.880	0.805

续表

变量	全国 Mean	全国 Std. Dev.	城市 Mean	城市 Std. Dev.	农村 Mean	农村 Std. Dev.
lnincome	-0.097	1.009	0.274	0.877	-0.536	0.977
age	49.276	15.083	48.010	15.370	50.761	14.592
edu_1	0.165	0.371	0.107	0.309	0.233	0.423
edu_2	0.241	0.427	0.193	0.394	0.297	0.457
edu_0	0.343	0.475	0.350	0.477	0.336	0.472
edu_3	0.155	0.362	0.195	0.396	0.108	0.311
edu_4	0.096	0.295	0.156	0.363	0.025	0.156
marry	0.830	0.375	0.816	0.388	0.847	0.360
urban	0.542	0.498	—	—	—	—
fasize	3.712	1.860	3.472	1.706	3.996	1.991
east	0.365	0.481	0.396	0.489	0.328	0.469
mid	0.252	0.434	0.239	0.426	0.268	0.443
west	0.265	0.441	0.208	0.406	0.332	0.471
northeast	0.118	0.323	0.157	0.364	0.073	0.259

由图10-1的核密度函数可知，无论是全国样本，还是分城乡样本，对数能源消费支出均呈现较为明显的正态分布，在分布的具体位置上，城市对数能源消费支出分布位于农村样本的右侧。综合表10-2和图10-1的结果来看，无论是收入、能源消费还是相对应的教育水平等，我国存在较为突出的城乡二元特征和区域分布的差异性，因而下文的分析中将在对全国样本进行分析的基础上，分城乡进行具体的影响分析，以全面地反映全国和城乡居民家庭能源消费的特征与影响因素。

二 城镇化对我国居民家庭人均能源消费的影响分析

为实证分析城镇化在被解释变量的不同分位点上对我国居民家庭能源消费的影响，首先根据全样本数据采用无条件分位数回归进行相应的分析。表10-3给出了在对数居民家庭人均能源消费的10%、

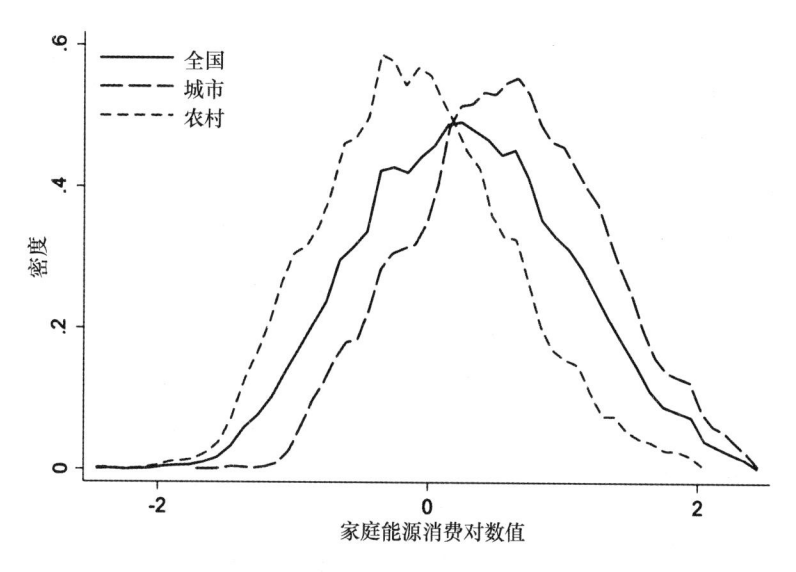

图 10-1 我国城乡家庭能源消费对数值的核密度函数

25%、50%、75%以及90%分位数上，以对数居民家庭人均能源消费为被解释变量对可能的解释变量的回归方程的估计结果。为对比起见，表 10-3 中还给出了 OLS 对应的回归估计结果。

由表 10-3 可知，整体而言，由表 10-3 中 OLS 估计与其他不同分位数参数估计值的比较可知，OLS 估计与无条件分位数估计存在较大的差异性，表明在被解释变量的不同分位数上，各个解释变量对被解释变量的影响并非保持恒定不变，这也体现出采用无条件分位数回归进行估计的优势所在。

具体来看，可以得到以下几点推论：

首先，与预期相一致，家庭人均收入对人均能源消费会产生正向影响，表明随着收入水平的提高，居民家庭人均能源消费水平也逐步提高。实际上，随着收入水平的提高，居民的生活水平也稳步提升，生活水平的提升意味着家庭在日常生活中会进行更多的产品和服务的消费，显然会带来直接和间接能源消费的增加；从不同的分位数来看，其影响大小近似呈现先上升后下降的变化过程。

其次，随着户主受教育程度的变化，户主的不同受教育程度对居民家庭人均能源消费的影响存在较大的差异性。一方面，与受教育程度为初中相比，当户主受教育程度为文盲或小学时，受教育程度与居民家庭人均能源消费为负相关关系，表明随着文盲或受教育程度为小学程度的户主比例的上升，居民家庭人均能源消费呈递减趋势；另一方面，相比于受教育程度为初中，当户主受教育程度为高中或大学及以上时，受教育程度与人均能源消费多数为正向关系，表明受教育程度的提升促进了居民家庭人均能源消费的增加。

再次，与理论上的预期相符合，由于规模经济的影响，婚姻或家庭人口数对人均能源消费的影响多数为负；同时，随着年龄的增加，居民倾向于消费更少的能源。

最后，从区域影响来看，将中部地区作为对比的基准，平均而言，东部、西部和东北地区都倾向于消费更多的能源。从不同的分位数来看，除少数分位数上外，多数系数均显著为正数。

表10-3 我国居民家庭人均能源消费的影响因素

变量	OLS	uq10	uq25	uq50	uq75	uq90
	coef/se	coef/se	coef/se	coef/se	coef/se	coef/se
lnincome	0.304*** (0.001)	0.255*** (0.003)	0.278*** (0.002)	0.343*** (0.002)	0.359*** (0.002)	0.294*** (0.002)
age	-0.003*** (0.000)	-0.005*** (0.000)	-0.004*** (0.000)	-0.004*** (0.000)	-0.001*** (0.000)	-0.000*** (0.000)
edu_1	-0.136*** (0.003)	-0.228*** (0.007)	-0.200*** (0.005)	-0.146*** (0.004)	-0.081*** (0.004)	-0.072*** (0.005)
edu_2	-0.070*** (0.002)	-0.020*** (0.005)	-0.085*** (0.004)	-0.118*** (0.004)	-0.123*** (0.004)	-0.077*** (0.005)
edu_3	0.071*** (0.003)	0.037*** (0.004)	0.047*** (0.004)	0.068*** (0.004)	0.112*** (0.005)	0.003 (0.007)
edu_4	0.218*** (0.004)	-0.114*** (0.004)	0.014*** (0.003)	0.218*** (0.004)	0.535*** (0.007)	0.488*** (0.011)
marry	-0.028*** (0.003)	0.104*** (0.005)	0.069*** (0.004)	-0.033*** (0.004)	-0.085*** (0.005)	-0.151*** (0.006)
urban	0.322*** (0.002)	0.365*** (0.004)	0.335*** (0.003)	0.357*** (0.003)	0.295*** (0.003)	0.227*** (0.004)

续表

变量	OLS coef/se	uq10 coef/se	uq25 coef/se	uq50 coef/se	uq75 coef/se	uq90 coef/se
fasize	-0.069*** (0.001)	-0.072*** (0.001)	-0.076*** (0.001)	-0.078*** (0.001)	-0.077*** (0.001)	-0.048*** (0.001)
east	0.017*** (0.002)	-0.003 (0.005)	0.051*** (0.004)	0.029*** (0.003)	-0.003 (0.004)	0.021*** (0.005)
west	0.038*** (0.003)	0.052*** (0.005)	0.055*** (0.004)	0.048*** (0.004)	0.027*** (0.004)	0.043*** (0.005)
northeast	0.060*** (0.003)	0.089*** (0.005)	0.162*** (0.004)	0.097*** (0.005)	-0.015** (0.006)	-0.062*** (0.007)
_cons	0.552*** (0.005)	-0.436*** (0.008)	-0.019*** (0.007)	0.574*** (0.007)	1.047*** (0.009)	1.509*** (0.012)

注：*、**、***分别表示10%、5%、1%的水平上显著，括号中为标准误差。

进一步地，考虑到目前我国正处于快速城镇化阶段，无论是对收入水平的提升，还是对居民家庭能源消费行为和模式的影响方面，城镇化都发挥了重要的作用。为直观揭示城镇化对居民家庭人均能源消费的影响，在表10-3中给出部分分位数的具体回归系数的基础上，图10-2还给出了OLS回归系数和在被解释变量的所有不同分位数上城镇化对居民家庭人均能源消费影响的系数。

结合表10-3和图10-2可知，平均而言，城镇化对居民家庭人均能源消费的系数为0.322，表明城镇化水平每提高1%，人均能源消费倾向于增长0.322%，意味着城镇化促进了人均能源消费水平的增加。① 然而，城镇化对人均能源的影响并非是均匀分布的，而是表现为在不同的分位数上存在明显的差异。具体而言，由图10-2可知：首先，在各分位数上，城镇化对居民家庭能源消费的影响都为正值，在达到62%分位数前，各分位数的系数值均高于OLS的回归估计值（0.322）；随后，无条件分位数的回归估计值均低于OLS的回归估计值，且呈递减的趋势。其次，从无条件回归系数的对比来看，

---

① Firpo等人（2009）指出：无条件分位数回归中，当回归中的解释变量取值为0或1的虚拟变量时，系数可以解释为解释变量1个百分点的上升对被解释变量的效应。

❖ 新型城镇化进程中的能源消费及其利用效率研究

城镇化提升中低分位数能源消费家庭的能源消费增长速度远高于高分位数上的居民家庭,这表明城镇化水平的提升有助于缩小居民家庭的人均能源消费差距。

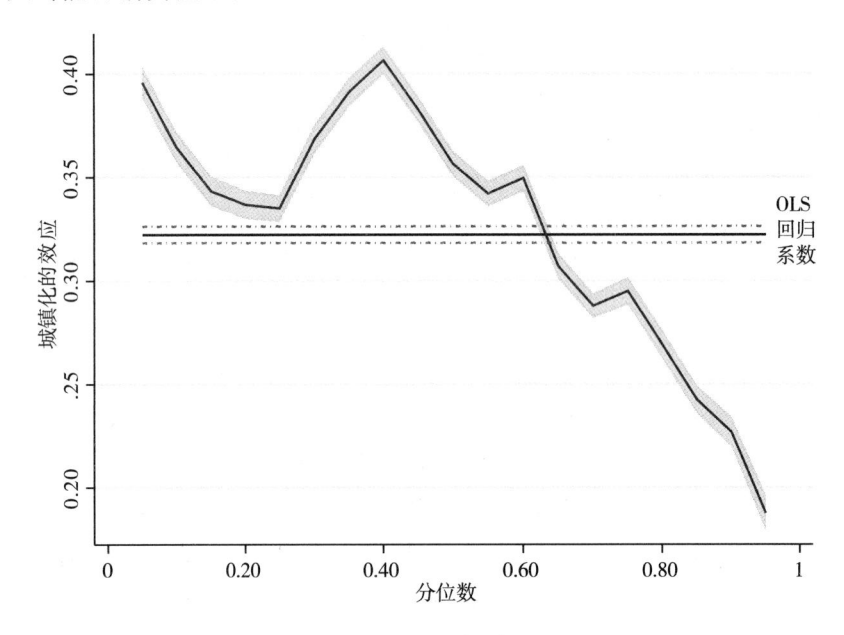

图 10-2　城镇化对居民家庭人均能源消费的影响

究其原因,随着我国城镇化的快速推进,居民正不断地从农村迁入城市,并经历着包括住房、能源利用模式、通勤模式和消费与生活方式等各种类型的转型。即使其保持与迁移前相同的收入水平,这些变化也是不可避免的。同时,这些转型导致居民家庭人均能源消费的快速增长。当前我国的城镇化水平仍然存在较大的提升空间,因而我国居民家庭人均能源消费在未来的一段时间内仍然会保持较快的增长速度。此外,高能源消费居民家庭在满足正常需求之后,能源新增需求相对较少,城镇化水平的提升对其能源消费的提升并不明显。因而,可以大致推断,城镇化水平的提升在导致未来能源消费水平增长的同时有助于缩小我国整体的居民家庭能源消费的不平等。

三 家庭特征对城乡居民家庭人均能源消费影响的比较分析

1. 城镇居民家庭人均能源消费的影响分析

如前所述,我国当前经济社会存在着严重的城乡差异,在能源消费与利用中也存在同样的问题,同时,能源消费的影响因素可能在城乡也存在较大的不同,因而有必要专门区分城镇与农村,对居民家庭人均能源消费的影响因素进行针对性的分析。表10-4给出使用无条件分位数回归方法对城市居民家庭样本的人均能源消费影响因素进行分析的结果。为简单起见,表10-4只给出了10%、25%、50%、75%、95%分位数上的回归结果,为对比起见,表10-4同样给出了采用OLS的回归结果。

表10-4　　我国城镇居民家庭能源消费的影响因素

变量	OLS coef/se	uq10 coef/se	uq25 coef/se	uq50 coef/se	uq75 coef/se	uq95 coef/se
lnincome	0.376*** (0.002)	0.342*** (0.003)	0.450*** (0.003)	0.422*** (0.002)	0.367*** (0.002)	0.297*** (0.004)
age	-0.001*** (0.000)	-0.002*** (0.000)	-0.002*** (0.000)	0.001*** (0.000)	0.000 (0.000)	-0.004*** (0.000)
edu_1	-0.141*** (0.004)	-0.182*** (0.010)	-0.193*** (0.008)	-0.129*** (0.006)	-0.095*** (0.006)	0.004 (0.009)
edu_2	-0.082*** (0.003)	-0.152*** (0.007)	-0.101*** (0.006)	-0.096*** (0.005)	-0.074*** (0.005)	0.064*** (0.008)
edu_3	0.062*** (0.003)	0.068*** (0.005)	0.083*** (0.005)	0.101*** (0.005)	0.042*** (0.006)	0.109*** (0.009)
edu_4	0.188*** (0.004)	0.047*** (0.004)	0.128*** (0.005)	0.255*** (0.005)	0.355*** (0.007)	0.251*** (0.013)
marry	-0.018*** (0.003)	0.056*** (0.005)	0.053*** (0.005)	-0.005 (0.005)	-0.079*** (0.005)	-0.142*** (0.010)
fasize	-0.069*** (0.001)	-0.062*** (0.002)	-0.088*** (0.001)	-0.083*** (0.001)	-0.066*** (0.001)	-0.032*** (0.002)
east	0.041*** (0.003)	0.176*** (0.006)	0.090*** (0.005)	-0.016*** (0.004)	-0.010** (0.005)	0.018** (0.009)
west	0.051*** (0.004)	0.115*** (0.007)	0.068*** (0.006)	0.037*** (0.005)	0.025*** (0.006)	-0.014* (0.009)

续表

变量	OLS	uq10	uq25	uq50	uq75	uq95
	coef/se	coef/se	coef/se	coef/se	coef/se	coef/se
northeast	0.083***	0.286***	0.182***	0.070***	-0.007	0.015
	(0.004)	(0.006)	(0.006)	(0.005)	(0.006)	(0.011)
_cons	0.747***	-0.288***	0.254***	0.688***	1.226***	2.038***
	(0.006)	(0.010)	(0.009)	(0.008)	(0.010)	(0.019)

注：*、**、***分别表示10%、5%、1%的水平上显著，括号中为标准误差。

由表10-4可知，以城镇居民家庭为样本，收入仍然是影响居民家庭人均能源消费的重要因素，与全样本的估计结果相类似，收入的提升仍然会导致居民家庭人均能源消费的增长；从具体数值上来看，能源收入弹性的估计值低于1，表明能源消费并不是随着收入的增加呈现同幅度的上升；此外，仍然通过OLS与无条件分位数回归的对比分析发现，收入对人均能源消费的影响在不同的分位数上并不是一致的，而是呈倒"U"形的形状。就户主受教育程度对人均能源消费的影响而言，与户主受教育程度为初中相比，当户主受教育程度较低时，不利于人均能源消费的增加，而当户主受教育程度较高时，会促进居民家庭人均能源消费的增加。同样发现，婚姻、年龄及家庭人口规模与人均能源消费多数情形下都呈负相关关系。同时，所在区域对不同分位数上居民家庭的人均能源消费的影响也存在明显的差异性。

2. 农村居民家庭人均能源消费的影响分析

与表10-4中给出的我国城镇居民家庭人均能源消费的影响因素分析相对应，表10-5给出了选择的解释变量对我国农村居民家庭人均能源消费的具体影响。

表10-5　　我国农村居民家庭人均能源消费的影响因素

变量	OLS	uq10	uq25	uq50	uq75	uq95
	coef/se	coef/se	coef/se	coef/se	coef/se	coef/se
lnincome	0.233***	0.183***	0.224***	0.221***	0.250***	0.229***
	(0.002)	(0.003)	(0.002)	(0.002)	(0.002)	(0.004)

续表

变量	OLS coef/se	uq10 coef/se	uq25 coef/se	uq50 coef/se	uq75 coef/se	uq95 coef/se
age	-0.007*** (0.000)	-0.006*** (0.000)	-0.006*** (0.000)	-0.007*** (0.000)	-0.007*** (0.000)	-0.007*** (0.000)
edu_1	-0.132*** (0.004)	-0.127*** (0.007)	-0.191*** (0.006)	-0.127*** (0.006)	-0.146*** (0.006)	-0.069*** (0.008)
edu_2	-0.056*** (0.004)	-0.022*** (0.005)	-0.003 (0.005)	-0.038*** (0.005)	-0.132*** (0.006)	-0.084*** (0.008)
edu_3	0.059*** (0.005)	0.041*** (0.006)	0.087*** (0.006)	0.067*** (0.007)	0.058*** (0.008)	0.095*** (0.015)
edu_4	0.189*** (0.009)	-0.042*** (0.009)	0.116*** (0.008)	0.220*** (0.011)	0.331*** (0.015)	0.287*** (0.035)
marry	-0.036*** (0.004)	0.005 (0.006)	0.046*** (0.006)	0.033*** (0.006)	-0.104*** (0.006)	-0.261*** (0.012)
fasize	-0.068*** (0.001)	-0.051*** (0.001)	-0.073*** (0.001)	-0.079*** (0.001)	-0.071*** (0.001)	-0.033*** (0.002)
east	-0.024*** (0.004)	-0.042*** (0.005)	-0.003 (0.005)	0.014*** (0.005)	-0.033*** (0.006)	-0.034*** (0.009)
west	0.002 (0.004)	-0.040*** (0.006)	0.056*** (0.005)	0.018*** (0.005)	-0.022*** (0.006)	-0.012 (0.009)
northeast	0.025*** (0.006)	-0.018** (0.008)	0.096*** (0.007)	0.091*** (0.008)	-0.013 (0.009)	-0.102*** (0.013)
_cons	0.706*** (0.008)	-0.348*** (0.011)	0.069*** (0.010)	0.658*** (0.010)	1.329*** (0.012)	2.002*** (0.024)

注：*、**、***分别表示10%、5%、1%的水平上显著，括号中为标准误差。

类似地，表10-5给出使用无条件分位数回归方法对农村居民家庭样本的人均能源消费影响因素进行分析的结果。为简单起见，表10-5只给出了10%、25%、50%、75%、95%分位数上的回归结果，为对比起见，表10-5同样给出了采用OLS的回归结果。

由表10-5可知，以农村居民家庭为样本，收入仍然是影响居民家庭人均能源消费的重要因素，与全样本和城镇样本的估计结果相类似，收入的提升仍然会导致居民家庭人均能源消费的增长；从具体数值上来看，能源收入弹性的估计值仍然低于1，且低于城镇居民家庭校正的估计值，表明能源消费并不是随着收入的增加呈现同幅度的上升；此外，仍然通过OLS与无条件分位数回归的对比分析发现，收入对人均能源消费的影响在不同的分位数上并不是一致的。就户主受教育程度对人均能源消费的影响而言，与户主受教育程度为初中相比，当户主受教育程度较低时，不利于人均能源消费的增加，而当户主受教育程度较高时，会促进居民家庭人均能源消费的增加。同样发现，婚姻、年龄及家庭人口规模与人均能源消费多数情形下都呈负相关关系。同时，所在区域对不同分位数上居民家庭的人均能源消费的影响也存在明显的差异性。

3. 城乡居民家庭人均能源消费影响因素的对比分析

表10-4和表10-5中的结果表明，居民家庭人均能源消费的影响因素的效应大小存在较为明显的城乡差异性，这也与我国当前经济社会存在较为突出的城乡二元结构差异相关联。为更好地揭示收入及受教育程度等变量对城乡人均能源消费影响的差异性，有必要将众多影响因素对比进行相应的分析。图10-3给出了收入对人均能源消费影响在城乡之间的差异性对比，图10-4至图10-7给出了相比受教育程度为初中时，受教育程度为文盲、小学、高中和大学及以上时分别对城乡居民家庭人均能源消费的影响。

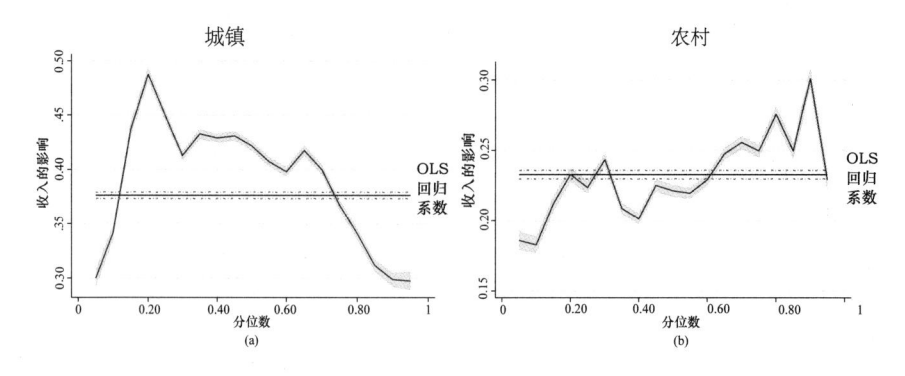

图10-3 收入对城乡居民家庭人均能源消费的影响

（1）收入水平。图10-3(a)和图10-3(b)分别给出了在不同的分位数下，通过无条件分位数回归计算得出的收入对城镇和农村居民家庭人均能源消费的影响情况；为对比起见，图中还分别给出了使用最小二乘法估计的参数值。

由图10-3可知，首先，无论是对城镇还是农村居民家庭而言，收入对人均能源消费的影响均显著为正，且在不同的分位数上的数值都存在明显的差异性。以农村为例，图10-3(b)表明，采用OLS的估计值为0.233，而从无条件分位数回归来看，随着人均能源消费分位数的上升，人均能源消费倾向于稳步增加。其次，收入对人均能源消费的影响存在明显的城乡差异性。图10-3(b)显示，农村居民家庭人均能源消费的收入弹性值随着收入分位数的提高而上升，表明收入的增加更多地提高了农村居民家庭高能源利用群体的能源消费数量。而从图10-3(a)来看，就城镇居民家庭而言，收入的增加更多的是提高了处于15%—70%分位数即能源消费量的中间阶层的能源消费数量，其影响系数近似地呈现倒U形形状。

理论上，由于富有的家庭具有更高的支付能力和提高生活质量的要求，其倾向于消费更多的产品和服务，因而会导致更多的能源消费。然而，通过使用无条件分位数回归，发现收入对人均能源消费的影响比较复杂。一方面，平均而言，收入确实有助于能源消费的增加，这可以从图10-3(a)和图10-3(b)中OLS的估计值为正看出；同时，对比图10-3(a)和图10-3(b)的OLS回归系数，发现农村居民家庭的人均能源消费的收入弹性系数值要高于城镇的对应数值，其可能原因在于相比于城镇居民家庭，农村居民家庭的消费水平还较低，因而其收入提高时倾向于消费更多的蕴含能源的产品和服务。另一方面，从影响系数的图形来看，由于农村居民家庭整体的收入水平还较低，即使是高收入的农村居民家庭，当收入提高时，其消费的产品和服务的数量都会增加，而这也导致了能源消费的增加；而就城镇居民家庭而言，高收入群体的产品和服务基本上已经达到很高的水平，因而当收入增加时所导致的人均能源消费的增量并不大。

❖ 新型城镇化进程中的能源消费及其利用效率研究

（2）受教育程度。户主受教育程度是影响居民家庭人均能源消费的重要因素之一，图10-4至图10-7分别给出了相比户主受教育程度为初中时，受教育程度为文盲、小学、高中与大学及以上对居民家庭人均能源消费的影响的城乡对比。

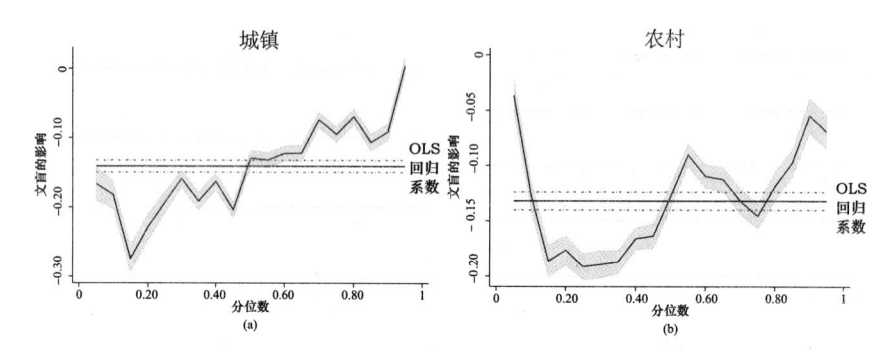

图10-4　户主受教育程度为文盲对城乡居民家庭人均能源消费的影响

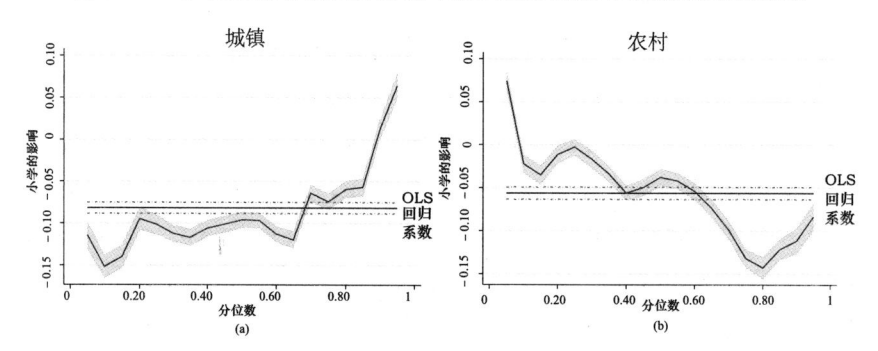

图10-5　户主受教育程度为小学对城乡居民家庭人均能源消费的影响

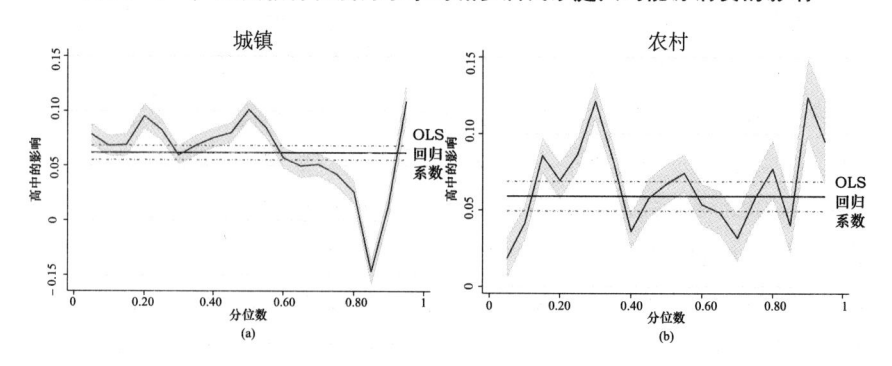

图10-6　户主受教育程度为高中对城乡居民家庭人均能源消费的影响

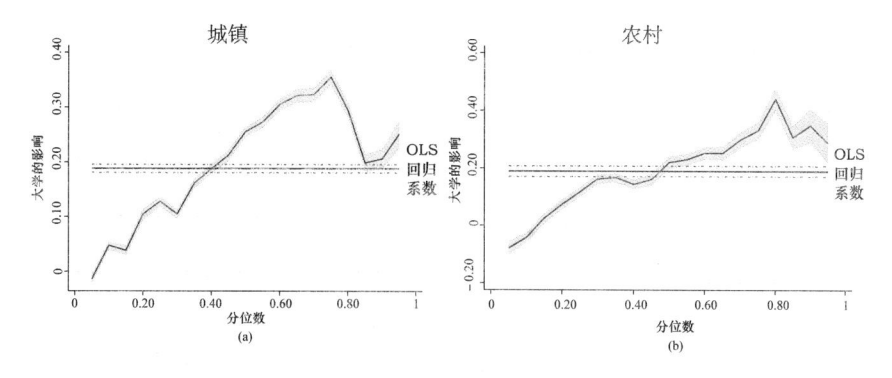

图 10-7　户主受教育程度为大学及以上对城乡居民家庭人均能源消费的影响

由图 10-4 至图 10-7 可知，首先，与基于 OLS 回归得出的恒定的估计值相比，基于无条件分位数回归得出的估计值在不同分位数上存在明显的差异性；其次，从城乡对比来看，户主受教育程度相同时，受教育程度对城乡居民家庭人均能源消费的影响也存在较为明显的不同，这表明，受教育程度对人均能源消费的影响在城镇和农村之间存在突出的差异；再次，从具体的受教育程度来看，相比于户主受教育程度为初中，受教育程度为高中或大学及以上对城乡居民家庭人均能源消费的影响较为相似。

从现有实证研究的结论来看，受教育程度对人均能源消费及人均碳排放的影响的结论并不一致。Baiocchi（2010）发现教育与人均能源消费之间为正相关关系，但是较高的受教育程度倾向于降低能源消费量，其原因在于，当居民受教育程度提高时，其更多地具备能源节约和环保意识。Brand & Preston（2010）却发现受教育程度更高的群体倾向于消费更多的能源。虽然受教育程度更高的群体倾向于具有更强的环保意识，然而，随着受教育程度的提高，其一般具有更高的收入水平和追求更高质量的生活方式，如旅游得更多，因而消费更多的能源。进一步地，更高的受教育程度往往伴随着更高的社会地位和更好的工作，因而也可能促进高能源消费品例如家庭电器和电子产品的使用。

就我国的数据而言，可以发现，随着受教育程度的提高，无论是城镇还是农村，居民家庭都倾向于消费更多的能源，特别是对受教育程度为高中或大学及以上的家庭而言。这可能由于两方面的原因：一是虽然有不少的居民家庭户主的受教育程度较高，但从我国的实际情况来看，其所受的关于能源节约和环境保护的教育相对较少，考虑到与高受教育程度相关联的收入一般较高，因而其倾向于消费更多的能源。二是对当前受教育程度较高的群体，特别是年龄较大的群体，其受教育程度的高低与家庭背景间存在一定的关联性，即其更大可能是来自于收入较高和比较富有的家庭，因而从一开始就可能具有更多高能源消费的可能性。因而，即使与相同收入水平的群体相比，其可能较早就形成了高能源消费的习惯和生活方式，因而具有较高的能源消费水平。

（3）其他变量。就其他变量而言，仍然可以从表10-4及表10-5中发现，随着户主年龄的上升，居民家庭倾向于消费较少的能源，且农村居民家庭能源消费减少的幅度更大。对城乡居民而言，婚姻对于能源消费的影响因其分位数的不同而存在差异性。无论是对城镇还是农村居民家庭，随着家庭人口数的增加，人均能源消费都倾向于降低。同时也可发现，城乡居民家庭的人均能源消费因所在区域的不同也存在较为突出的差异性。

第四节 研究结论和政策建议

节能减排是我国经济可持续发展的必然要求，虽然一般认为技术进步是实现节能减排的有效手段，但显然，仅依靠技术进步达成节能减排目标是较难的。考虑到居民家庭能源消费是总能源消费的重要构成部分，因而从居民家庭消费侧降低能源消费便成为必要的选择，而研究居民家庭能源消费的影响因素便成为节能减排政策的重要参考。

本章通过采用CFPS数据和使用无条件分位数回归分析方法，重点分析了居民家庭能源消费的影响因素对我国整体和城乡居民家庭人均能源消费的异质性效应。特别联系我国快速城镇化的背景，重点分析了城镇化对我国居民家庭人均能源消费的影响。研究表明，城镇化对我国能源消费有正向促进作用；我国能源消费存在较为明显的城乡差异性；与 OLS 回归得出的恒定的系数值相比，采用无条件分位数回归得出的能源消费的影响因素对人均能源消费的影响存在明显的不同，表明其对能源消费的影响在不同的分位数上存在差异；收入、教育等因素是影响能源消费的重要变量。在政策的选择上，研究表明并不存在一刀切的节能减排政策，政策实施过程中，政府应根据居民家庭的具体特征和能源消费的影响因素，采取有针对性的举措降低能源消费以达成节能减排目标。

首先，政策制定者应采取措施促进节能低碳城市发展，特别是在城市规划、城市基础设施、公共交通和节能方面。城镇化对我国居民家庭的消费模式和生活方式有着全面的影响，这可能导致更多的能源消费和碳排放。

其次，从公平的角度出发，政策制定者应根据家庭收入水平、城乡以及所在区域、能源消费情况等，设计差别化政策。由于收入增长是导致居民家庭能源直接消费和间接消费的重要因素，而且扩大国内消费仍然被视为拉动我国经济增长的重要途径。更重要的是，在经济"新常态"下，中央和地方政府制定了新一轮政策，释放消费潜力，因此要充分估计未来家庭部门在能源消费增长方面的挑战。因此针对高收入家庭，在鼓励家庭追求更高的生活水平和促进经济增长的同时，应采取措施引导负责任的消费行为，避免继续向能源密集型生活方式转变。而针对低收入居民，需要进行节能活动补贴，在鼓励消费的同时实现有效节能。

再次，由于受过高等教育的家庭的收入也显著提高，因此可以认为，这些家庭在实现节能目标方面要比其他家庭承担更大的责任，而教育真正需要的是在消费行为上带来重大变化，不仅仅是加强节能意识，更重要的是将节能意识转化为节能行动，鼓励更多的环境友好型消费选择（Han 等人，2015）。

最后，考虑到我国各地区居民家庭能源消费的巨大差异，政策制定者应根据不同的地区特点，制定有针对性的政策，以最具成本效益的方式减少能源消费。

第十一章 结语

我们以国内外对城镇化发展过程中的能源消费与能源利用效率相关研究为基础，以"全国—区域—家庭"三个层面为分析主线，在新型城镇化背景下，从多个角度实证分析我国经济周期性波动对能源消费的影响，并对"经济扩张期"和"经济收缩期"影响的差异性进行判别；根据"新型城镇化"发展的内涵建立新型城镇化综合评价指标体系，对我国各省份的新型城镇化质量进行综合评价，并对城镇化发展水平和综合发展质量对能源强度的影响进行深入分析；基于资源禀赋和产业结构的考虑，计算省级层面的能源全要素生产率，分析资源禀赋对我国能源利用效率的直接和间接影响；从公平和效率双重视角出发，综合考虑区域能源消费水平、经济发展状况、节能减排的潜力和成本等多种因素，对各区域的节能减排能力和应承担的节能减排责任进行综合评价。最后从宏观和微观角度计算城乡居民能源消费，分别利用结构分解模型和无条件分位数模型，对引起居民能源消费变动的技术进步、人口变迁、生活消费等宏观因素以及家庭收入和家庭特征等微观因素进行分解和分析。

第一节 主要结论

基于前述各章的分析，可得出以下几点主要结论。

（1）我国经济的周期性波动对能源消费具有显著的影响，而且这种影响具有明显的非对称性特点，即在经济扩张期，经济增长1%能源消费的增速要显著高于经济收缩期能源消费的增速，从而导致在经济扩张期能源消费强度下降变得困难。就经济对不同时期、不同能源类别、不同行业的能源消费影响来看，经济对1995—2018年间煤炭消费、工业部门消费具有更为显著的非对称性影响。这实际上表明，我国经济仍处于结构转型的关键期，投资拉动对经济增长的驱动作用仍较为显著，创新驱动的机制还有待进一步加强，能源消费强度虽然大幅下降，但是尚未形成稳定的、持续的、有效的节能路径。

（2）城镇化对能源消费的规模效应仍占主导地位，其集约效应尚未明显体现，城镇化率提高引致大量新增能源需求，很可能造成能源消费绝对量和能源强度的同步增长，从而导致城镇化建设继续推动能源消耗的大幅增长，这仍是我国新型城镇化建设过程中面临的严峻挑战。但是新型城镇化综合质量对能源强度的影响呈现倒"U"形走势，即城镇化发展过程中逐渐体现出来的要素配置和集聚效应、规模经济效应、人力资本积累效应、收入效应、产业结构效应、制度效应等综合质量的提升促进了经济集约型增长，降低了能源消费强度。

（3）我国能源禀赋高的中西部地区能源消费效率相对较低、节能和减排潜力巨大，但是城镇化发展水平较低、产业结构偏重，经济对工业的依赖度高，承担较高的节能减排目标必然会对经济社会的发展以及城镇化的持续推进造成较大负面影响，有损其经济发展的公平性，加剧区域间发展的不均衡。决策者对于公平原则与效率原则的不同偏好会导致各省份节能减排水平的差异，从而造成节能减排责任分摊机制的不同。

（4）城镇居民家庭的直接能源消费总量虽然远高于农村居民，但农村居民家庭人均直接能源消费快速增长，并已经超过城镇居民家庭，城镇化居民家庭用能方式的集约化和用能结构的清洁化优势已经逐渐体现。城乡居民家庭生活消费引起的间接能源总量和人均间接能源大幅增加，从宏观因素来看，居民消费规模的增长是其最重要的原因，节能技术和中间生产技术的进步能够持续降低居民的间接能源消费，居民消费结构有节能化趋势，但是并不显著。从微观因素来看，家庭收入、家庭规模、户主的受教育程度、年龄、婚姻状况等都对家庭生活中的能源消费产生了重要的影响。

第二节 政策建议

可以预见,在未来一段时间内,我国城镇化建设仍面临着重大的战略空间和发展机遇,在中西部地区,城镇化和工业化仍是促进经济发展的重要方式,而人口向大城市和特大城市的流动伴随着生活方式变化的过程也将持续,在城镇化进程中满足能源的多方面需求仍面临很大的压力。与此同时,也应看到大力推进城镇化建设和节能减排政策的进程中,我国经济发展的空间结构正在发生深刻变化,区域经济发展分化态势明显,区域之间的不平衡发展有加大的趋势。因此,在经济进入新常态的宏观背景下,既要推进新型城镇化的建设质量,促进能源利用效率的提高和能源的集约使用,保证我国节能减排长期战略规划的顺利实施;同时也要适应新形势,从公平和效率的双重视角出发,统筹城镇化建设、经济发展和能源战略目标,谋求区域协调发展、人民生活水平提高的新思路,这是新形势下我国经济社会面临的重要任务,也是政府制定一系列相关政策的出发点。具体而言,基于前述研究的主要结论,政府在新型城镇化进程中促进能源消费集约高效式发展的政策举措上可以考虑以下两大方面。

一 多管齐下,促进新型城镇化高质量发展和能源效率提升

1. 遵循城镇化建设和能源消费的阶段性特点,形成稳定的节能路径

在对能源消费进行预测、制定节能目标、实施能源结构调整规划时,不仅需要考虑城镇化发展速度和经济增长速度对能源消费的影响,还应该充分考虑城镇化发展的阶段和经济波动对能源消费的非对称性影响,避免最优政策在经济周期性波动时演变成次优政策,从而影响政策的实施效果和能源转型目标的实现。在推动城镇化建设以及实施各种措施刺激经济增长时,警惕扩张性能源建设造成的新一轮能源产能过剩,防止以大型耗能和能源加工工程项目投资作为拉动区域经济增长的重点。同时要重视非工业部门逆周期性的能源消费增长特

点，在促进经济高质量增长的同时逐渐降低对固定投资和能源消费的依赖，形成稳定的节能路径。

2. 提升新型城镇化发展质量，促进能源消费的集约化发展

在城镇化建设中，不能盲目追求城镇化水平和城镇化速度的提升，而应重视城镇化的内涵式发展。对于城镇化发展已经进入成熟期的城市，将城镇化发展的重心转移到增强效益和公平协调发展上面。而对于中西部城镇化发展仍相对落后的区域，应避免走之前"重速度、轻质量"的老路，应坚持贯彻落实我国新型城镇化的发展理念，对城镇化进程中的经济、政治、社会、文化、生态等要素进行综合性考虑和战略性谋划，使得这些要素在空间、时间和内涵上得到最优组合，促进经济城镇化、社会城镇化和空间城镇化的协调发展。在城镇化水平推进过程中，要提高全要素生产率，增强劳动和资本对能源的替代效应，降低城镇化发展的经济社会成本和资源环境成本，促进城乡协调发展和区域间的平衡发展，推动经济社会结构转型升级。在保证发展质量的基础上提高发展速度，提高能源利用效率，降低能源消费数量，最终实现经济、空间、社会、生态环境、城乡公平等多层面的充分平衡可持续发展。

3. 促进产业结构调整，实现能源效率提升和可持续发展的双重红利

产业结构优化对于能源效率提升的作用是直接而有效的，同时产业结构的升级也是转变经济增长方式、为城镇化发展提供产业支撑的重要内容。要充分发挥政府产业政策导向作用，合理安排好第二产业和第三产业比例关系，产业布局上要提高服务业的比重和水平，产业内部结构调整上要坚持信息化发展，这是我国经济平稳跨越经济结构深入调整期和可持续发展的关键所在。

首先，要在环保、能耗、安全等法律和规定下依法依规有序地淘汰生产效率低下、产品附加值低、社会贡献少的产能，合理安排现役设备的节能和超低排放改造工期，加强高能耗行业能耗管控，从而快速、有效地遏制能源消费、环境污染的继续恶化。

其次，面对经济发展不可或缺的传统产业，加强政府资金支持，

促进技术研发和利用，积极改良生产设备和生产技术，促进转型升级，实施工业能效赶超行动，促进制造业高端化、智能化、绿色化发展，大力推广节能环保技术和新能源的利用，降低传统能源依赖。同时，加快发展壮大战略性新兴产业，培育能耗排放低、质量效益好的新增长点。

最后，在城镇化快速发展的背景下，加快第三产业发展，推动生产性服务业向专业化和价值链高端延伸、生活性服务业向精细化和高品质转变，同时打造能源集约高效利用型城市，强化建筑、交通运输、城市基础设施、商贸流通以及公共机构等部门的节能工作，推动产业体系向集约化、高端化升级，实现能源消费结构清洁化、低碳化。

4. 推动技术进步，促进能源结构调整，提高能源效率

深入实施创新驱动发展战略，通过推动技术进步，实现城镇化建设方式由粗放型向集约型转变，最终提升我国整体的能源效率，确保节能减排目标的实现。加强对国内外先进技术的引入，保障对能源技术研发的资金和制度支持，加大吸引技术领先人才和培养人才力度，形成较强的科技研发能力，从而在技术层面实现对能源利用各环节的使用效率的提高，以及对节能材料和环保技术的推广应用。同时不断构建产业创新链，配套发展大数据、云计算等信息技术，促进能源技术和信息技术的深度融合，大力培育新的经济增长点，维持经济的平稳快速增长，使得能源强度不断下降。

5. 倡导节能理念和绿色生活方式，促进全民节能

我国正处在城镇化快速发展的中期阶段，农村人口在城镇集聚、消费规模扩大以及生活方式高能化发展不可逆转。政府部门应高度重视城镇化进程中快速增长的居民生活用能和居民消费作为能源消耗终端对产业结构的影响作用，充分估计未来家庭部门在能源消费增长方面的挑战。首先，应提高能源供给能力，让居民能够获得优质能源，满足居民基本用能需求和经济社会可持续发展需要。其次，从公平的角度出发，政策制定者应根据家庭收入水平、城乡以及所在区域、能源消费情况等，设计差别化政策，利用价格调节或者补贴等方式引导

高收入和低收入人群的消费行为，在鼓励消费的同时实现有效节能。

二 因地制宜，实现城镇化建设和能源消费的协调均衡发展

考虑到我国各区域经济发展和城镇化建设的阶段性特征、能源消费水平和消费结构、节能的社会经济成本以及整个经济系统的容忍度的差异性，中央政府和省级政府应基于节能减排公平性与效率性的原则，认真对待政府、企业和居民之间在节能降耗方面的不同利益追求，保障经济稳定增长、社会稳定发展以及经济社会的合理用能需求。从促进经济社会发展和环境保护双赢的角度，既要尽力而为，又要实事求是地制订能源规划、分解节能责任，最大限度地使政策目标与各自利益相一致，从而在更低的经济社会成本下实现更有效地节能减排，实现政策效应的最大化，促进区域间的均衡发展。

1. 加强区域统筹、集中规划，提高区域能源利用效率

（1）根据空间布局、产业结构、产业链接、资源利用、污染治理、基础设施等各方面的要求，加快资源循环利用融合发展，推动循环企业、循环园区、循环城市以及循环社会的建设和发展，从而全面推动社会的节能减排和经济发展。

（2）加强集中规划，协调发展。通过强化区域基础设施、体制机制、市场等多方面的联通，让能源资源打破省间壁垒在更大范围优化配置，提高区域能源供应保障和互济能力，提高不同供能系统集成互补、梯级利用程度，从而提高能源利用效率。

2. 因地制宜地制定城镇化发展和能源政策

（1）处于城镇化快速发展期，同时节能潜力大、节能成本相对较低的地区是我国节能工作的关键区域，节能工作的重点是采取有效措施控制能源消费总量。

（2）在城镇化发展程度高、经济发展水平高、人均能源消费水平高，但是已经处于生产技术前沿、节能减排潜力小的地区，如北京、上海、浙江、江苏等省市，主要任务应该是摒弃"资源投入式工业化道路"，加快工业现代化步伐，着眼于发达国家和地区的先进节能减排技术的应用，向世界生产技术前沿靠拢，提高能源效率和可再生能

源消费比例，进一步挖掘节能减排潜力。重点关注生产性服务业、建筑业以及居民消费等非工业领域的能源消费，把节能减排的思想扩展到所有生产和消费环节，强调生产者和消费者的责任是对产品的整个生命周期负责，尽量节省资源、能源，引导低碳发展和倡导低碳生活。

（3）具有较大的节能减排潜力，但是产业结构转型和能源结构转型都面临更大困难、节能的经济代价和社会成本也更高的资源型区域，能源效率提高和绿色转型更为迫切，应把促进产业结构合理化和高级化作为中长期的重要发展战略，实现可持续发展和能源效率的双重红利。但是在产业结构转型的路径选择上，不宜过度强调去产能以及过度发展第三产业而摒弃目前的优势产业和支柱性产业，而是着重加强能源产业和重工业的技术创新，打造高能耗高排放产业的节能低碳发展之路。

第一，为了避免"淘汰过剩产能"和"限制新项目"等为主导的行政指令性政策导致的竞争不充分以及行政性关停并转的行为带来的社会不稳定问题，应该在控制环境总容量的基础上，更多地利用市场机制淘汰清理落后产能，逐渐形成具有竞争力和环境友好型的产业结构组织。第二，坚持轻工业和重工业并重发展的战略，充分利用市场手段推动工业内部结构的调整。加强产业创新链的凝练和部署，围绕能源产业和重工业的重点发展方向，加大资金投入，以关键技术为核心，让企业能够在节能减排中获取更多的利润，从而实现节能减排和经济发展的协同发展。第三，降低区域经济对单一产业的过度依赖，各地应依靠区域特点，整合资源优势，精心谋划，特别是在资源枯竭地区，要加快培育接续替代产业，延长产业链条，大力培育壮大新兴产业的多元化发展，实质性地调整经济结构和能源消费结构，这既是实现节能减排和经济增长的当务之急，也是长远发展之计。

（4）在节能潜力小而且节能成本高的区域，要针对不同类型实施城镇化建设和能源发展战略。第一，在经济发达、城镇化建设已经进入中后发展期的地区，如广东省，要继续走向技术含量较高的高新技术制造业、大数据产业、人工智能等高端产业转化的路子，进一步减少对能源的依赖，同时着力于提高社会环保意识，打造清洁循环社会，实现经济由高速增长向高质量发展的转变。

第二，对于经济规模大、人口密度大、交通便利但是经济发展水平和城镇化建设处于中等而且相对缺乏快速增长点的区域，要根据市场需求积极应对重型国有企业转型升级，在降低能耗的同时保持经济稳定增长和充分就业。另外要合理布局战略性新兴产业，激活第三产业的发展动力，利用全国最密集的高速公路网建设国家级现代物流新枢纽体系，努力打造清洁能源利用和绿色发展的示范区，实现产业协调发展。

第三，对于地域经济发展水平较低、城镇化水平低、能源禀赋低、工业发展程度低、节能潜力小、节能成本高的西部省份，首先是在经济发展和城镇化建设的过程中，务必避免走"先污染后治理"的老路，要用环境标准和技术标准替代审批制以控制企业的市场准入，特别是在承接东部产业转移寻找经济新增长点时，应强化投资项目评估和审查，设立节能减排门槛，严防超标的高耗能高排放企业进入；其次是以创新发展为重点，充分发挥技术进步对第二产业能源消费的抑制效应，维持第二产业在国民经济中的比重不显著降低，保证经济平稳增长；再次是积极对接"一带一路"建设，找准在"一带一路"建设中的定位，发挥自身优势，制定切实可行的向西开放发展战略；最后是一些区域可以直接跨越工业期，直接打造高新产业和绿色产业，向第三产业为主的高级产业结构迈进。

第三节 研究中存在的不足与后续研究方向

本书以国内外对城镇化发展过程中的能源消费与能源利用效率相关研究为基础，以"全国—区域—家庭"三个层面为分析主线，从城镇化下经济波动对能源消费的影响、城镇化发展水平和综合质量对能源强度的影响、基于资源禀赋和产业结构下的能源全要素生产率、公平和效率视角下区域节能减排责任承担、新型城镇化进程中我国城乡家庭能源消费的宏观和微观特征以及影响因素等多个视角，充分考虑我国的新型城镇化特点及新型城镇化进程中能源消费特征、现状和问题，从理论基础、实证分析、对策研究三个方面构建一个较为完整、合理的新型城镇化进程中能源消费和能源利用效率的研究框架。由于数据和知识水平所限，本书的研究中还存在一定的不足，需要在后续的研究中进一步深入。

首先，在构建新型城镇化质量综合评估指标体系和进行评价时，本书从城镇化发展质量、城镇化推进效率和城镇化公平三大方面入手，选择8个二级指标和40个三级指标对我国省级层面新型城镇化发展质量进行评估，并分析了城镇化质量对能源强度的影响。但是指标选择过少不足以反映城镇化发展的综合质量，而指标选择过多，城镇化综合质量与能源强度之间的联系性也会变弱，如果能在统计学理论的指导下更加科学地取舍相关指标、改进模型以加强综合评价的实用性以及与能源强度的联系性，得出的结论可能更具有实践价值。

其次，本书关于区域的实证研究是基于省级层面数据之上的，考虑到以省份为衡量单位可能掩盖了省级以下地区单位之间存在的差异性，而且也缺乏对地市级节能减排目标分解的分析，下一步的研究可在大量收集数据的基础上基于地级市甚至县级市的层面进行实证分析，可能得到的结论也会更具针对性。

最后，本书联系新型城镇化建设中的经济波动、城镇化质量、资源禀赋和产业结构、公平和效率原则下的区域节能减排责任分担以及宏微观视角下居民家庭生活能源消费等6个方面对能源消费及其利用效率问题进行了深入的分析，并得到了一系列的研究结论。在新型城镇化这样一个长时空宽范围尺度的概念下，城市的人口分布、生活方式、城市布局、产业结构、建筑形态、资源能源供给等多个因素都对新型城镇化中的能源消费和能源效率产生重要的影响。但是由于篇幅和研究水平所限，本书对这些层面的分析还不够。下一步的研究中，将继续探讨如何推进新型城镇化建设以及城镇的新型化发展，更好地实现能源的集约使用以及能源效率的提升，为政府采取有针对性政策举措提供更深层次的参考。

参考文献

中文期刊

蔡昉：《走出一条以人为核心的城镇化道路》，《中国人大》2017 年第 19 期。

曹青青、周仲礼：《西部地区石油消费与经济增长计量关系》，《国土资源科技管理》2014 年第 3 期。

曹碹玮、马骏：《资源型区域的创新——从路径依赖到路径创造》，《中国软科学》2007 年第 7 期。

茶洪旺、郑婷婷、袁航：《资源诅咒与产业结构的关系研究——基于 PVAR 模型的分析》，《软科学》2018 年第 7 期。

常兴华、张建平、杨国峰、侯嘉：《部分省区节能减排工作调研报告》，《宏观经济管理》2007 年第 11 期。

陈彬：《我国经济发展过程中的电力消费变化规律》，《中国能源》2018 年第 3 期。

陈芳、游萱：《对外开放与能源消耗强度——基于中国省级面板数据的研究》，《山东财经大学学报》2015 年第 6 期。

陈建宝、丁军军：《分位数回归技术综述》，《统计与信息论坛》2008 年第 3 期。

陈婧、陈红敏：《不同收入人口生活完全能耗差异分析——以上海为例》，《人口与发展》2012 年第 4 期。

陈娟：《中国工业能源强度与对外开放——基于面板门限模型的实证分析》，《科学经济社会》2016 年第 2 期。

陈睿、饶政华、刘继雄、湛盈盈、廖胜明：《基于 LEAP 模型的长沙市能源需求预测及对策研究》，《资源科学》2017 年第 3 期。

陈诗一：《边际减排成本与中国环境税改革》，《中国社会科学》2011 年第 3 期。

陈诗一：《工业二氧化碳的影子价格：参数化和非参数化方法》，《世界经济》2010 年第 8 期。

陈迅、袁海蔚：《中国生活能源消费行为影响因素的实证研究》，《消费经济》2008 年第 5 期。

陈亚、张志强、周志翔、梁樑：《中国制造业全要素能源效率分析——基于地区和细分行业双重视角》，《北京理工大学学报》（社会科学版）2019 年第 2 期。

陈钊、陈乔伊：《中国企业能源利用效率：异质性、影响因素及政策含义》，《中国工业经济》2019 年第 12 期。

成金华、李世祥：《结构变动、技术进步以及价格对能源效率的影响》，《中国人口·资源与环境》2010 年第 4 期。

程开明：《城市紧凑度影响能源消耗的理论机制及实证分析》，《经济地理》2011 年第 7 期。

程开明、张亚飞、陈龙：《中国城镇化影响能源消耗的效应分解及机制探析》，《地理科学》2016 年第 11 期。

程利莎、王士君、杨冉、王彬燕：《中国省际交通运输业能源效率测度及时空分异研究》，《东北师大学报》（自然科学版）2019 年第 1 期。

代帆：《中国能源消费和经济波动的相关性研究》，《价格月刊》2010 年第 6 期。

邓志茹、范德成：《我国能源结构问题及解决对策研究》，《现代管理科学》2009 年第 6 期。

邓忠奇、徐佳宾：《中国兼顾节能减排的中期经济增长路径》，《数量经济技术经济研究》2015 年第 2 期。

董利：《我国能源效率变化趋势的影响因素分析》，《产业经济研究》

2008年第1期。

杜嘉敏:《基于超效率DEA的中国省际能源效率评价》,《生态经济》2015年第7期。

樊静丽、刘健、张贤:《中国城镇化与区域居民生活直接用能研究》,《中国人口·资源与环境》2015年第1期。

范德成、王韶华、张伟:《低碳经济目标下一次能源消费结构影响因素分析》,《资源科学》2012年第4期。

范进:《城市密度对城市能源消耗影响的实证研究》,《中国经济问题》2011年第6期。

方德斌、时珊珊、杨建鹏:《新常态下中国能源需求预测预警研究》,《资源开发与市场》2017年第1期。

冯博、王雪青:《考虑雾霾效应的京津冀地区能源效率实证研究》,《干旱区资源与环境》2015年第10期。

冯玲、吝涛、赵千钧:《城镇居民生活能耗与碳排放动态特征分析》,《中国人口·资源与环境》2011年第5期。

冯相昭、蔡博峰、王敏、王金南、曹丽斌:《中国资源型城市CO_2排放比较研究》,《中国人口·资源与环境》2017年第2期。

付立东、张金锁、冯雪:《GA-SA模型预测中国能源需求》,《系统工程理论与实践》2015年第3期。

付云云、沈永昌:《我国城镇化进程对能源消费的异质性影响——基于线性面板模型和PSTR模型》,《江南大学学报》(人文社会科学版)2019年第3期。

傅崇辉、王文军、曾序春、张玲华、雷光和:《生活能源消费的人口敏感性分析——以中国城镇家庭户为例》,《资源科学》2013年第10期。

干春晖、郑若谷、余典范:《中国产业结构变迁对经济增长和波动的影响》,《经济研究》2011年第5期。

耿海青、谷树忠、国冬梅:《基于信息熵的城市居民家庭能源消费结构演变分析——以无锡市为例》,《自然资源学报》2004年第2期。

公维凤:《节能减排约束下省际经济增长优化多情景分析》,《中国经济问题》2012年第2期。

关伟、许淑婷:《中国能源生态效率的空间格局与空间效应》,《地理学报》2015年第6期。

关雪凌、周敏:《城镇化进程中经济增长与能源消费的脱钩分析》,《经济问题探索》2015年第4期。

郭爱君、胡安军、王祥兵:《资源型经济区产业路径依赖的形成机制、特性与破解》,《经济问题探索》2017年第10期。

郭丰:《长江经济带环境效率评价及影响因素分析》,《河北地质大学学报》2017年第4期。

郭姣、李健:《中国三大城市群全要素能源效率与节能减排潜力研究》,《干旱区资源与环境》2019年第11期。

郭菊娥、柴建、席酉民:《一次能源消费结构变化对我国单位GDP能耗影响效应研究》,《中国人口·资源与环境》2008年第4期。

郭莉:《基于灰色模型的中国能源需求预测》,《西安科技大学学报》2011年第4期。

郭琪、樊丽明:《城市家庭节能措施选择偏好的联合分析——对山东省济南市居民的抽样调查》,《中国人口·资源与环境》2007年第3期。

郭庆旺、贾俊雪:《中国经济波动的解释:投资冲击与全要素生产率冲击》,《管理世界》2004年第7期。

呙小明、康继军:《中国制造业对外开放与能源效率的非线性关系研究》,《经济经纬》2016年第1期。

郭亚军:《一种新的动态综合评价方法》,《管理科学学报》2002年第2期。

郭叶波、魏后凯:《中国城镇化质量评价研究述评》,《中国社会科学院研究生院学报》2013年第2期。

韩智勇、魏一鸣、范英:《中国能源强度与经济结构变化特征研究》,《数理统计与管理》2004年第1期。

韩智勇、魏一鸣、焦建玲、范英、张九天：《中国能源消费与经济增长的协整性与因果关系分析》，《系统工程》2004年第12期。

杭雷鸣、屠梅曾：《能源价格对能源强度的影响——以国内制造业为例》，《数量经济技术经济研究》2006年第12期。

郝宇、张宗勇、廖华：《中国能源"新常态"："十三五"及2030年能源经济展望》，《北京理工大学学报》（社会科学版）2016年第2期。

何建坤、卢兰兰、王海林：《经济增长与二氧化碳减排的双赢路径分析》，《中国人口·资源与环境》2018年第10期。

贺小莉、潘浩然：《基于PSTR模型的中国能源消费与经济增长非线性关系研究》，《中国人口·资源与环境》2013年第12期。

洪丽璇、梁进社、蔡建明、庄立：《中国地级以上城市工业能源消费的增长——基于2001~2006年的数据分解》，《地理研究》2011年第1期。

胡静静：《新型城镇化对能源效率的影响研究——基于SFA和空间面板计量模型》，《资源开发与市场》2017年第3期。

黄成、陈长虹、王冰妍、戴懿、赵静、王海鲲：《城市交通出行方式对能源与环境的影响》，《公路交通科技》2005年第11期。

黄杰：《中国能源效率空间溢出的实证考察》，《统计与决策》2019年第22期。

纪玉俊、戴洁清：《产业结构升级有利于能源效率的提升吗？——基于财政分权的门槛回归模型检验》，《南京财经大学学报》2019年第4期。

贾军、张卓：《中国高技术产业技术创新与能源效率协同发展实证研究》，《中国人口·资源与环境》2013年第2期。

江洪：《金融发展对碳排放约束下能源效率空间溢出效应——基于空间杜宾模型和SDM模型的实证分析》，《辽宁工程技术大学学报》（社会科学版）2018年第3期。

姜璐、余露、薛冰、陈兴鹏：《青海省家庭能源消费结构地域特征》，

《经济地理》2019 年第 8 期。

敬莉、付兴春：《资源型省份能源效率测度及时空格局变化——基于新疆 DEA-ESDA 模型分析》，《新疆财经》2016 年第 4 期。

雷明、虞晓雯：《地方财政支出、环境规制与我国低碳经济转型》，《经济科学》2013 年第 5 期。

李博、张文忠、余建辉：《考虑环境约束的中国资源型城市全要素能源效率及其差异研究》，《自然资源学报》2016 年第 3 期。

李长胜、姬强、范英：《基于周期理论的 2010 年中国能源需求预测》，《中国能源》2010 年第 4 期。

李根、刘家国、李天琦：《考虑非期望产出的制造业能源生态效率地区差异研究——基于 SBM 和 Tobit 模型的两阶段分析》，《中国管理科学》2019 年第 11 期。

李国璋、霍宗杰：《中国能源消费、能源消费结构与经济增长——基于 ARDL 模型的实证研究》，《当代经济科学》2010 年第 3 期。

李虹、邹庆：《环境规制、资源禀赋与城市产业转型研究——基于资源型城市与非资源型城市的对比分析》，《经济研究》2018 年第 11 期。

李剑波、鲜学福：《基于灰色神经网络模型的重庆能源需求预测》，《西南大学学报》（自然科学版）2016 年第 6 期。

李金铠：《中国未来能源需求预测与潜在危机》，《财经问题研究》2009 年第 2 期。

李丽：《资源依赖对区域创新的挤出效应及传导机制——企业创新需求实证研究》，《科技进步与对策》2017 年第 15 期。

李廉水、周勇：《技术进步能提高能源效率吗？——基于中国工业部门的实证检验》，《管理世界》2006 年第 10 期。

李林泽、李建松、蒋子龙：《基于 SBM-DEA 模型的中部地区资源环境效率格局演化及成因机理分析》，《长江流域资源与环境》2017 年第 11 期。

李玲玲、张耀辉：《收入差距视角下居民消费行为对能源消耗的影响》,《经济管理》2013 年第 4 期。

李璐:《经济波动与最优城镇化水平和速度研究》,《中国人口·资源与环境》2016 年第 3 期。

李铭、赵天宇、徐振宇:《能源价格对能源效率的影响:基于中国省际面板数据》,《经济研究参考》2018 年第 7 期。

李强、王洪川、胡鞍钢:《中国电力消费与经济增长——基于省际面板数据的因果分析》,《中国工业经济》2013 年第 9 期。

李世祥、成金华:《中国工业行业的能源效率特征及其影响因素——基于非参数前沿的实证分析》,《财经研究》2009 年第 7 期。

李世祥、成金华:《中国能源效率评价及其影响因素分析》,《统计研究》2008 年第 10 期。

李世祥、成金华:《中国主要工业省区能源效率分析:1990~2006 年》,《数量经济技术经济研究》2008 年第 10 期。

李爽、曹文敬、陆彬:《低碳目标约束下我国能源消费结构优化研究》,《山西大学学报》(哲学社会科学版)2015 年第 4 期。

李未无:《对外开放与能源利用效率:基于 35 个工业行业的实证研究》,《国际贸易问题》2008 年第 6 期。

李艳梅、杨涛:《城乡家庭直接能源消费和 CO_2 排放变化的分析与比较》,《资源科学》2013 年第 1 期。

李艳梅、张雷:《中国居民间接生活能源消费的结构分解分析》,《资源科学》2008 年第 6 期。

李怡涵、牛叔文、沈义、胡莉莉:《中国人口发展对家庭生活基本能耗及碳排放的影响分析》,《资源科学》2014 年第 5 期。

李育安:《分位数回归及应用简介》,《统计与信息论坛》2006 年第 3 期。

李裕瑞、王婧、刘彦随、龙花楼:《中国"四化"协调发展的区域格局及其影响因素》,《地理学报》2014 年第 2 期。

李玉婷、刘祥艳:《中国工业能源效率及其收敛性——SFA 全要素与单要素方法的比较分析》,《干旱区资源与环境》2016 年第 12 期。

李玉中:《中国产业发展的自然资源依赖效应研究——基于 SDA 方法》,《经济经纬》2015 年第 6 期。

厉桦楠:《我国能源资源利用效率评价及对策建议》,《山东社会科学》2017 年第 9 期。

梁巧梅、魏一鸣、范英、Norio Okada:《中国能源需求和能源强度预测的情景分析模型及其应用》,《管理学报》2004 年第 1 期。

林伯强、杜克锐:《要素市场扭曲对能源效率的影响》,《经济研究》2013 年第 9 期。

林伯强、刘泓汛:《对外贸易是否有利于提高能源环境效率——以中国工业行业为例》,《经济研究》2015 年第 9 期。

林伯强:《电力消费与中国经济增长:基于生产函数的研究》,《管理世界》2003 年第 11 期。

林伯强:《结构变化、效率改进与能源需求预测——以中国电力行业为例》,《经济研究》2003 年第 5 期。

林伯强:《中国能源需求的经济计量分析》,《统计研究》2001 年第 10 期。

林卫斌、苏剑、周晔馨:《新常态下中国能源需求预测:2015—2030》,《学术研究》2016 年第 3 期。

刘畅、孔宪丽、高铁梅:《中国工业行业能源消耗强度变动及影响因素的实证分析》,《资源科学》2008 年第 9 期。

刘海英、刘晴晴:《中国省际能源和 CO_2 效率评价及技术差距研究》,《统计与决策》2019 年第 19 期。

刘洪昌、武博:《战略性新兴产业的选择原则及培育政策取向》,《现代经济探讨》2010 年第 10 期。

刘金全、刘志刚:《我国经济周期波动中实际产出波动性的动态模式与成因分析》,《经济研究》2005 年第 3 期。

刘静、朱立志:《我国农户能源消费实证研究——基于河北、湖南、新疆农户的调查数据》,《农业技术经济》2011 年第 2 期。

刘兰凤、易行健:《中国能源需求的估计与预测模拟》,《上海财经大学学报》2008 年第 4 期。

刘露:《环渤海地区城镇化与能源消耗量的关系分析——基于面板 VAR 模型》,《商业时代》2014 年第 11 期。

刘满芝、刘贤贤:《中国城镇居民生活能源消费影响因素及其效应分析——基于八区域的静态面板数据模型》,《资源科学》2016 年第 12 期。

刘那日苏、张建江:《自然资源依赖与区域发展不平衡:机制与证据》,《甘肃理论学刊》2019 年第 4 期。

刘强、李泽锦:《全要素生产率与区域产业发展质量不平衡——基于京津冀和长三角的实证分析》,《统计与信息论坛》2019 年第 9 期。

刘伟、李绍荣:《所有制变化与经济增长和要素效率提升》,《经济研究》2001 年第 1 期。

刘习平、盛三化、王珂英:《经济空间集聚能提高碳生产率吗?》,《经济评论》2017 年第 6 期。

刘晓瑞、孙涛:《技术进步对中国家庭部门生活能源消费的动态空间溢出效应》,《软科学》2019 年第 3 期。

刘孝萍、杨桂元:《基于组合预测模型的我国能源需求预测分析》,《财经理论研究》2013 年第 2 期。

刘耀彬:《中国城市化与能源消费关系的动态计量分析》,《财经研究》2007 年第 11 期。

刘业炜:《我国居民家庭能源消费时空差异性研究——基于居民家庭收入、区域气候差异与碳减排相关性分析》,《价格理论与实践》2019 年第 7 期。

刘毅:《居民节能意识及节能行为调查分析》,《电力需求侧管理》2009 年第 4 期。

刘赢时、田银华:《我国产业结构调整对能源效率影响的研究——基于收敛性假说的检验》,《湖南社会科学》2019 年第 4 期。

刘悦、汪克亮、史利娟、刘蕾:《中国省域生态效率的时空差异、要素分解与节能减排潜力》,《安徽理工大学学报》(社会科学版)

2018年第2期。

柳亚琴、赵国浩：《节能减排约束下中国能源消费结构演变分析》，《经济问题》2015年第1期。

陆铭、李鹏飞、钟辉勇：《发展与平衡的新时代——新中国70年的空间政治经济学》，《管理世界》2019年第10期。

罗朝阳、李雪松：《产业结构升级、技术进步与中国能源效率——基于非动态面板门槛模型的实证分析》，《经济问题探索》2019年第1期。

罗斐、罗婉婉：《中国能源消费结构优化的问题与对策》，《中国煤炭》2010年第7期。

罗光华、牛叔文、赵春升、张玉娟：《中国居民直接生活能源消费结构的演变规律》，《经济问题探索》2010年第7期。

罗光华、牛叔文：《气候变化、收入增长和能源消耗之间的关联分析——基于面板数据的省际居民生活能源消耗实证研究》，《干旱区资源与环境》2012年第2期。

闾浩、周德群、周鹏：《基于能源投入产出分析的节能减排政策研究》，《北京理工大学学报》（社会科学版）2013年第4期。

吕连菊、阚大学：《城镇化水平、速度和质量对能源消费的影响》，《城市问题》2017年第5期。

吕明元、陈维宣：《中国产业结构升级对能源效率的影响研究——基于1978—2013年数据》，《资源科学》2016年第7期。

吕琦、张竞娴、梁松：《城镇化对能源强度的影响及区域差异分析——基于空间滞后模型研究》，《生态经济》2019年第3期。

马超群、储慧斌、李科、周四清：《中国能源消费与经济增长的协整与误差校正模型研究》，《系统工程》2004年第10期。

马海良、王若梅、丁元卿、张红艳：《城镇化对工业能源消费的门槛效应研究——以长江经济带省份为例》，《中国人口·资源与环境》2017年第3期。

马晓明、闫柯旭：《"十二五"期间我国省际能源效率综合评价及影响因素分析》，《科技管理研究》2018 年第 23 期。

马晓明、张灿、熊思琴、田聿申：《中国区域工业环境效率及其影响因素：基于 Super-SBM 的实证分析》，《生态经济》2018 年第 11 期。

毛晖、郭鹏宇、杨志倩：《环境治理投资的减排效应：区域差异与结构特征》，《宏观经济研究》2014 年第 5 期。

孟凡生、邹韵：《基于 PP-SFA 的能源生态效率动态评价——以我国 30 个省市自治区为例》，《系统工程》2018 年第 5 期。

孟祥兰、雷茜：《我国各省份能源利用的效率评价——基于 DEA 数据包络方法》，《宏观经济研究》2011 年第 10 期。

聂高辉、蔡琪：《固定资产投资、产业城镇化与经济发展的关系——基于江西省面板数据实证研究》，《重庆三峡学院学报》2017 年第 2 期。

宁亚东、蔡靖雍、丁涛：《我国城市住宅能源消费特征研究》，《北京理工大学学报》（社会科学版）2013 年第 1 期。

牛云翥、牛叔文、张馨、赵春升：《家庭能源消费与节能减排的政策选择》，《中国软科学》2013 年第 5 期。

潘雅茹、罗良文：《政府干预、资源禀赋与中国能源效率测度》，《江汉论坛》2017 年第 11 期。

齐绍洲、云波、李锴：《中国经济增长与能源消费强度差异的收敛性及机理分析》，《经济研究》2009 年第 4 期。

齐鹰飞、李东阳：《固定资产投资波动对经济周期波动"放大效应"的实证分析》，《财政研究》2014 年第 9 期。

齐志新、陈文颖、吴宗鑫：《工业轻重结构变化对能源消费的影响》，《中国工业经济》2007 年第 2 期。

齐志新、陈文颖：《结构调整还是技术进步？——改革开放后我国能源效率提高的因素分析》，《上海经济研究》2006 年第 6 期。

钱莎莎、高明、黄清煌：《环境规制实现了节能减排与经济增长的双赢？》，《生态经济》2019 年第 1 期。

秦翊、侯莉：《我国城镇居民收入对间接能源消费的影响实证分析》，《生态经济》2013年第1期。

仇保兴：《我国建筑节能潜力最大的六大领域及其展望》，《城市发展研究》2010年第5期。

屈小娥：《中国省际全要素能源效率变动分解——基于Malmquist指数的实证研究》，《数量经济技术经济研究》2009年第8期。

任海军、姚银环：《资源依赖视角下环境规制对生态效率的影响分析——基于SBM超效率模型》，《软科学》2016年第6期。

单豪杰：《中国资本存量K的再估算：1952～2006年》，《数量经济技术经济研究》2008年第10期。

邵帅、范美婷、杨莉莉：《资源产业依赖如何影响经济发展效率？——有条件资源诅咒假说的检验及解释》，《管理世界》2013年第2期。

邵帅、杨莉莉：《自然资源丰裕、资源产业依赖与中国区域经济增长》，《管理世界》2010年第9期。

申俊、孙涵、成金华：《中国城镇居民能源消费及其影响因素》，《北京理工大学学报》（社会科学版）2016年第1期。

申亮、王玉燕：《节能减排、经济增长与地方政府行为选择》，《经济与管理评论》2014年第1期。

沈可、史倩：《人口结构与家庭规模对生活能源消费的影响——基于中国省级面板数据的实证研究》，《人口研究》2018年第6期。

沈利生：《我国对外贸易结构变化不利于节能降耗》，《管理世界》2007年第10期。

沈秋彤：《石油消费总量与经济增长的格兰杰因果检验》，《中国市场》2015年第38期。

盛鹏飞、杨俊、陈怡：《中国区域经济增长效率与碳减排技术效率的测度——兼论其协调性》，《江西财经大学学报》2014年第4期。

师博、任保平：《产业集聚会改进能源效率么？》，《中国经济问题》2019年第1期。

师博、沈坤荣：《市场分割下的中国全要素能源效率：基于超效率

DEA 方法的经验分析》,《世界经济》2008 年第 9 期。

师博、沈坤荣:《政府干预、经济集聚与能源效率》,《管理世界》2013 年第 310 期。

石洪景:《城镇化对福建省生活能源消费的影响研究》,《生态经济》2018 年第 7 期。

石晓烽、王述英:《中国石油消费与经济增长的实证研究:1960—2005》,《学术研究》2007 年第 6 期。

史丹、吴利学、傅晓霞、吴滨:《中国能源效率地区差异及其成因研究——基于随机前沿生产函数的方差分解》,《管理世界》2008 年第 2 期。

史丹:《中国能源效率的地区差异与节能潜力分析》,《中国工业经济》2006 年第 10 期。

史亚东:《能源消费对经济增长溢出效应的差异分析——以人均消费作为减排门限的实证检验》,《经济评论》2011 年第 6 期。

司传煜:《我国能源价格对能源利用效率影响研究——基于整体及空间分异性检验》,《价格理论与实践》2019 年第 2 期。

宋德勇、杨秋月:《环境规制打破了"资源诅咒"吗?——基于跨国面板数据的经验分析》,《中国人口·资源与环境》2019 年第 10 期。

宋炜:《城镇化、能源消费与工业全要素能源效率——基于非线性平滑转换回归模型的分析》,《工业技术经济》2016 年第 10 期。

苏红键、魏后凯:《改革开放 40 年中国城镇化历程、启示与展望》,《改革》2018 年第 11 期。

孙涵、成金华:《中国工业化、城市化进程中的能源需求预测与分析》,《中国人口·资源与环境》2011 年第 7 期。

孙涵、杨普容、成金华:《基于 Matlab 支持向量回归机的能源需求预测模型》,《系统工程理论与实践》2011 年第 10 期。

孙久文、肖春梅:《长三角地区全要素能源效率变动的实证分析》,《中国人口·资源与环境》2012 年第 12 期。

孙岩、江凌:《居民能源消费行为研究评述》,《资源科学》2013 年第

4期。

孙永平、王磊、王成：《碳排放权交易、行业竞争力与配额分配》，《环境经济研究》2016年第1期。

孙永平、徐恒宇、汪博：《资源开发对要素收入分配的影响研究》，《经济评论》2016年第4期。

孙永平、叶初升：《资源依赖、地理区位与城市经济增长》，《当代经济科学》2011年第1期。

孙永平、叶初升：《自然资源丰裕与产业结构扭曲：影响机制与多维测度》，《南京社会科学》2012年第6期。

汤清、邓宝珠：《中国技术进步对能源效率影响的空间计量分析》，《技术经济》2013年第10期。

唐安宝、李星敏：《能源价格与技术进步对我国能源效率影响研究》，《统计与决策》2014年第15期。

唐晓华、刘相锋：《能源强度与中国制造业产业结构优化实证》，《中国人口·资源与环境》2016年第10期。

陶宇、申俊、杨薇：《空气污染视角下中国工业能源环境效率的空间效应及其影响因素研究》，《西南大学学报》（自然科学版）2019年第6期。

滕玉华、刘长进：《外商直接投资的R&D溢出与中国区域能源效率》，《中国人口·资源与环境》2010年第8期。

田颖、刘林：《我国资源型地区经济可持续增长问题研究——基于技术进步视角的再分析》，《生态经济》2019年第5期。

仝冰：《混频数据、投资冲击与中国宏观经济波动》，《经济研究》2017年第6期。

涂正革、刘磊珂：《考虑能源、环境因素的中国工业效率评价——基于SBM模型的省级数据分析》，《经济评论》2011年第2期。

涂正革：《工业二氧化硫排放的影子价格：一个新的分析框架》，《经济学》（季刊）2010年第1期。

汪克亮、杨宝臣、杨力：《基于环境效应的中国能源效率与节能减排潜力分析》,《管理评论》2012 年第 8 期。

汪旭晖、刘勇:《中国能源消费与经济增长:基于协整分析和 Granger 因果检验》,《资源科学》2007 年第 5 期。

王兵、赖培浩、杜敏哲:《用能权交易制度能否实现能耗总量和强度"双控"?》,《中国人口·资源与环境》2019 年第 1 期。

王兵、刘光天:《节能减排与中国绿色经济增长——基于全要素生产率的视角》,《中国工业经济》2015 年第 5 期。

王兵、杨雨石、赖培浩、於露瑾:《考虑自然环境差异的中国地区能源效率与节能减排潜力研究》,《产经评论》2016 年第 1 期。

王常凯、巩在武:《"纵横向"拉开档次法中指标规范化方法的修正》,《统计与决策》2016 年第 2 期。

王成勇、柯蓉:《城镇固定资产投资周期与经济增长的关系研究》,《统计与决策》2015 年第 8 期。

王丹枫:《我国能源利用效率、经济增长及产业结构调整的区域特征——基于 1995—2007 年 31 个省域数据的分位点回归分析》,《财经研究》2010 年第 7 期。

王凤云、苏烨琴:《京津冀能源消费结构变化及其影响因素》,《城市问题》2018 年第 8 期。

王锋、冯根福:《基于 DEA 窗口模型的中国省际能源与环境效率评估》,《中国工业经济》2013 年第 7 期。

王火根、沈利生:《中国经济增长与能源消费空间面板分析》,《数量经济技术经济研究》2007 年第 12 期。

王俊杰、史丹、张成:《能源价格对能源效率的影响——基于全球数据的实证分析》,《经济管理》2014 年第 12 期。

王俊松、贺灿飞:《技术进步、结构变动与中国能源利用效率》,《中国人口·资源与环境》2009 年第 2 期。

王珂英、张鸿武、申婉君:《我国"一带一路"地区生产技术效率实证研究——基于随机前沿生产函数的分析》,《企业经济》2016 年第 6 期。

王珂英、张鸿武:《城镇化与工业化对能源强度影响的实证研究——基于截面相关和异质性回归系数的非平衡面板数据模型》,《中国人口·资源与环境》2016年第6期。

王科、魏一鸣:《我国区域能源效率指数分析与展望》,《中国科学院院刊》2012年第4期。

王蕾、魏后凯、王振霞:《中国区域节能潜力估算及节能政策设计》,《财贸经济》2012年第10期。

王蕾、魏后凯:《中国城镇化对能源消费影响的实证研究》,《资源科学》2014第6期。

王丽琼、陈峰:《基于GWR的中国居民生活能源消费驱动因素时空演变研究》,《生态环境学报》2018年第2期。

王七萍:《资源型城市能源效率差异性分析——基于华东六省的比较研究》,《重庆交通大学学报》(社会科学版)2015年第6期。

王强、郑颖、伍世代、李婷婷:《能源效率对产业结构及能源消费结构演变的响应》,《地理学报》2011年第6期。

王姗姗、屈小娥:《技术进步、技术效率与制造业全要素能源效率——基于Malmquist指数的实证研究》,《山西财经大学学报》2011年第2期。

王腾、严良、易明:《中国能源生态效率评价研究》,《宏观经济研究》2017年第7期。

王文蝶、牛叔文、齐敬辉、丁永霞、李娜:《中国城镇化进程中生活能源消费与收入的关联及其空间差异分析》,《资源科学》2014年第7期。

王喜平、姜晔:《碳排放约束下我国工业行业全要素能源效率及其影响因素研究》,《软科学》2012年第2期。

王小斌、邵燕斐:《城镇化对能源消费和二氧化碳排放的影响——基于1995—2011年中国省级面板数据的实证研究》,《技术经济》2014年第5期。

王晓岭、武春友、赵奥:《中国城市化与能源强度关系的交互动态响应分析》,《中国人口·资源与环境》2012年第5期。

王雄、岳意定、刘贯春:《基于SFA模型的科技环境对中部地区能源效率的影响研究》,《经济地理》2013年第5期。

王雪松、任胜钢、袁宝龙、尹红媛:《城镇化、城乡消费比例和结构对居民消费间接CO_2排放的影响》,《经济理论与经济管理》2016年第8期。

王妍、石敏俊:《中国城镇居民生活消费诱发的完全能源消耗》,《资源科学》2009年第12期。

王艳丽、李强:《对外开放度与中国工业能源要素利用效率——基于工业行业面板数据》,《北京理工大学学报》(社会科学版)2012年第2期。

王荧:《我国地区节能减排潜力评估及责任分配——基于多目标决策DEA模型研究》,《东南学术》2017年第2期。

王勇、王颖:《中国实现碳减排双控目标的可行性及最优路径——能源结构优化的视角》,《中国环境科学》2019年第10期。

魏楚、杜立民、沈满洪:《中国能否实现节能减排目标:基于DEA方法的评价与模拟》,《世界经济》2010年第3期。

魏楚、沈满洪:《结构调整能否改善能源效率:基于中国省级数据的研究》,《世界经济》2008年第11期。

魏楚、沈满洪:《能源效率及其影响因素:基于DEA的实证分析》,《管理世界》2007年第8期。

魏楚、沈满洪:《能源效率与能源生产率:基于DEA方法的省际数据比较》,《数量经济技术经济研究》2007年第9期。

魏楚、王丹、吴宛忆、谢伦裕:《中国农村居民煤炭消费及影响因素研究》,《中国人口·资源与环境》2017年第9期。

魏楚:《中国城市CO_2边际减排成本及其影响因素》,《世界经济》2014年第7期。

魏一鸣、廖华:《能源效率的七类测度指标及其测度方法》,《中国软科学》2010年第1期。

文炳洲、索瑞霞：《基于组合模型的我国能源需求预测》，《数学的实践与认识》2016年第20期。

翁非：《我国能源价格市场化改革成效研究——基于煤、电、油价格数据面板协整关系的检验》，《煤炭经济研究》2012年第1期。

吴国华、刘清清、吴琳：《碳减排潜力差异分析及目标设定》，《中国人口·资源与环境》2011年第12期。

吴良、曾强能、李文赞、孙姝娟、黄彪、王仁卿、郭卫华：《济南农村生活能源消费结构研究》，《山东农业科学》2007年第2期。

吴琦、武春友：《基于DEA的能源效率评价模型研究》，《管理科学》2009年第1期。

吴巧生、李慧：《长江中游城市群能源效率评价研究》，《中国人口·资源与环境》2016年第12期。

吴文化、樊桦、李连成、杨洪年：《交通运输领域能源利用效率、节能潜力与对策分析》，《宏观经济研究》2008年第6期。

吴文洁、王晓娟、何艳桃：《产业结构变迁对全要素能源效率的影响研究》，《生态经济》2018年第4期。

吴贤荣、张俊飚、田云、薛龙飞：《基于公平与效率双重视角的中国农业碳减排潜力分析》，《自然资源学报》2015年第7期。

吴贤荣、张俊飚、朱烨、田云：《中国省域低碳农业绩效评估及边际减排成本分析》，《中国人口·资源与环境》2014年第10期。

吴旭晓：《节能减排压力下能源环境效率区域差异及其影响机制研究》，《生态经济》2018年第1期。

武春友、吴琦：《基于超效率DEA的能源效率评价模型研究》，《管理学报》2009年第11期。

武佳倩、侯胜杰、关忠诚：《中国省际能源环境效率评价及碳减排责任分摊》，《系统科学与数学》2018年第4期。

武良鹏、陈晔、徐海燕：《效果—成本视角下中国各省份碳排放减排路径对比研究》，《软科学》2018年第12期。

肖宏伟：《新型城镇化发展对能源消费的影响研究——基于空间计量

模型的实证检验与影响效应分解》，《当代经济管理》2014年第8期。

谢地、李梓旗：《不同测度方法下城镇化对能源消费的影响研究——基于中介效应模型》，《辽宁大学学报》（哲学社会科学版）2019年第4期。

谢晗进、刘满凤、江雯：《我国工业化和城镇化协调的空间偏效应与污染集聚治理研究——基于SLXM模型》，《南京财经大学学报》2019年第3期。

谢和平、吴立新、郑德志：《2025年中国能源消费及煤炭需求预测》，《煤炭学报》2019年第7期。

谢品杰、黄晨晨：《基于经济周期视角及灰色理论的我国碳排放强度影响因素分析》，《工业技术经济》2015年第10期。

谢品杰、孙飞虎、王绵斌：《中国电力消费周期的路径演化识别——基于Markov区制转移模型》，《北京理工大学学报》（社会科学版）2018年第5期。

邢璐、邹骥、石磊：《小康社会目标下的居民生活能源需求预测》，《中国人口·资源与环境》2010年第6期。

徐斌、陈宇芳、沈小波：《清洁能源发展、二氧化碳减排与区域经济增长》，《经济研究》2019年第7期。

徐康宁、王剑：《自然资源丰裕程度与经济发展水平关系的研究》，《经济研究》2006年第1期。

徐盈之、管建伟：《中国区域能源效率趋同性研究：基于空间经济学视角》，《财经研究》2011年第1期。

徐志强、吕斌、戴岳：《基于三阶段DEA模型的中国地区能源效率评价》，《中国矿业》2013年第5期。

许冬兰、李琰：《山东省城市化和能源消耗的关系研究》，《中国人口·资源与环境》2010年第11期。

许光清、董小琦：《基于合作博弈模型的京津冀散煤治理研究》，《经济问题》2017年第2期。

许力飞:《中国城镇居民间接能源消费的时空特征及趋势分析》,《理论月刊》2014年第4期。

续竞秦、杨永恒:《我国省际能源效率及其影响因素分析——基于2001~2010年面板数据的SFA方法》,《山西财经大学学报》2012年第8期。

宣烨、周绍东:《技术创新、回报效应与中国工业行业的能源效率》,《财贸经济》2011年第1期。

闫明喆、李宏舟、田飞虎:《中国的节能政策有效吗?——基于SFA-Bayes分析框架的生态全要素能源效率测定》,《经济与管理研究》2018年第3期。

闫甜:《我国固定资产投资与经济周期的关联性新探》,《经济研究参考》2013年第23期。

严翔、成长春、易高峰,柏建成:《长江经济带城镇化对能源消费的经济门槛效应》,《经济地理》2019年第1期。

杨得前、刘仁济:《财政投入对中国产业生态化效率提升的实证研究》,《财经理论与实践》2017年第1期。

杨刚强、李梦琴:《财政分权、政治晋升与能源生态效率提升——基于中国257个城市的实证》,《宏观经济研究》2018年第8期。

杨骞、刘华军:《技术进步对全要素能源效率的空间溢出效应及其分解》,《经济评论》2014年第6期。

杨锦英、马良、方峥、何翠香:《中国城镇地区性别工资差异问题新探——基于无条件分位数回归和再次分解方法》,《政治经济学评论》2016年第1期。

杨恺钧、刘健露、毛博伟:《大气污染下中国工业全要素能源效率研究》,《软科学》2018年第6期。

杨冕、卢昕、杨福霞:《能源价格扭曲对中国能源效率影响研究》,《经济问题探索》2017年第11期。

杨森、林爱梅:《金融发展与能源效率提升——基于技术创新中介效应的研究》,《技术经济与管理研究》2019年第5期。

杨中东:《中国制造业能源效率的影响因素:经济周期和重化工工业化》,《统计研究》2010年第310期。

姚云飞、梁巧梅、魏一鸣:《国际能源价格波动对中国边际减排成本的影响:基于CEEPA模型的分析》,《中国软科学》2012年第2期。

易平涛、周义、郭亚军、李伟伟:《一种体现发展趋势的动态综合评价方法》,《运筹与管理》2016年第6期。

于斌斌:《产业结构调整如何提高地区能源效率?——基于幅度与质量双维度的实证考察》,《财经研究》2017年第1期。

余利娥:《中国居民生活能源消费影响因素分析——基于城乡"二元"结构》,《西华大学学报》(哲学社会科学版)2018年第1期。

余泳泽:《我国节能减排潜力、治理效率与实施路径研究》,《中国工业经济》2011年第5期。

袁华萍:《基于DEA视窗分析的中国环境治理投资效率研究》,《生态经济》2016年第4期。

袁润松、丰超、王苗、黄健柏:《中国区域间节能减排责任分担及成本补偿机制设计——基于潜力视角》,《经济问题探索》2016年第5期。

袁晓玲、张宝山、杨万平:《基于环境污染的中国全要素能源效率研究》,《中国工业经济》2009年第2期。

岳立、杨帆:《新常态下中国能源供给侧改革的路径探析——基于产能、结构和消费模式的视角》,《经济问题》2016年第10期。

岳婷、龙如银:《我国居民生活能源消费量的影响因素分析》,《华东经济管理》2013年第11期。

曾繁华、吴立军、陈曦:《碳排放和能源约束下中国经济增长阻力研究——基于2020年减排目标的实证分析》,《财贸经济》2013年第4期。

曾胜、黄登仕:《中国能源消费、经济增长与能源效率——基于1980~2007年的实证分析》,《数量经济技术经济研究》2009年第8期。

曾胜、靳景玉:《能源消费结构视角下的中国能源效率研究》,《经济学动态》2013年第4期。

曾胜、李仁清：《能源消费结构的影响因素研究》，《世界科技研究与发展》2014年第1期。

张传平、周倩倩：《我国能源消费影响因素研究——基于长期均衡和短期波动的协整分析》，《中国能源》2013年第3期。

张帆、李佐军：《我国节能减排的区域差异与应对之策》，《宏观经济管理》2012年第8期。

张国兴、叶亚琼、管欣、尹江河、吕绚丽：《京津冀节能减排政策措施的差异与协同研究》，《管理科学学报》2018年第5期。

张鸿武、李涛：《长三角和珠三角城市群创新的空间效应及影响因素研究——基于空间面板杜宾模型的比较分析》，《湖南科技大学学报》（社会科学版）2018年第4期。

张鸿武、王珂英、殳蕴钰：《中国工业碳减排中的技术效应：1998—2013——基于直接测算法与指数分解法的比较分析》，《宏观经济研究》2016年第12期。

张鸿武、王珂英、项本武：《城市化对CO_2排放影响的差异研究》，《中国人口·资源与环境》2013年第3期。

张鸿武、王珂英：《城镇化建设速度与质量协调发展的税收政策探讨》，《税务研究》2013年第9期。

张建清、程琴：《长江经济带产业结构升级对能源效率的影响研究——基于2001~2017年数据》，《工业技术经济》2020年第1期。

张雷、黄园淅：《中国现代城镇化发育的能源消费》，《中国人口·资源与环境》2010年第1期。

张力、田大钢：《中国现代城镇化水平与能源消费结构的实证研究》，《金融经济》2013年第8期。

张立国、李东、龚爱清：《中国物流业全要素能源效率动态变动及区域差异分析》，《资源科学》2015年第4期。

张丽华、叶烔：《城市化能否减少居民交通能源消费？——基于中国城镇住户调查微观数据的分析》，《财经论丛》2019年第6期。

张立军、袁能文：《线性综合评价模型中指标标准化方法的比较与选择》，《统计与信息论坛》2010年第8期。

张米尔、武春友：《资源型城市产业转型障碍与对策研究》，《经济理论与经济管理》2001年第2期。

张妮妮、徐卫军、曹鹏宇：《影响农户生活能源消费的因素分析——基于9省的微观数据》，《中国人口科学》2011年第3期。

张庆芝、何枫、赵晓：《基于超效率DEA的我国钢铁产业能源效率研究》，《软科学》2012年第2期。

张瑞、丁日佳：《我国能源效率与能源消费结构的协整分析》，《煤炭经济研究》2006年第12期。

张同斌、宫婷：《中国工业化阶段变迁、技术进步与能源效率提升——基于时变参数状态空间模型的实证分析》，《资源科学》2013年第9期。

张伟、吴文元：《基于LMDI的长三角都市圈工业能源强度变动的因素分解——对长三角都市圈1996~2008年工业部门数据的实证分析》，《产业经济研究》2011年第5期。

张为付、李逢春、胡雅蓓：《中国CO_2排放的省际转移与减排责任度量研究》，《中国工业经济》2014年第3期。

张文锋：《中国沿海地区能源效率的时空演化分析》，《辽宁师范大学学报》（自然科学版）2019年第4期。

张贤、周勇：《外商直接投资对我国能源强度的空间效应分析》，《数量经济技术经济研究》2007年第1期。

张晓梅、庄贵阳：《中国省际区域碳减排差异问题的研究进展》，《中国人口·资源与环境》2015年第2期。

张晓平：《中国能源消费强度的区域差异及影响因素分析》，《资源科学》2008年第6期。

张馨、牛叔文、赵春升、胡莉莉：《中国城市化进程中的居民家庭能源消费及碳排放研究》，《中国软科学》2011年第9期。

张星灿、曹俊文：《雾霾约束下的长江经济带能源效率的空间差异研究》,《科技与经济》2018年第4期。

张旭华:《区域开放创新、知识整合与创新绩效:基于EC2SLS模型的实证研究》,《重庆理工大学学报》(社会科学版)2017年第11期。

张卓元:《中国经济有望实现软着陆》,《经济研究》1995年第10期。

张宗益、吕小明、汪锋:《能源价格上涨对中国第三产业能源效率的冲击——基于VAR模型的实证分析》,《管理评论》2010年第6期。

赵成柏、毛春梅:《我国地区节能减排效率的差异及影响因素研究》,《中国科技论坛》2012年第6期。

赵慧卿、郝枫:《中国区域碳减排责任分摊研究——基于共同环境责任视角》,《北京理工大学学报》(社会科学版)2013年第6期。

赵进文、范继涛:《经济增长与能源消费内在依从关系的实证研究》,《经济研究》2007年第8期。

赵楠、贾丽静、张军桥:《技术进步对中国能源利用效率影响机制研究》,《统计研究》2013年第4期。

赵晓丽、李娜:《中国居民能源消费结构变化分析》,《中国软科学》2011年第11期。

赵洋:《我国资源型城市产业绿色转型效率研究——基于地级资源型城市面板数据实证分析》,《经济问题探索》2019年第7期。

郑丽琳、朱启贵:《技术冲击、二氧化碳排放与中国经济波动》,《财经研究》2012年第7期。

周敏、王腾、严良、谢雄标:《财政分权、经济竞争对中国能源生态效率影响异质性研究》,《资源科学》2019年第3期。

周敏、谢莹莹、孙叶飞、高文:《中国城镇化发展对能源消费的影响路径研究——基于直接效应与间接效应视角》,《资源科学》2018年第9期。

周四军、孔晓琳:《能源消费结构影响能源效率的面板分位回归研究》,《工业技术经济》2018年第6期。

周五七:《能源价格、效率增进及技术进步对工业行业能源强度的异质性影响》,《数量经济技术经济研究》2016年第2期。

周晓博、魏玮、董璐:《资源依赖对地区经济增长的影响——基于经济周期和产业结构视角的分析》,《现代财经》(天津财经大学学报) 2017年第7期。

周彦楠、何则、马丽、杨宇、张天媛、陈力原:《中国能源消费结构地域分布的时空分异及影响因素》,《资源科学》2017年第12期。

周勇、林源源:《技术进步对能源消费回报效应的估算》,《经济学家》2007年第2期。

朱平芳、张征宇:《无条件分位数回归:文献综述与应用实例》,《统计研究》2012年第3期。

邹璇、贾蕾玉:《工业能源消耗结构的优化路径及地区差异》,《软科学》2017年第6期。

邹璇、王盼:《产业结构调整与能源消费结构优化》,《软科学》2019年第5期。

学位论文

陈利顺:《城市居民能源消费行为研究》,博士学位论文,大连理工大学,2009年。

陈立芸:《公平与效率权衡下的碳排放权初始分配及减排成本研究》,博士学位论文,天津大学,2015年。

杜晶:《固定资产投资周期和经济周期关系的实证研究》,硕士学位论文,东北财经大学,2016年。

段福梅:《中国二氧化碳排放效率及边际减排成本分析——基于区域和产业视角》,硕士学位论文,东北财经大学,2018年。

高子翔:《中国省级政府节能目标差异研究》,硕士学位论文,华侨大学,2019年。

关雪凌:《城镇化与能源消费作用机制及协同发展研究》,博士学位论文,江苏:中国矿业大学,2015年。

李标:《中国集约型城镇化及其综合评价研究》,博士学位论文,西南财经大学，2014年。

李浩：《中国绿色能源效率的地区差异和空间收敛性研究》，硕士学位论文，江西财经大学，2019年。

李金三：《我国煤炭利用效率评价及其政策研究》，博士学位论文，北京：中国矿业大学，2014年。

李璐：《基于经济波动最小化的最优城镇化速度研究》，博士学位论文，中南财经政法大学，2018年。

廖媛：《固定资产投资与中国经济周期波动关系的实证研究》，硕士学位论文，复旦大学，2010年。

刘硕：《基于协整——误差修正模型的我国经济周期与能源消费周期关系研究》，硕士学位论文，湖南科技大学，2010年。

娄博杰：《农户生活能源消费选择行为研究》，硕士学位论文，中国农业科学院，2008年。

吕林：《基于DEA方法的中国区域节能减排效率评价与分析》，硕士学位论文，中国科学技术大学，2016年。

秦翊：《中国居民生活能源消费研究》，博士学位论文，山西财经大学，2013年。

邵旭阳：《能源消费结构优化视角下的中国区域能源效率研究》，硕士学位论文，四川省社会科学院，2017年。

孙姣：《经济快速发展条件下石油消费量对经济增长的影响》，硕士学位论文，西南财经大学，2013年。

孙猛：《经济增长视角下的中国碳排放及减排绩效研究》，博士学位论文，吉林大学，2014年。

韦巍：《中国经济周期波动与固定资产投资关系研究》，硕士学位论文，首都经济贸易大学，2013年。

魏楚：《中国能源效率问题研究》，博士学位论文，浙江大学，2009年。

吴明明：《中国能源消费与经济增长关系研究》，博士学位论文，华中科技大学，2011年。

谢治国：《新中国能源政策研究——对新中国能源政策发展过程的考察分析》，博士学位论文，中国科学技术大学，2006年。

邢竞文：《北京市市民建筑节能意识与生活方式研究》，硕士学位论文，北京建筑大学，2013年。

熊妍婷：《对外开放对我国能源技术效率的影响》，硕士学位论文，厦门大学，2009年。

许晶晶：《重庆市能源效率评价及影响因素分析》，硕士学位论文，重庆大学，2016年。

张田田：《城镇化进程中家庭碳排放变化趋势、驱动因素和减排对策》，博士学位论文，浙江大学，2017年。

张岩：《基于RC-DEA模型的省际碳排放边际减排成本研究》，硕士学位论文，华北电力大学，2018年。

张英杰：《我国能源需求预测及其结构优化研究》，硕士学位论文，北京：华北电力大学，2016年。

朱佳伟：《中国第三产业能源经济效率评价研究》，硕士学位论文，上海交通大学，2010年。

左玲：《我国城镇家庭能源消费影响因素分析——基于CGSS2015数据》，硕士学位论文，湖南师范大学，2019年。

中文报纸

陈仁泽：《新型城镇化，到底什么样?》，《人民日报》2014年3月31日第17版。

陈阳：《差异化的工业节能减排政策需进一步完善》，《中国经济导报》2012年8月4日第C03版。

国务院：《国务院关于深入推进新型城镇化建设的若干意见》，《中华人民共和国国务院公报》2016年第6期。

王珂英、张鸿武：《城市全面创新与跨越中等收入陷阱》，《光明日报》2016年5月18日第15版。

英文期刊

A. W. Charnes, William W. Cooper and E. L. Rhodes, "Measuring the Efficiency of Decision Making Units", *European Journal of Operational Research*, Vol. 2, No. 6, July 1979.

Augus Maddison, "Growth and Slowdown in Advanced Capitalist Economics: Techniques of Quantities Assessment", *Journal of Economic Literature*, Vol. 25, No. 2, January 1987.

Baoling Zou and Biliang Luo, "Rural Household Energy Consumption Characteristics and Determinants in China", *The Energy Journal*, Vol. 182, September 2019.

Beng Wah Ang and Fuqiang Zhang, "A Survey of Index Decomposition Analysis in Energy and Environmental Studies", *Energy*, Vol. 25, No. 12, December 2000.

Boqiang Lin and Kerui Du, "Energy and CO_2 Emissions Performance in China's Regional Economies: Do Market-Oriented Reforms Matter?", *Energy Policy*, Vol. 78, May 2015.

Bruce Hackett and Loren Lutzenhiser, "Social Structures and Economic Conduct: Inter Preting Variations in Household Energy Consumption", *Sociological Forum*, Vol. 6, No. 3, September 1991.

Catherine Wolfram, Orie Shelef and Paul Gertler, "How Will Energy Demand Develop in the Developing World?" *The Journal of Economic Perspectives*, Vol. 26, No. 1, February 2012.

Christoph W. Frei, "The Kyoto Protocol—A Victim of Supply Security? or: If Maslow Were in Energy Politics", *Energy Policy*, Vol. 32, No. 2, July 2004.

Donald W. Jones, "Urbanization and Energy Use in Economic Development", *The Energy Journal*, Vol. 10, No. 4, October 1989.

Edward Prescott and Robert J. Hodrick, "Post-War U. S. Business Cycles:

An Empirical Investigation", *Social Science Electronic Publishing*, Vol. 29, No. 1, June 1981.

Efthimios Zervas, Christina Bampatsou and Savas Papadopoulos, "Technical Efficiency of Economic Systems of EU – 15 Countries Based on Energy Consumption", *Energy Policy*, Vol. 55, No. 1, April 2013.

Farer Grosskopf, Shawna Grosskopf, Knox Lovell and Suthathip Yaisawarng, "Derivation of Shadow Prices for Undesirable Outputs: A Distance Function Approach", *The Review of Economics and Statistics*, Vol. 75, No. 2, May 1993.

Fatih Birol and Jan Horst Keppler, "Prices, Technology Development and the Rebound Effect", *Energy Policy*, Vol. 28, No. 6 – 7, June 2000.

Gale A. Boyd and Joseph X. Pang, "Estimating the Linkage Between Energy Efficiency and Productivity", *Energy Policy*, Vol. 28, No. 5, February 2000.

George Vlontzos and Panos M. Pardalos, "Assess and Prognosticate Greenhouse Gas Emissions from Agricultural Production of EU Countries, By Implementing, DEA Window Analysis and Artificial Neural Networks", *Renewable and Sustainable Energy Reviews*, Vol. 76, September 2017.

Giovanni Baiocchi, Jan Minx and Klaus Hubacek, "The Impact of Social Factors and Consumer Behavior on Carbon Dioxide Emissions in the United Kingdom: A Regression Based on Input-Output and Geo-Demographic Consumer Segmentation Data", *Journal of Industrial Ecology*, Vol. 14, No. 1, February 2010.

Glen P. Peters, Gregg Marland, Corinne Le Quer, Thomas Boden, Josep G. Canadell and Michael R. Raupach, "Rapid Growth in CO_2 Emissions After the 2008 – 2009 Global Financial Crises", *Nature Climate Change*, Vol. 2, No. 1, December 2012.

Hing Lin Chan and Shu-Kam Lee, "Forecasting the Demand for Energy in China", *The Energy Journal*, Vol. 17, No. 1, January 1996.

Hongwu Zhang, Lequan Zhang, Keying Wang and Xunpeng Shi, "Unveiling Key Drivers of Indirect Carbon Emissions of Chinese Older Households", *Sustainability*, Vol. 20, No. 11, October 2019.

Hongwu Zhang, Xunpeng Shi, Keying Wang, Jinjun Xue, Ligang Song and Yongping Sun, "Intertemporal Lifestyle Changes and Carbon Emissions: Evidence from a China Household Survey", *Energy Economics*, Vol. 86, February 2020.

Hrushikesh Mallick, "Examining the Linkage Between Energy Consumption and Economic Growth in India", *The Journal of Developing Areas*, Vol. 43, No. 1, January 2009.

James Tobin, "Estimation of Relationships for Limited Dependent Variables", *Econometrica*, Vol. 26, No. 1, February 1958.

Javier Urquizo, Carlos Calderón and Philip James, "Modeling Household Spatial Energy Intensity Consumption Patterns for Building Envelopes, Heating Systems and Temperature Controls in Cities", *Applied Energy*, Vol. 226, June 2018.

Jesper Munksgaard, Klaus Alsted Pedersen and Mette Wien, "Impact of Household Consumption on CO_2 Emissions", *Energy Economics*, Vol. 22, No. 4, August 2000.

K. Peren Arin and Elias Braunfels, "The Resource Curse Revisited: A Bayesian Model Averaging Approach", *Energy Economics*, Vol. 70, No. 2, February 2018.

Kaoru Tone and Biresh K. Sahoo, "Degree of Scale Economies and Congestion: A Unified DEA Approach", *European Journal of Operational Research*, Vol. 158, No. 3, February 2004.

Kaoru Tone, "Variations on the Theme of Slacks-Based Measure of Efficiency in DEA", *European Journal of Operational Research*, Vol. 200, No. 3, February 2009.

Ke Wang, Shiwei Yu and Wei Zhang, "China's Regional Energy and Environmental Efficiency: A DEA Window Analysis Based Dynamic Evaluation", *Mathematical and Computer Modelling*, Vol. 58, No. 5 – 6, September 2013.

Kees Vringer, Theo Aalbers and Kornelis Blok, "Household Energy Requirement and Value Patterns", *Energy Policy*, Vol. 35, No. 1, January 2005.

Keying Wang, Meng Wu, Yongping Sun, Xunpeng Shi, Ao Sun and Ping Zhang, "Resource Abundance, Industrial Structure, and Regional Carbon Emissions Efficiency in China", *Resources Policy*, Vol. 60, No. 3, January 2019.

Roger Koenker and Gilbert Bassett, "Regression Quantiles", *Econometrica*, Vol. 46, February 1978.

Li Yang, Keliang Wang and Jichao Geng, "China's Regional Ecological Energy Efficiency and Energy Saving and Pollution Abatement Potentials: An Empirical Analysis Using Epsilon-Based Measure Model", *Journal of Cleaner Production*, Vol. 194, No. 1, May 2018.

Liyan Han, Xinkuo Xu and Lu Han, "Applying Quantile Regression and Shapley Decomposition to Analyzing the Determinants of Household Embedded Carbon Emissions: Evidence from Urban China", *Journal of Cleaner Production*, Vol. 103, September 2015.

Malin Song, Yaqin Song, Huayin Yu and Zeya Wang, "Calculation of China's Environmental Efficiency and Relevant Hierarchical Cluster Analysis from the Perspective of Regional Differences", *Mathematical and Computer Modelling*, Vol. 58, No. 5 – 6, September 2013.

Marcel P. Timmer, Erik Dietzenbacher, Bart Los, Robert Stehrer and Gaaitzen J. De Vries, "An Illustrated User Guide to the World Input-Output Database: The Case of Global Automotive Production", *Review of International Economics*, Vol. 23, No. 3, May 2015.

Md Shahiduzzaman and Allan Layton, "Changes in CO_2 Emissions Over

Business Cycle Recessions and Expansions in the United States: A Decomposition Analysis", *Applied Energy*, Vol. 150, July 2015.

Michael E. Porter, "Clusters and the New Economics of Competition", *Harvard Business Review*, Vol. 76, No. 6, October 1998.

Mike Morris, Raphael Kaplinsky and David Kaplan, "One Thing Leads to Another-Commodities, Linkages and Industrial Development", *Resources Policy*, Vol. 37, No. 4, December 2012.

Milhail Golosov, John Hasler, Per Krusell and Aleh Tsyvinski, "Optimal Taxes on Fossil Fuel in General Equilibrium", *Econometrica*, Vol. 82, No. 1, August 2011.

Morten O. Ravn and Harald Uhlig, "On Adjusting the Hodrick-Prescott Filter for the Frequency of Observations", *Review of Economics and Statistics*, Vol. 84, No. 2, February 2002.

Norman Gemmell, Richard Kneller and Michael Bleaney, "Fiscal Policy and Growth: Evidence from OECD Countries", *Journal of Public Economics*, Vol. 74, No. 2, November 1999.

Pablo Munoz and Klaus Hubacek, "Material Implication of Chile's Economic Growth: Combining Material Flow Accounting (MFA) and Structural Decomposition Analysis (SDA)", *Ecological Economics*, Vol. 65, No. 1, March 2008.

Paresh Kumar Narayan, Seema Narayan and Russell Smyth, "Energy Consumption at Business Cycle Horizons: The Case of the United States", *Energy Economics*, Vol. 33, No. 2, March 2010.

Philip Kofi Adom and Samuel Adams, "Energy Savings in Nigeria. Is there a Way of Escape from Energy Inefficiency?", *Renewable and Sustainable Energy Reviews*, Vol. 81, January 2018.

Qiang Wang and Rui Jiang, "Is China's Economic Growth Decoupled from Carbon Emissions?", *Journal of Clean Production*, Vol. 225, March 2019.

Qiang Wang, Mei-Po Kwan, Kan Zhou, Jie Fan, Yafei Wang and Dongsheng Zhan, "Impacts of Residential Energy Consumption on the Health Burden of Household Air Pollution: Evidence from 135 Countries", *Energy Policy*, Vol. 128, May 2019.

Ramesh Bhatia, "Energy Demand Analysis in Developing Countries: A Review", *The Energy Journal*, Vol. 8, September 1987.

Robert M. Thrall, "Duality, Classification and Slacks in DEA", *The Annals of Operations Research*, Vol. 66, No. 2, January 1996.

Rossana Galli, "The Relationship Between Energy Intensity and Income Levels Forecasting Long Term Energy Demand in Asian Emerging Countries", *The Energy Journal*, Vol. 19, No. 4, October 1998.

Ruhul Salim and Sahar Shafiei, "Urbanization and Renewable and Non-Renewable Energy Consumption in OECD Countries: An Empirical Analysis", *Economic Modelling*, Vol. 38, February 2014.

Sanmang Wu, Li Li and Shantong Li, "Natural Resource Abundance, Natural Resource-Oriented Industry Dependence, and Economic Growth: Evidence from the Provincial Level in China", *Resources, Conservation and Recycling*, Vol. 139, August 2018.

Sebastian Petrick, Katrin Rehdanz and Ulrich J. Wagner, "Energy Use Patterns in German Industry: Evidence from Plant-Level Data", *Journal of Economics and Statistics*, Vol. 231, No. 3, October 2011.

Sergio Firpo, Nicole M. Fortin and Thomas Lemieux, "Unconditional Quantile Regressions", *Econometrica*, Vol. 77, No. 3, August 2007.

Shonali Pachauri and Leiwen Jiang, "The Household Energy Transition in India and China", *Energy Policy*, Vol. 36, No. 11, November 2008.

Shoufu Lin, Ji Sun, Dora Marinova and Dingtao Zhao, "Evaluation of the Green Technology Innovation Efficiency of China's Manufacturing Industries: DEA Window Analysis with Ideal Window Width", *Technology Analysis & Strategic Management*, Vol. 30, No. 10, April 2018.

Shuai Shao and Lili Yang, "Natural Resource Dependence, Human Capital Accumulation, and Economic Growth: A Combined Explanation for the Resource Curse and the Resource Blessing", *Energy Policy*, Vol. 74, November 2014.

Shuai Shao, Jianghua Liu, Yong Geng, Zhuang Miao and Yingchun Yang, "Uncovering Driving Factors of Carbon Emissions from China's Mining Sector", *Applied Energy*, Vol. 166, No. 15, March 2016.

Shui Bin and Hadi Dowlatabadi, "Consumer Lifestyle Approach to US Energy Use and the Related CO_2 Emissions", *Energy Policy*, Vol. 33, No. 2, January 2005.

Susan M. Onuonga, "The Relationship Between Commercial Energy Consumption and Gross Domestic Income in Kenya", *Journal of Developing Areas*, Vol. 46, No. 1, January 2012.

Tahsin Bakirtas and Ahmet Gokce Akpolat, "The Relationship Between Energy Consumption, Urbanization, and Economic Growth in New Emerging-Market Countries", *The Energy Journal*, Vol. 147, January 2018.

Tamara L. Sheldon, "Asymmetric Effects of the Business Cycle on Carbon Dioxide Emissions", *Energy Economics*, Vol. 61, December 2016.

Tim Coelli and Sergio Perelman, "A Comparison of Parametric and Non-Parametric Distance Functions: With Application to European Railways", *European Journal of Operational Research*, Vol. 117, No. 2, September 1999.

Van Benthem Arthur and Romani Mattia, "Fuelling Growth: What Drives Energy Demand in Developing Countries?" *The Energy Journal*, Vol. 30, No. 3, July 2009.

Xunpeng Shi, "China's Small Coal Mine Policy in the 2000s: A Case Study of Trusteeship and Consolidation", *Resources Policy*, Vol. 38, No. 4, December 2013.

Yingchun Yang, Jianghua Liu, Yingying Lin and Qiongyuan Li, "The Impact of Urbanization on China's Residential Energy Consumption", *Structural Change & Economic Dynamics*, Vol. 49, June 2019.

Yongping Sun, Jinjun Xue, Xunpeng Shi, Keying Wang, Shaozhou Qi, Lei Wang and Cheng Wang, "A Dynamic and Continuous Allowances Allocation Methodology for the Prevention of Carbon Leakage: Emission Control Coefficients", *Applied Energy*, Vol. 236, No. 15, February 2019.

York Richard, "Asymmetric Effects of Economic Growth and Decline on CO_2 Emissions", *Nature Climate Change*, Vol. 11, No. 2, October 2012.